人民幣離岸金融
中心區位選擇研究

王佳 著

前言

在經濟全球化和金融自由化的背景下，離岸金融作為現代金融業創新模式的典範，具有金融監管寬鬆、市場競爭充分、稅賦成本低、市場化程度高等特點，自誕生以來在全球範圍內得到快速發展，已成為國際金融市場的重要組成部分。從國際貨幣的發展歷程可以看出，以美元、歐元為代表的全球主要國際貨幣都通過國際離岸金融中心的市場交易來鞏固其貨幣地位。離岸金融中心寬鬆的金融監管環境以及較低的稅賦成本和交易成本對於形成國際貨幣的交易網絡、擴大其在全球的地區分佈範圍具有重要影響。

人民幣國際化自納入國家發展戰略以來，離岸金融取得了長足進展，但也面臨著中國金融體系改革滯後、資本項目不完全開放、人民幣回流機制不完善等因素的制約。從人民幣國際化的實踐情況看，一方面，中國貿易格局仍是貿易順差占主導，無法通過經常項目下貿易逆差向境外輸出人民幣來滿足非居民的交易需求，同時在美元加息週期中單純依靠人民幣跨境貿易結算來推動人民幣跨境使用也難以為繼；另一方面，自 2015 年 12 月美聯儲宣布加息以來，國際金融市場波動加劇，人民幣匯率貶值壓力凸顯，外匯儲備規模降幅明顯，在此背景下不適宜採用激進的方式推進資本項目完全開放。所以，大力發展人民幣離岸金融中心，壯大境外離岸人民幣資金池規模，既可以有效解決現階段人民幣國際化發展過程中面臨的深層次問題，突破資本帳戶完全開放前人民幣自由兌換的體制機制障礙，也可以將跨境資本流動風險控制在離岸市場範圍內，從而為人民幣國際化提供技術解決方案。同時，人民幣離岸金融中心的發展也有利於健全人民幣跨境結算和對外直接投資機制，夯實人民幣作為投資貨幣的基礎，提升人民幣作為國際儲備貨幣的地位。

人民幣離岸金融中心作為新興事物,在全球範圍內得到了高度關注。目前,香港、倫敦、蘇黎世、法蘭克福、新加坡、紐約等全球主要離岸金融中心均利用各自優勢,競相爭奪人民幣離岸金融業務,積極與中國監管當局溝通合作,籌劃在本區域建立人民幣離岸金融中心。鑒於此,本書主要回答以下問題:面對全球眾多離岸金融中心表現出加快發展人民幣離岸金融業務的熱情,如何安排人民幣在全球離岸金融中心的區位選擇?哪些因素通過什麼機制影響人民幣的國際分佈?如何在把握國際離岸金融中心發展現狀與趨勢的基礎上量化分析其綜合競爭力?如何用複雜網絡分析法來識別離岸金融中心在全球金融網絡節點中的重要性?如何有效判斷全球離岸金融中心網絡結構特徵並分析其網絡結構的影響效應?對於上述問題,學術界的研究尚處於起步階段,在政策制定方面還是空白。回答上述問題不僅對人民幣離岸金融中心區位選擇研究具有理論意義,同時也具有實踐指導意義。

本書分析與實證分析、理論研究與經驗研究相結合的研究,基於人民幣國際化戰略下人民幣離岸金融發展實踐,研究了人民幣離岸金融中心區位選擇問題。全面、系統地梳理全世界現有文獻的基礎上,將金融地理學理論、貨幣地理學理論以及網絡科學理論結合起來,按照「提出問題—分析問題—解決問題」的研究思路,遵循「數據收集—數據有效性處理—數據可視化—數據挖掘—數據分析」的大數據分析路徑,系統回顧了離岸金融中心選擇的理論基礎及相關文獻,釐清了國際離岸金融中心的發展模式與區位分佈規律,分析了香港和倫敦離岸人民幣業務的發展現狀與面臨的問題,透過引力模型研究了人民幣在全球主要離岸金融中心的交易規模分佈,通過 AHP 層次結構模型定量評價國際主要離岸金融中心的競爭力,通過複雜網絡理論對全球主要離岸金融中心的網絡結構重要性進行排序,通過 ERGM 模型(指數隨機圖模型)量化研究各種社會人文關係網絡以及地理網絡對全球離岸金融中心網絡結構產生的影響,以期在理論和實證上為完善人民幣離岸金融中心區位選擇提供理論支撐和實踐指導,從而為人民幣離岸金融中心的區位選擇提供政策建議。

本書具體研究內容主要分為以下幾部分。
(1)本書嘗試對人民幣離岸金融中心區位選擇的理論基礎進行初步探

討。運用文獻研究法，基於區位選擇理論、金融地理學理論、貨幣地理學理論、網絡科學理論，系統梳理和回顧國內外關於金融中心區位選擇的理論基礎及相關文獻，評述現有研究的基礎與存在的問題，從而確定本書的創新點與研究方向，最終通過歸納與演繹的方法構建人民幣離岸金融中心區位選擇理論的分析框架，為後續實證研究奠定理論基礎。

（2）本書採用描述性統計與經驗歸納相結合、比較研究與邏輯研究相結合的研究方法。首先，將中國香港、倫敦人民幣離岸金融市場作為研究對象，以問題導向來分析其貨幣市場、債券市場、外匯市場等微觀金融產品市場概況，探究其演變歷程、發展現狀以及存在的問題。其次，對國際離岸金融中心發展模式、區位佈局、制度設計等方面進行系統、全面的研究，揭示國際離岸金融中心的發展現狀與趨勢，為人民幣離岸金融中心的區位選擇提供有益的經驗借鑑與實踐指導。

（3）本書基於金融中心區位選擇理論，採用成本—收益分析法，構建層次分析法（AHP）層次結構模型，以金融市場收益（以金融市場規模及開放度、經濟規模、社會財富為衡量指標）、金融市場成本（以交易成本、融資成本為衡量指標）、基礎設施（以交通及物流基礎設施、金融基礎設施為衡量指標）、制度因素（以營商便利度、法律成熟度、勞動參與度為衡量指標）等因素構建競爭力評價體系，以期系統、全面地量化分析全球主要離岸金融中心的整體競爭力，為人民幣離岸金融中心區位選擇提供科學的依據。

（4）人民幣國際化才剛剛起步，國際清算銀行過去一直未統計人民幣在全球的貨幣交易量，導致學術界對人民幣在全球主要離岸金融中心的貨幣交易區位分佈缺乏深入的量化研究。為了量化分析人民幣在全球主要離岸金融中心的貨幣交易分佈，本書對影響國際貨幣區位分佈的因素進行了文獻梳理，在此基礎上提出研究假設，並在 Coeurdacier、Gourinchas（2011）的國際金融資產區位選擇引力模型基礎上，將貨幣流入國市場的信息摩擦與金融市場因素加入該模型並予以推導。同時，將影響人民幣在全球區位分佈的因素，諸如經濟因素、制度因素、地理因素、文化因素、貨幣慣性以及網絡外部性等變量納入引力模型，以檢驗交易成本、經濟規模、政治因素、制度因素、文化因素以及地理因素對國際貨幣在全球區位佈局的影響，從而模擬測算人民幣在全球主要離岸金融中心的貨幣交易

量，以期從理論層面解釋國際貨幣在全球區位分佈上的地域差異，也從實踐層面對人民幣在全球離岸金融中心的區位分佈提供經驗支撐。

（5）本書採用複雜網絡分析法，依託國際貨幣基金（IMF）協調證券投資調查數據庫（CPIS），構建了全球離岸金融中心跨境投資有向網絡，對全球離岸金融中心網絡結構進行了全面、系統的分析。首先，本書對全球離岸金融中心網絡中心性進行了研究，在借鑑 Newman（2005）、Blochl（2011）測算節點中心性方法的基礎上，基於平均首次達到時間視角，運用隨機遊走中心性算法分析了 2001 年至 2014 年世界 25 個主要離岸金融中心在全球 243 個國家和地區的國際金融網絡結構中的重要性，並對其重要性進行排序；其次，為了別除時間維度的不確定性對靜態排名的影響，本書運用蒙特卡羅模擬方法（Monte Carlo Method）對網絡中心性排名進行敏感性分析，通過建立描述網絡的概率生成模型，生成狄利克雷分佈的隨機鄰接矩陣，再通過牛頓迭代法求解觀察數據的最大似然函數，並測算每一個隨機鄰接矩陣的隨機遊走介數中心性，經過多次抽樣模擬後，最終研究全球 25 個主要離岸金融中心隨機遊走中心性排名的變化範圍和力度，以期別除時間維度的不確定性對靜態排名的擾動。

（6）為了有效判斷全球離岸金融中心網絡的結構特徵，刻畫離岸金融網絡結構的形成過程，本書採用指數隨機圖模型（ERGM）來量化研究各種社會人文關係網絡以及地理網絡對全球離岸金融中心網絡結構產生的影響，充分考慮官方語言、文化、宗教信仰、歷史殖民關係等社會文化網絡，以及區域貿易協定、共同貨幣制度等制度協議網絡對國際離岸金融中心網絡結構產生的影響效應，從而定量評估不同的網絡形成過程對網絡結構產生的影響差異，為人民幣離岸金融中心的區位選擇提供經驗數據支撐。此外，本書還考察了制度因素和基礎設施狀況對國際金融網絡的影響效應。通過 ERGM 模型將上述變量和網絡效應綜合到同一分析框架下進行實證檢驗，既是對複雜網絡理論及其推論的有力論證，也有助於全面瞭解人民幣離岸金融中心網絡格局的影響效應。

王　佳

目錄

1 導論 / 1
    1.1 選題背景與研究意義 / 1
        1.1.1 選題背景 / 1
        1.1.2 研究意義 / 4
    1.2 研究思路與研究方法 / 6
        1.2.1 研究思路 / 6
        1.2.2 研究方法 / 6
    1.3 研究內容及研究框架 / 8
        1.3.1 研究內容 / 8
        1.3.2 研究框架 / 10
    1.4 創新點 / 11

2 離岸金融中心區位選擇理論及文獻綜述 / 13
    2.1 區位選擇理論及文獻綜述 / 13
        2.1.1 古典區位選擇理論 / 13
        2.1.2 新古典區位選擇理論 / 14
        2.1.3 新經濟地理理論 / 15
        2.1.4 「新」新經濟地理理論 / 16
        2.1.5 區位選擇理論的研究評述 / 18
    2.2 金融地理學理論及文獻綜述 / 20
        2.2.1 金融地理學的產生背景 / 20

2.2.2　基於供需視角的區位選擇 / 22

　　　2.2.3　基於信息視角的區位選擇 / 23

　　　2.2.4　基於聚集與分散視角的區位選擇 / 24

　　　2.2.5　基於金融制度視角的區位選擇 / 24

　　　2.2.6　金融地理學理論的研究評述 / 27

　2.3　貨幣地理學理論及文獻綜述 / 29

　　　2.3.1　貨幣網絡外部性理論 / 29

　　　2.3.2　金融資產交易理論 / 31

　　　2.3.3　貨幣地理學理論的研究評述 / 32

　2.4　網絡科學理論及文獻綜述 / 32

　　　2.4.1　網絡科學的理論研究 / 32

　　　2.4.2　網絡科學的經驗研究 / 36

　　　2.4.3　網絡科學理論的研究評述 / 41

　2.5　離岸金融中心區位選擇的文獻研究 / 42

　　　2.5.1　離岸金融中心的內涵界定 / 42

　　　2.5.2　離岸金融中心形成機制的文獻研究 / 43

　　　2.5.3　離岸金融中心運行機制的文獻研究 / 45

　　　2.5.4　基於指標體系視角的區位選擇研究 / 47

　　　2.5.5　基於經驗研究視角的區位選擇研究 / 48

　　　2.5.6　基於網絡分析視角的區位選擇研究 / 51

　2.6　研究評述 / 52

　2.7　本章小節 / 55

3　國際離岸金融中心發展現狀研究 / 56

　3.1　離岸金融中心的基本特徵 / 56

　3.2　離岸金融中心發展模式研究 / 57

　　　3.2.1　內外一體型離岸金融中心 / 57

　　　3.2.2　內外分離型離岸金融中心 / 58

3.2.3　分離滲透型離岸金融中心 / 64

　　　3.2.4　避稅港型離岸金融中心 / 67

3.3　離岸金融中心區位分佈研究 / 72

　　　3.3.1　聚集於大洲交界的沿海地帶 / 72

　　　3.3.2　五大集群覆蓋全球所有時區 / 72

　　　3.3.3　呈現圈層分佈模式 / 73

3.4　全球主要離岸金融中心競爭力研究 / 74

　　　3.4.1　AHP分析法的模型結構 / 74

　　　3.4.2　模型構建 / 76

　　　3.4.3　模型分析與結論 / 78

3.5　本章小結 / 81

4　人民幣業務在主要離岸金融中心的發展現狀 / 82

4.1　中國香港人民幣離岸業務發展現狀 / 82

　　　4.1.1　中國香港人民幣離岸業務發展歷程 / 82

　　　4.1.2　中國香港人民幣離岸業務市場結構 / 83

4.2　中國香港人民幣離岸業務面臨的問題 / 86

　　　4.2.1　中國香港人民幣離岸貨幣市場面臨的問題 / 86

　　　4.2.2　中國香港人民幣離岸債券市場面臨的問題 / 88

4.3　倫敦人民幣離岸業務發展現狀 / 91

　　　4.3.1　倫敦人民幣離岸業務發展歷程 / 91

　　　4.3.2　倫敦人民幣離岸業務產品類型 / 93

4.4　倫敦人民幣離岸業務面臨的問題 / 96

　　　4.4.1　人民幣計價金融產品供給規模有限 / 96

　　　4.4.2　人民幣存款業務發展相對滯後 / 97

4.5　新加坡人民幣離岸業務發展現狀 / 99

4.6　盧森堡人民幣離岸業務發展現狀 / 101

4.7　本章小結 / 102

5 人民幣在主要離岸金融中心的分佈研究 / 104

5.1 研究背景 / 104

5.2 理論分析與研究假設 / 105
5.2.1 理論分析 / 105
5.2.2 研究假設 / 109

5.3 理論模型與變量選取 / 109
5.3.1 構建理論模型 / 109
5.3.2 數據和變量 / 114

5.4 計量方法與實證結果 / 119
5.4.1 面板迴歸分析 / 120
5.4.2 穩健性檢驗 / 123

5.5 人民幣在全球主要離岸金融中心交易分佈測算 / 127

5.6 本章小結 / 130

6 基於複雜網絡視角的區位選擇研究 / 132

6.1 研究背景 / 132

6.2 研究方法與數據說明 / 133
6.2.1 數據來源與說明 / 133
6.2.2 相關網絡指標說明 / 134

6.3 全球離岸金融中心網絡格局演進研究 / 137
6.3.1 全球離岸金融中心網絡描述性分析 / 137
6.3.2 全球離岸金融中心網絡節點與度的演變 / 139
6.3.3 節點中心性的比較分析 / 143
6.3.4 離岸金融中心網絡均質性分析 / 145

6.4 全球離岸金融中心網絡中心性研究 / 147
6.4.1 研究現狀 / 147
6.4.2 隨機遊走中心性模型設定 / 147
6.4.3 隨機遊走中心性分析結果 / 150

   6.4.4 蒙特卡羅模擬模型設定 / 153

   6.4.5 蒙特卡羅模擬分析結果 / 155

 6.5 **本章小結** / 156

7 **全球離岸金融中心網絡結構的影響效應研究**

   ——基於 ERGM 模型 / 158

 7.1 **指數隨機圖模型的設立與估計方法** / 158

   7.1.1 指數隨機圖模型簡介 / 158

   7.1.2 指數隨機圖模型的構建 / 160

   7.1.3 指數隨機圖模型的估計 / 161

 7.2 **離岸金融中心網絡影響因素的實證研究** / 163

   7.2.1 ERGM 變量說明 / 163

   7.2.2 全球離岸金融中心網絡的 ERGM 估計結果 / 166

 7.3 **本章小結** / 181

8 **研究結論與政策建議** / 182

 8.1 **主要研究結論** / 182

 8.2 **政策建議** / 187

   8.2.1 構建全面、均衡的人民幣離岸金融中心區位體系 / 187

   8.2.2 堅持服務實體經濟為導向進行區位選擇 / 188

   8.2.3 完善人民幣回流機制，拓寬人民幣跨境流動渠道 / 191

   8.2.4 構建人民幣全球交易網絡體系並發揮規模效益 / 191

   8.2.5 完善離岸人民幣跨境支付清算系統建設 / 192

   8.2.6 強化並提升中華文化的國際認同感與影響力 / 193

 8.3 **研究不足與展望** / 194

參考文獻 / 196

1 導論

1.1 選題背景與研究意義

1.1.1 選題背景

(1) 離岸金融中心是國際金融競爭的戰略制高點

離岸金融是現代金融業創新模式的典範,自 20 世紀中葉在西歐誕生以來,離岸金融業在資產規模和全球空間佈局上得到了快速發展,在國際金融市場上發揮了對接投融資、實現資本定價、優化資源配置的功能,並成為國際金融中心的重要組成部分。全球離岸金融中心資產規模由 1993 年的 3.5 萬億美元增長至 2010 年 12 月的 18.45 萬億美元[1],年均復合增長率為 10.27%。

作為經濟全球化和金融自由化的產物,離岸金融的形成與發展有其自身的運行機制和內在邏輯。離岸金融中心具有較高的經濟自由度、較低的稅賦、高效的金融監管體系、寬鬆的營商環境、成熟的法律制度、豐富的金融專業人才儲備、完善的金融基礎設施以及毗鄰主要經濟體的地緣優勢,可以憑藉較大的經濟腹地來吸引資金流入。相對於其他國家和地區的金融市場而言,離岸金融中心更具靈活性和競爭力,能夠促進全球範圍資金體系的高效運轉[2]。

美國「次貸危機」的爆發表明現行的國際貨幣體系不利於全球經濟平衡,也難以緩解和防範全球金融危機的發生,國際貨幣體系正面臨重構的格局[3]。目前,全球離岸金融中心已成為各國爭奪全球金融資源和增強國際貨幣體系競

---

[1] 數據來源:MILESI-FERRETTI G M, LANE P R. Cross-border investment in small international financial centers [J]. IMF Working Papers, 2010: 1-32.

[2] 許明朝,高中良. 論中國離岸金融模式的選擇 [J]. 國際金融研究,2007 (12): 70-76.

[3] 王道平. 現行的國際貨幣體系是否是全球經濟失衡和金融危機的原因 [J]. 世界經濟,2011 (1): 52-72.

爭力的新制高點，發達國家和部分新興經濟體國家都將發展離岸金融中心作為吸引國際資本、優化金融要素配置的重大戰略舉措。從全球主要離岸金融中心的發展歷程看，只有選擇與本國發展模式吻合、制度設計合理、風險防控措施得當、金融監管措施到位的離岸金融發展模式才能有效配置資源，促進本國經濟的穩健發展。

（2）人民幣國際化取得長足發展但面臨發展障礙

2014年中央經濟工作會議提出要「穩步推進人民幣國際化」，標誌著人民幣國際化正式納入國家發展戰略。人民幣國際化既是一個目標，也是一種手段，還是一個過程①。自2010年6月跨境貿易人民幣結算試點開展以來，人民幣國際化取得了長足的發展，取得了以下幾方面的成就：一是跨境人民幣貿易結算占比不斷提升，人民幣的價值尺度和交易媒介功能不斷夯實。2015年銀行累計辦理跨境貿易人民幣結算業務7.23萬億元②，占全球支付市場總額的2.31%③。二是人民幣作為投資貨幣的功能開始顯現，2015年銀行累計辦理人民幣跨境直接投資結算金額1.88萬億元④。三是貨幣互換協議充當了人民幣儲備貨幣的基本職能，截至2015年12月，中國人民銀行已與全球33個國家和地區的中央銀行或貨幣當局簽署了總額為3.1萬億元的雙邊本幣互換協議⑤，與20個國家和地區建立了人民幣清算安排，促進了人民幣跨境交易與支付結算業務的開展。

但近年來，人民幣國際化進程中的一些深層次問題也逐漸暴露，主要體現在以下幾方面：一是人民幣跨境貿易結算呈現「跛足型」結構，人民幣貿易結算在進口端占主導地位的現象依舊存在；二是中國貿易格局仍是貿易順差占主導，無法通過經常項目下貿易逆差向境外輸出人民幣流動性來滿足非居民的交易需求；三是資本項目尚未完全開放導致回流機制不健全，加之缺乏產品豐富、功能齊全的人民幣離岸金融中心對接境外流轉的存量人民幣，因而抑制了境外市場主體持有人民幣資產的信心。

（3）人民幣離岸金融中心有利於破解人民幣國際化的發展難題

人民幣國際化戰略的實施，離不開人民幣離岸市場的發展與配合。中國人民銀行首席經濟學家馬駿（2012）指出，在中國當前資本項目管制和國內金

---

① 成思危．人民幣國際化之路 [M]．北京：中信出版社，2014．
② 數據來源：中國人民銀行《2015年金融統計數據報告》。
③ 數據來源：環球銀行金融電信協會2015年12月《人民幣追蹤報告》。
④ 數據來源：中國人民銀行《2015年金融統計數據報告》。
⑤ 數據來源：中國人民銀行《人民幣國際化報告2015》。

融市場尚未完全開放的背景下，發展境外人民幣離岸金融中心是人民幣成為國際貨幣的重要支撐，Eichengreen（2015）指出加快人民幣離岸金融中心的建設可以突破資本帳戶完全開放前人民幣自由兌換的障礙。從國際貨幣的發展歷程可以看出，以美元、歐元為代表的全球主要國際貨幣都通過國際離岸金融中心的市場交易來鞏固其貨幣地位。綜上，人民幣離岸金融中心的發展對於人民幣國際化的意義主要體現在以下三方面。

一是有利於完善人民幣跨境結算和對外直接投資的機制。將人民幣離岸金融中心建設為產品豐富、功能齊全、有交易流動性支撐的資金池，會提高境外市場參與主體持有人民幣資產的積極性，擴大人民幣跨境結算的規模。此外，還可以配合企業「走出去」與國家「一帶一路」倡議的實施，擴大人民幣在「一帶一路」倡議沿線國家的對外直接投資規模和流通範圍，從而強化人民幣的支付結算功能與對外投資功能①。

二是有利於夯實人民幣作為投資貨幣的基礎。通過豐富和完善人民幣計價的金融產品，大力發展人民幣離岸金融中心債券市場和外匯市場，進一步完善「滬港通」「深港通」「滬倫通」等與境內資本市場互聯互通的機制，擴大境外人民幣離岸金融中心資金池規模，拓展人民幣離岸市場的廣度與深度，最終夯實人民幣作為投資貨幣的基礎②。

三是有利於提升人民幣作為儲備貨幣的職能。當人民幣離岸金融中心有充足的流動性支撐其貿易結算、境外投資、財富管理的功能時，會吸引第三方非居民使用人民幣參與交易，從而提高世界其他中央銀行或貨幣當局持有人民幣的積極性，強化人民幣作為儲備貨幣的職能作用，為人民幣成為國際儲備貨幣奠定基礎。

因此，大力發展人民幣離岸金融中心，擴大境外離岸人民幣資金池規模，可以有效化解現階段人民幣國際化發展過程中面臨的深層次問題，突破資本帳戶完全開放前人民幣自由兌換的體制機制障礙，也可以將跨境資本流動風險控制在離岸市場範圍內，從而為人民幣國際化提供技術解決方案。

(4) 全球主要離岸金融中心紛紛搶灘人民幣離岸金融業務

人民幣離岸金融中心作為人民幣國際化戰略的重要載體，在全球範圍內得到了高度關注。基於對未來中國經濟發展前景和人民幣成為國際貨幣地位的預

---

① 林樂芬，王少楠.「一帶一路」建設與人民幣國際化 [J]. 世界經濟與政治，2015 (11)：72-90.

② 裴長洪，餘穎豐. 人民幣離岸債券市場現狀與前景分析 [J]. 金融評論，2011 (2)：40-53.

期，中國香港、倫敦、蘇黎世、法蘭克福、新加坡、紐約等全球主要離岸金融中心均利用各自優勢，競相爭奪人民幣離岸金融業務，積極與中國監管當局溝通合作，籌劃在本區域建立人民幣離岸金融中心。

目前，人民幣業務在全球主要離岸金融中心的發展參差不齊，各大離岸金融中心也各具特色：中國香港作為第一個和目前最大的人民幣離岸市場，擁有與中國內地獨特的政治與經濟優勢，其人民幣離岸金融業務發展程度最高；倫敦作為全球最大的外匯交易中心和第二大國際金融中心，擁有便捷的地理區位、成熟的法律體系、透明的監管體系、高度開放的金融市場，以人民幣外匯交易見長；新加坡作為全球領先的外匯、大宗商品、私人銀行和財富管理中心，擁有人民幣債券交易和貿易融資產品方面的優勢；盧森堡作為中國主要銀行的歐洲總部和離岸共同基金投資總部，在人民幣跨境結算、債券交易方面進展較快。面對全球眾多離岸金融中心表現出加快發展人民幣離岸金融業務的熱情，有必要合理安排人民幣在全球離岸金融中心的區位選擇，構建全面、均衡的人民幣離岸金融中心區位體系。

1.1.2 研究意義

（1）理論意義

由於人民幣離岸金融業務還是新生事物，最早的中國香港人民幣離岸金融市場成立時間也不長，目前全球範圍內的人民幣離岸金融中心建設還處於起步階段，導致人民幣離岸金融中心區位選擇的研究基礎比較薄弱，缺乏相關研究文獻，現有研究大多以定性研究為主，研究領域主要集中在人民幣離岸市場的發展現狀、功能定位、面臨的問題以及市場監管等方面，缺乏一定深度的量化研究。而從國際貨幣區位分佈視角、複雜網絡節點中心性視角、全球離岸金融中心網絡結構的影響效應視角出發，研究人民幣離岸金融中心在全球範圍的區位選擇問題，具有重要意義。

因此，本書著眼於人民幣離岸金融中心的發展實踐，立足區位選擇理論、金融地理學理論、貨幣地理學理論以及網絡科學理論，通過梳理理論機制，建立實證模型，深入分析國際貨幣在全球範圍內的區位佈局，從而為人民幣離岸金融中心的區位選擇提供科學的微觀數據支持。具體而言，在理論層面上，本書將複雜網絡理論和社會網絡理論引入人民幣離岸金融中心區位選擇分析中，運用複雜網絡分析法和社會網絡分析法來研究全球離岸金融網絡的複雜網絡特徵和網絡格局演變規律，可以很好地從全球視野對宏觀層面的離岸金融網絡格局進行理解和把握。此外，本書對影響國際貨幣區位分佈的影響因素進行了理

論分析，分別就經濟規模、金融市場發展、地理因素、政治因素、制度因素、文化因素等主要影響因素展開研究並提出研究假設，並在 Coeurdacier、Gourinchas（2011）的國際金融資產區位選擇引力模型基礎上，通過將貨幣流入國市場的信息摩擦與金融市場因素加入該模型並予以推導，既可以完善影響國際貨幣區位分佈的理論研究，又可以從理論層面解釋國際貨幣在全球區位分佈上的地域差異，因此具有一定的理論意義。

（2）現實意義

自 2013 年以來，以中國香港、倫敦、蘇黎世、法蘭克福、新加坡、紐約為代表的全球主要離岸金融中心都在競相爭奪人民幣離岸金融業務，積極籌劃在本區域建立人民幣離岸金融中心，那麼如何定量分析各離岸金融中心的節點重要性與綜合競爭力，是相關決策機構必須解決的現實問題。由於人民幣國際化才剛剛起步，國際清算銀行和國際貨幣基金組織過去一直未統計人民幣在全球主要離岸金融中心的貨幣交易量和跨境證券投資組合規模，同時，由於離岸金融中心對客戶金融資產高度保密的商業慣例導致離岸金融中心相關數據缺失或數據質量不高，上述原因導致學術界對人民幣離岸金融中心區位選擇缺乏系統、深入的量化研究。

國際貨幣基金組織（IMF）統籌的組織協調證券投資調查數據庫（CPIS）以及國際清算銀行（BIS）三年期央行外匯與衍生品市場活動調查報告等官方數據的陸續對外公布，為本書研究人民幣國際離岸金融中心區位選擇提供了數據支撐。首先，本書基於 IMF 協調證券投資調查數據庫（CPIS），構建了全球離岸金融中心跨境投資有向網絡，對全球離岸金融中心網絡結構進行了全面、系統的描述性統計、分析，通過剖析基於複雜網絡的全球離岸金融中心網絡演變規律，勾勒離岸金融網絡結構特徵，可以更為透澈地分析國際離岸金融網絡的內在規律與演變機制。其次，本書對全球離岸金融中心的網絡中心進行了研究，在借鑑 Newman（2005）、Blochl（2011）測算節點中心性方法的基礎上，基於平均首次達到的時間（MFPT）視角，運用隨機遊走中心性算法分析了 2001 年至 2014 年世界 25 個主要離岸金融中心在全球 243 個國家和地區的國際金融網絡結構的中心性，並對其重要性進行排序，可以厘清以中國香港、倫敦、蘇黎世、法蘭克福、新加坡、紐約為代表的全球主要離岸金融中心在全球金融網絡系統中的節點重要性，從而為人民幣離岸金融中心區位選擇提供決策依據。

1.2 研究思路與研究方法

1.2.1 研究思路

本書旨在探討人民幣國際化戰略背景下人民幣離岸金融中心區位選擇問題，重點解決以下問題：面對全球眾多離岸金融中心表現出加快發展人民幣離岸金融業務的熱情，如何安排人民幣在全球離岸金融中心的區位選擇？哪些因素通過什麼機制影響人民幣在全球的交易分佈？如何在把握國際離岸金融中心發展現狀與趨勢的基礎上量化分析其綜合競爭力？如何用複雜網絡分析法來識別離岸金融中心在全球金融網絡節點中的重要性？如何有效判斷全球離岸金融中心網絡結構特徵並分析其網絡結構的影響效應？對於上述問題，學術界的研究尚處於起步階段，在政策制定方面還是空白。

鑒於此，本書按照「提出問題—分析問題—解決問題」的研究思路，遵循「數據收集—數據有效性處理—數據可視化—數據挖掘—數據分析」的大數據分析路徑，將實證研究與規範研究相結合，描述性研究與邏輯推理研究相結合，按照文獻研究（系統梳理並評述國內外相關研究成果）→理論研究（從理論視角構建人民幣離岸金融中心區位選擇的分析框架）→比較研究（研究各類型國際離岸金融中心的功能演進與發展路徑）→指標評價研究（通過 AHP 模型定量評價國際主要離岸金融中心競爭力）→定性研究（分析人民幣業務在中國香港、倫敦離岸市場的發展現狀及存在的問題）→經驗研究（通過構建引力模型研究人民幣在主要離岸金融中心的交易分佈）→複雜網絡研究（對全球離岸金融中心網絡結構進行描述性分析、隨機遊走中心性分析、蒙特卡羅模擬）→網絡結構影響效應研究（構建 ERGM 模型分析全球離岸金融中心網絡結構的影響效應）→結論及政策建議（提出人民幣離岸金融中心區位選擇的總體方案和政策建議）的思路進行研究。

1.2.2 研究方法

本書將金融中心區位選擇理論與金融地理學理論、貨幣地理學理論、複雜網絡理論進行有機結合，在人民幣國際化戰略背景下，研究人民幣離岸金融中心區位選擇問題是對目前人民幣離岸金融中心研究的有效擴充。在具體的分析論證中，本書將從金融中心區位選擇相關理論，結合微觀經濟學、金融地理學、計量經濟學以及網絡科學等相關理論和研究方法，對人民幣在主要離岸金

融中心的交易分佈進行測算，對國際主要離岸金融中心競爭力進行評價，對全球離岸金融中心網絡結構及其效應進行分析，力求在研究方法上實現創新。本書主要運用的研究方法可以歸納如下：

（1）經濟學、金融地理學以及網絡科學相結合

本書運用文獻研究法，在系統回顧國內外關於金融中心區位選擇的相關理論與文獻的基礎上，對現有研究成果進行文獻梳理和評述，即時更新並追蹤本研究領域的最新研究進展。為全方位、多角度地研究人民幣離岸金融中心區位選擇問題，本書的理論部分綜合了區位選擇理論、金融地理學理論、貨幣地理學理論、網絡科學理論等多學科理論，從而對離岸金融中心的研究現狀以及前沿動態有一個全面的把握，從中發現既有研究的不足或存在的問題，從而確定本書的研究方向與內容。

（2）靜態研究與動態研究相結合

本書採用複雜網絡分析法對全球離岸金融中心網絡中心性進行了研究，首先，依託國際貨幣基金組織協調證券投資調查數據庫（CPIS），基於平均首次達到時間的視角，採用隨機遊走中心性測算法，分析了2001年至2014年世界25個主要離岸金融中心在全球243個國家和地區的國際金融網絡結構中的節點重要性，並對其進行排序；其次，為了剔除時間維度的不確定性對靜態排名的影響，本書運用蒙特卡羅模擬方法建立描述網絡的概率生成模型來動態生成大樣本的鄰接矩陣，再測算每一個隨機鄰接矩陣的隨機遊走介數中心性，經過多次抽樣模擬後，對全球25個主要離岸金融中心隨機遊走中心性進行排名，以期全面比較各大離岸金融中心在全球金融網絡中的中心性地位，為人民幣離岸金融中心的區位選擇提供微觀數據支持。

（3）規範研究與實證研究相結合

為了研究人民幣在全球主要離岸金融中心的交易分佈情況，本書運用規範研究與實證研究相結合的研究方法。首先，本書對影響國際貨幣區位分佈的影響因素進行了理論分析，分別就經濟規模、金融市場發展、地理因素、政治因素、制度因素、文化因素等主要影響因素展開文獻分析，在上述文獻回顧的基礎上提出研究假設，並在Coeurdacier、Gourinchas（2011）的國際金融資產區位選擇引力模型的基礎上，通過將貨幣流入國市場的信息摩擦與金融市場因素加入理論模型並予以推導，以構建影響國際貨幣區位分佈的理論機制。其次，在規範分析的基礎上，本書通過將影響人民幣在全球範圍內空間分佈的因素，諸如經濟規模、政治制度、地理因素、文化差異、貨幣慣性以及網絡外部性等變量納入引力模型，以期從理論上解釋國際貨幣在全球分佈上的地域差異，也

從實證層面對人民幣在境外主要離岸金融中心的區位佈局提供微觀數據支持，從而為決策層在實踐上進行人民幣離岸金融中心的區位佈局提供政策建議。

(4) 定性研究與定量研究相結合

在對全球離岸金融中心綜合競爭力及其網絡結構特徵進行研究時，本書採用定性研究與定量研究相結合的研究方法。首先，本書對國際離岸金融中心綜合競爭力進行評價，以成本—收益為研究視角，將涉及金融中心收益、金融中心成本、基礎設施、制度因素等反應離岸金融中心競爭力的因素納入層次結構模型，構建指標評價體系來研究離岸金融中心的綜合競爭力。其次，採用複雜網絡分析法，構建了全球離岸金融中心跨境投資有向網絡，分別從網絡節點數、邊數及密度、出（入）度、出（入）強度、網絡結構熵等角度對全球離岸金融中心網絡結構進行定量研究，考察其網絡結構特徵和演進格局。

(5) 比較研究與經驗歸納相結合

本書採用比較研究與經驗歸納相結合的研究方法，探究了國際離岸金融中心發展概況，分析了人民幣離岸金融業務在全球主要離岸金融中心的發展現狀。首先，本書運用比較研究法，根據離岸金融中心的功能演進將離岸金融中心分為內外一體型、內外分離型、分離滲透型、避稅港型四種類型，在此基礎上，比較研究各類型離岸金融中心的發展模式、監管制度、稅收制度、法律制度、區位分佈。其次，採用描述性統計與經驗歸納相結合的研究方法，通過分析其貨幣市場、債券市場、外匯市場等微觀金融產品市場，把握其發展現狀及存在的問題，從而為人民幣離岸金融中心的區位選擇提供有益的經驗借鑑與實踐指導。

1.3 研究內容及研究框架

1.3.1 研究內容

在研究內容安排上，本書共分為8章，具體研究內容安排如下：

第1章，導論。本章主要分析人民幣離岸金融中心的研究背景與意義，就研究思路與研究方法、研究內容與研究框架進行說明，並提出本書的創新點。

第2章，離岸金融中心區位選擇理論及文獻綜述。本章旨在梳理和回顧離岸金融中心區位選擇的理論基礎及相關文獻，分別從區位選擇理論、金融地理學理論、貨幣地理學理論、網絡科學理論等理論層面厘清其學術發展脈絡，為本書後續研究提供理論支撐，並在理論與文獻回顧基礎上展開文獻評述，探究

既有研究的不足或存在的問題，從而確定本書的研究創新點與研究方向。

第3章，國際離岸金融中心發展現狀研究。本章運用比較研究與邏輯研究相結合的方法，系統對比、歸納各類型國際離岸金融中心的形成機制、發展模式、區位分佈、稅收環境、監管體系等方面的內容，在此基礎上建立指標體系，構建層次分析模型，研究離岸金融中心的綜合競爭力排名。

第4章，人民幣業務在主要離岸金融中心的發展現狀。本章採用描述性統計與經驗歸納相結合的研究方法，對中國香港、倫敦、新加坡、盧森堡等離岸市場的人民幣貨幣業務、債券業務、外匯業務、金融衍生品業務進行分析，探究其發展現狀以及存在的問題與挑戰，以期為人民幣離岸金融中心的發展提供有益的實踐探索。

第5章，人民幣在主要離岸金融中心的分佈研究。本章對影響國際貨幣區位分佈的相關文獻進行梳理並提出研究假設，通過將貨幣流入國市場的信息摩擦與金融市場因素加入理論模型並予以推導，構建影響國際貨幣區位分佈的理論機制。在此基礎上，借鑑國際金融資產區位選擇理論模型，將影響人民幣在全球範圍內空間分佈的因素，諸如經濟規模、政治制度、地理因素、文化差異、貨幣慣性以及網絡外部性等變量納入引力模型，在迴歸模型的基礎上，測算了人民幣在全球主要離岸金融中心交易比重的理論值。

第6章，基於複雜網絡視角的區位選擇研究。本章採用複雜網絡分析法，構建了全球離岸金融中心跨境投資有向網絡，考察其網絡結構特徵和演進格局，並採用隨機遊走中心性算法對全球主要離岸金融中心的網絡中心性進行排名。此外，為了剔除時間維度的不確定性對靜態排名的影響，採用蒙特卡羅模擬方法建立網絡概率生成模型來動態生成大樣本鄰接矩陣，通過模擬抽樣來測算每一隨機鄰接矩陣的隨機遊走介數中心性。

第7章，全球離岸金融中心網絡結構的影響效應研究——基於ERGM模型。本章採用指數隨機圖模型來實證檢驗社會人文關係網絡以及地理網絡對全球離岸金融中心網絡結構的影響效應，此外，還考察語言、文化、宗教信仰、歷史殖民關係等社會文化網絡，以及區域貿易協定、共同貨幣制度等制度協議網絡對國際離岸金融中心網絡結構產生的影響效應，從而定量評估不同的網絡形成過程對網絡結構產生的影響差異，為人民幣離岸金融中心的區位選擇提供經驗數據支撐。

第8章，研究結論與政策建議。本章明確本書的研究結果以及可提供的政策建議。首先，總結全文，對相關章節的研究結論予以歸納。其次，根據研究結論，對人民幣離岸金融中心區位選擇提出政策建議。最後，提出本書的研究不足與未來的研究展望。

1.3.2 研究框架

本書的研究框架如圖 1-1 所示。

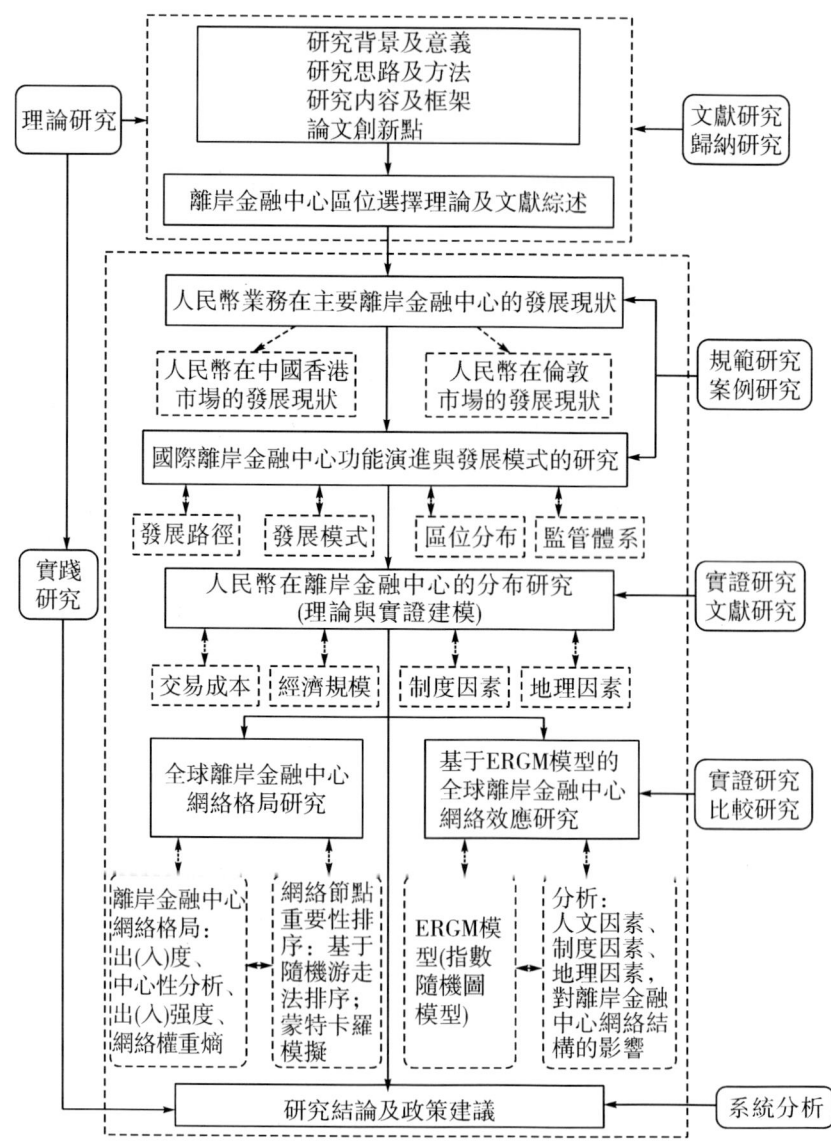

圖 1-1　本書的研究框架

1.4　創新點

人民幣國際化戰略的實施為人民幣離岸金融業務提供了更為廣闊的發展空間，但目前全球範圍內人民幣離岸金融中心建設還處於起步階段，最早的中國香港人民幣離岸金融市場成立時間也不長。由於人民幣離岸金融業務相關數據缺失或數據質量不高，人民幣離岸金融中心區位選擇的研究基礎比較薄弱，缺乏相關研究文獻，現有研究大多以定性研究為主，研究領域主要集中在人民幣離岸市場的發展現狀、功能定位、面臨的問題以及市場監管等方面，缺乏有一定深度的實證研究。而從國際貨幣區位分佈視角、複雜網絡節點中心性視角、全球離岸金融中心網絡結構的影響效應視角出發，研究人民幣離岸金融中心在全球範圍的區位選擇問題，具有重要意義。鑒於此，本書的創新點有以下幾方面：

第一，本書基於複雜網絡理論，運用複雜網絡分析法來識別離岸金融中心在全球金融網絡節點的重要性。首先，本書採用前沿的隨機遊走中心性（Random Walk Centerlity）算法，分析了2001年至2014年世界25個主要離岸金融中心在全球243個國家和地區的國際金融網絡結構中的重要性，並對其網絡中心性進行排序；其次，為了剔除時間維度的不確定性對靜態排名的影響，本書運用蒙特卡羅模擬方法（Monte Carlo Method）對網絡中心性排名進行敏感性分析，通過建立描述網絡的概率生成模型，生成狄利克雷分佈的隨機鄰接矩陣，再通過牛頓迭代法求解觀察數據的最大似然函數，並測算每一個隨機鄰接矩陣的隨機遊走介數中心性，經過多次抽樣模擬，最終研究全球25個主要離岸金融中心隨機遊走中心性排名的變化範圍和力度，以期避免時間維度的不確定性對靜態排名的擾動。

第二，為了有效判斷全球離岸金融中心網絡的結構特徵，刻畫離岸金融網絡結構的形成過程，本書採用指數隨機圖模型（ERGM）來量化研究各種社會人文關係網絡以及地理網絡對全球離岸金融中心網絡結構產生的影響，充分考慮官方語言、文化、宗教信仰、歷史殖民關係等社會文化網絡，以及區域貿易協定、共同貨幣制度等制度協議網絡對國際離岸金融中心網絡結構產生的影響效應，從而定量評估不同的網絡形成過程對網絡結構產生的影響差異，為人民幣離岸金融中心的區位選擇提供經驗數據支撐。此外，本書還考察了制度因素和基礎設施狀況對國際金融網絡的影響效應。通過ERGM模型將上述變量和

網絡效應綜合到同一分析框架下進行實證檢驗，既是對複雜網絡理論及其推論的有力論證，也有助於全面瞭解人民幣離岸金融中心網絡格局的影響效應。

第三，由於人民幣國際化才剛剛起步，國際清算銀行和國際貨幣基金組織過去一直未統計人民幣在全球主要離岸金融中心的貨幣交易量，由於人民幣離岸金融業務相關數據缺失或數據質量不高，學術界對人民幣在全球主要離岸金融中心的貨幣交易區位分佈缺乏深入的量化研究。為了量化分析人民幣在全球主要離岸金融中心的貨幣交易分佈，本書對影響國際貨幣區位分佈的因素進行了文獻梳理，在此基礎上提出研究假設，並在 Coeurdacier、Gourinchas（2011）的國際金融資產區位選擇引力模型的基礎上，將貨幣流入國市場的信息摩擦與金融市場因素加入該模型並予以推導。同時，將影響人民幣在全球區位分佈的因素，諸如經濟因素、制度因素、地理因素、文化因素、貨幣慣性以及網絡外部性等變量納入引力模型，以檢驗交易成本、經濟規模、政治因素、制度因素、文化因素以及地理因素對國際貨幣在全球區位佈局的影響，以期模擬測算人民幣在全球主要離岸金融中心的貨幣交易量，為人民幣離岸金融中心的區位選擇提供政策建議。

2 離岸金融中心區位選擇理論及文獻綜述

本章旨在梳理和回顧離岸金融中心區位選擇的理論基礎及相關文獻，在此基礎上對相關研究成果予以評述，厘清其學術發展脈絡，為本書後續研究提供理論支撐。縱觀金融中心區位選擇的研究歷程，區位選擇理論、金融地理學理論、貨幣地理學理論、網絡科學理論等相關理論的發展為離岸金融中心區位選擇研究奠定了理論基礎。因此，本章主要對上述理論基礎及相關文獻予以梳理和綜述。

2.1 區位選擇理論及文獻綜述

區位選擇理論作為經濟地理學的核心基礎理論之一，最初主要研究「某種經濟活動為何會在某個地方出現」「經濟體如何安排空間利用」等基本問題。在傳統經濟理論中，大多經濟模型會考慮時間變量，但空間變量往往並沒有引起學者們的注意，區位選擇理論的貢獻在於將空間要素納入研究視野，研究資源在時間和空間上的配置。

2.1.1 古典區位選擇理論

19世紀20年代至20世紀30年代是古典區位理論的形成時期，主要以杜能的農業區位理論、韋伯的工業區位理論、勒施的利潤最大化區位理論為代表，採用靜態局部均衡分析方法，以完全競爭市場結構下的廠商理論為基礎來研究區位選擇問題。

杜能的農業區位理論將生產區位和消費區位之間的運輸成本作為農業區位

空間佈局的重要影響因素，指出農業生產會受地租和運輸的預算約束，與距離有關的地租與運費是農業佈局的決定性因素。因此，隨著城市周邊土地耕作制度和農業集約化程度發生變化，生產區位和消費區位會逐漸形成一系列以城市為中心向外圍擴散的圈層式結構。

韋伯的工業區位論，首次將演繹與抽象的方法運用於工業區位佈局研究中，闡述了工業區位空間重構的規律，揭示了影響工業企業區位選擇的決定性因素[①]，並指出決定工業企業區位選擇的因素主要有運輸成本、勞動力成本、集聚和分散，其中運輸成本是決定工業企業區位選擇的根本性因素。該理論假定了市場是完全競爭的且非經濟因素是外生變量，只考慮區位因素對空間佈局的影響，嚴苛的假設條件削弱了其對現實經濟的解釋力。

勒施將微觀經濟學的分析框架引入區位選擇理論中，該理論基於市場不完全競爭的假設，採用一般均衡分析法，指出消費者和原材料在經濟腹地內不均衡分佈，廠商區位選擇時不僅會考慮運輸成本，還會考慮區位選擇帶來的收益，因此決定廠商區位選擇的因素是收入與成本的平衡，目標是追求利潤最大化的最佳區位點。

2.1.2 新古典區位選擇理論

Isard（1956）首次將距離投入變量引入區位選擇研究中，奠定了新古典區位理論的基礎。新古典區位理論一般可以分為兩大流派：新古典微觀區位論和新古典宏觀區位論。在微觀領域，主要利用新古典微觀經濟學的基本研究工具（諸如需求、價格、均衡等）對廠商的空間網絡分佈、市場均衡進行研究，如拉伯、斯塞等利用網絡分析法構建區位選擇模型；在宏觀領域，將宏觀均衡分析法引入市場區位邊界條件函數中，將廠商的市場區域分解為不同的空間要素，進而對市場邊界地域空間的變化進行分析，同時引入距離投入和邊際替代率對古典分析框架進行改進和擴展，主要以艾薩德的《區位和空間經濟學》、貝克曼的《區位理論》為代表。

以 Pred 為代表的行為區位論認為，新古典區位理論的假設前提是不存在信息不對稱，但現實中，企業會面臨信息不對稱的約束，導致信息搜尋成本較高，因此，企業的區位選擇不一定落在最優區位，而是次優區位（Simon, 1955；Cyert, 1963；Pred, 1967；Townroe, 1972；Pellenbarg, 2002）。

以 Scott（1986）為代表的結構區位論指出，隨著企業分工更加精細化，

[①] 高菠陽，劉衛東，李銘. 工業地理學研究進展 [J]. 經濟地理，2010（3）：362-370.

生產也呈現片段化的趨勢，企業會根據不同片段的功能定位來選擇最優區位。

新古典區位理論，無論是在微觀領域還是在宏觀領域，其在假設條件、研究方法、研究內容上均對古典區位理論進行了拓展，推動了區位選擇理論從局部均衡轉向一般均衡。新古典區位理論指出，在地域區位和要素禀賦的約束下，企業最優區位選擇呈現分散式分佈，進而放寬假設，把價格理論納入其分析框架，拓展了古典區位理論的研究範圍。然而，新古典區位理論的整體框架依然建立在完全競爭、同質需求、規模報酬不變假設的前提下，從而削弱了該理論對現實經濟問題的有效解釋。

2.1.3 新經濟地理理論

20世紀90年代以來，隨著第三次新科技革命的興起以及經濟全球化對人類社會生產方式的變革，人類社會的經濟結構和生產、生活方式也發生了極大的改變，在此背景下，新經濟地理理論應運而生。該理論通過描述促進經濟活動聚集的向心力與引發經濟活動分散的離心力，將空間概念納入一般均衡分析中，揭示了經濟活動的地理結構和空間分佈如何在離心力與向心力的共同作用下實現聚集與分散以及其微觀基礎決定因素。

克魯格曼推動了新經濟地理學的發展，其代表著作有《報酬遞增與經濟地理》《地理學與貿易》《空間經濟學：城市、區域與國際貿易》等。克魯格曼（2004）認為現代經濟地理學丟失了五個傳統，即德國的區位理論、引力模型、地租模型、本地外部經濟，以及循環累積，指出傳統經濟地理理論是基於完全競爭的市場結構、規模報酬不變、同質需求的假設條件，不能解釋現實經濟的實際情況，因此提出了不完全競爭、規模報酬遞增、異質性需求等假設條件，並將其引入空間區位理論的分析框架，考察產業聚集、城市體系以及國際貿易的微觀形成機理。

新經濟地理學主要包括三大理論：中心—外圍理論、城市與區域演化理論、產業聚集與貿易理論。其中，關於經濟區位選擇的核心內容主要集中在四個方面，即冰山型運輸成本、報酬遞增、空間聚集、路徑依賴。首先，冰山型運輸成本影響著國際貿易的空間區位；其次，經濟活動由於在空間地理上相鄰可以節約生產成本；再次，經濟活動在空間地理上相互接近的趨勢加速了產業聚集；最後，先發優勢能夠形成某種經濟活動的長期聚集。

從表2.1可以看出新經濟地理學與傳統區位理論既有共同點，也有不同點。首先，兩者的共性主要體現為兩者的研究對象、研究尺度、研究方法相同，均採用微觀經濟學分析框架考察企業或廠商層面的區位選擇，同時兩者均

採用理論建模、數理推導的研究範式。其次，兩者的差異主要體現為兩者的假設前提不同。傳統的區位選擇理論在「理性經濟人」、規模收益不變、完全競爭市場結構、同質化需求假設的前提下對單個企業的經濟活動區位選擇進行分析，得出運輸成本導致經濟活動在空間上呈現均勻分佈的趨勢，因此區位選擇的最優結果是唯一穩定的均衡；而新經濟地理學則在壟斷競爭模型的基礎上引入規模收益遞增、不完全競爭市場結構、異質性需求等假設前提，得出運輸成本的變化對經濟活動空間的分佈是非線性和非單調的，運輸成本的變化與產業聚集效應、規模效應相聯繫的向心力，以及與運輸成本、土地租金、要素的不可移動性相聯繫的離心力之間產生平衡，因此區位選擇的結果是多重均衡的。

表 2.1　新經濟地理學與傳統區位理論的區別

	新經濟地理學	傳統區位理論
產生背景	20 世紀 90 年代經濟全球化階段	19 世紀初工業化階段
理論歸屬	D-S 壟斷競爭模型	完全競爭模型
研究對象	經濟活動的空間區位	經濟活動的空間區位
研究尺度	企業或廠商層面	企業或廠商層面；區域整體
研究方法	理論推導與抽象模型	理論推導與抽象模型
基本思想	多重均衡	唯一穩定的均衡
理論假設	規模收益遞增 不完全競爭 異質性需求	規模收益不變 完全競爭 同質化需求
影響因素	內在的區位因素： 規模收益遞增 冰山型運輸成本 偶發事件 路徑依賴	外在的區位因素： 區位條件 交通便利性 運輸成本 地租成本
動力機制	自我增值的內部聚集力	資源稟賦的差異形成的外部動力
建模思路	內生性模型（自組織模型）	外生性模型（優化模型）
數學方法	非線性的動態研究方法	線性的靜態研究方法

2.1.4　「新」新經濟地理理論

新經濟地理學在研究微觀經濟主體內生決定的經濟活動空間分佈差異時，主要基於企業和勞動者等微觀市場主體同質性假設。然而，在現實經濟中，企業具有不同的生產率，勞動者具有不同的勞動技能，這種微觀主體的異質性對

經濟活動空間分佈會產生重要的影響。鑒於此，學術界將企業異質性融入新經濟地理學模型中，以企業異質性與聚集經濟為視角，考察企業異質性對經濟空間區位選擇的影響，從而推動了「新」新經濟地理學的發展。

(1)「新」新經濟地理學的理論研究

「新」新經濟地理學在新經濟地理學的分析框架中加入了微觀經濟主體異質性，著重分析企業異質性對經濟活動區位選擇的影響，從而對現實經濟問題具有更合理的解釋。總體而言，「新」新經濟地理學的分析框架主要有 D-S 壟斷競爭分析框架、OTT 壟斷競爭分析框架、BEJK 壟斷競爭分析框架。

D-S 壟斷競爭分析框架的代表有 Baldwin、Okubo（2006，2009）、Baldwin、Nicoud（2006），Baldwin、Forslid（2010），Forslid、Okubo（2012，2013）等，主要從生產率異質性、勞動者異質性視角，探討了不同區域的生產率差異和勞動者跨區域流動對經濟空間區位選擇的影響，但該方法求解複雜，大多以數值模擬的方法為主，同時商品之間的替代彈性不變的假設削弱了模型對現實經濟問題的解釋力。

OTT 壟斷競爭分析框架的代表有 Ottaviano、Tabuchi、Thisse（2002），Melitz、Ottaviano（2008），Okubo、Picard（2010），Saito、Gopinath（2011），梁琦（2012），Ottaviano（2012）等，主要從企業成本差異、市場一體化、市場規模等視角出發，研究企業異質性的生產率對企業區位選擇的影響，該方法採用擬線性二次效用函數分析框架，方便得到顯示解，同時也克服了商品之間的替代彈性不變的局限性。

BEJK 壟斷競爭分析框架的代表有 Bernard、Eaton、Jensen、Kortum（2003），Holmes（2010）等，該方法採用伯特蘭德競爭模型，基於在企業和勞動者可以自由流動的假設，指出產業聚集地區的企業具有較高的平均生產率，而市場規模較大的區域，其企業的生產率差異較大。

(2)「新」新經濟地理學的經驗研究

「新」新經濟地理學在研究經濟活動的空間分佈與聚集過程中，側重於異質性企業在不同區位的選擇與聚集視角。Nocke（2003）提出了企業空間選擇效應理論，認為規模較大的企業傾向於進入大市場，而中小規模企業則選擇進入小市場。Baldwin、Okubo（2006）分析了不同生產率水準的異質性企業進行區位選擇時的「選擇效應」，指出高生產率的企業由於競爭力強，會在市場核心區域進行區位選擇，低生產率企業為了避免競爭則在市場邊緣區域進行區位選擇。此外，Venables（2011）、Ottaviano（2012）指出異質性企業的區位選擇是企業主動選擇的過程，高生產率企業有向市場核心區域聚集的趨勢，低生產

率企業則遷移至市場邊緣區域。

也有學者從貿易自由化視角來研究異質性企業的區位選擇，Ottaviano、Tabuchi、Thisse（2010）指出當市場一體化程度提高以及貿易成本降低時，核心區域的高生產率企業與邊緣區域的低生產率企業的生產率差異會隨市場一體化程度而出現倒 U 形的關係。Saito（2011）研究了貿易自由化對異質性企業空間聚集的影響，指出當經濟體處於封閉狀態時，高生產率企業會聚集於市場核心區域，而在開放狀態中，高生產率企業則會部分聚集於市場核心區域，得出貿易自由化會縮小一國區域經濟發展差異並促進經濟福利提高的結論。

除了從貿易自由化視角進行研究外，還有學者從運輸規模經濟、補貼政策、稅收政策、城市差異等視角來研究異質性企業的區位選擇。Forslid、Okubo（2013）指出運輸規模經濟對異質性企業的區位選擇有重要影響，得出中等生產率企業會在核心區進行區位選擇，而高生產率企業和低生產率企業則在邊緣區進行區位選擇。Okubo、Tomiura（2010）指出實施補貼的地區只能吸引低生產率企業，而高生產率企業依舊在核心區域聚集，導致區域生產率差異進一步擴大。Baldwin、Okubo（2009）指出稅收政策會影響企業的空間佈局，大公司會內生地選擇高稅率地區，小公司會內生地選擇低稅率地區。Behrens、Duranton（2010）指出大城市會吸引高技能勞動者和高生產率企業聚集，從而大城市的企業比中小城市的企業具有更高的平均生產率。

2.1.5 區位選擇理論的研究評述

總體來看，區位選擇理論大致經歷了古典區位選擇理論、新古典區位選擇理論、新經濟地理學理論、「新」新經濟地理學理論的發展歷程。從研究對象來看，主要由早期的農業區位理論、工業區位理論逐漸轉向服務業的區位理論和城市空間佈局理論，主要探討各自產業內企業和消費者的區位選擇問題。研究視野主要從微觀領域向宏觀領域轉變，由靜態的、單一的視角向動態的、綜合的視角轉變。

第一，古典區位選擇理論基於企業或廠商視角，從企業生產活動出發研究企業區位選擇問題。古典區位選擇理論在既有生產要素的預算約束下，以企業最低生產成本來考察企業最優區位選擇，但古典區位選擇理論的假設前提與現實情況差異較大，如假設在完全競爭的市場結構下，用靜態的局部分析法考察單個企業的區位選擇，缺乏對企業區位選擇的動態過程和一般均衡研究。但古典區位選擇理論提供了一個理想市場經濟條件下經濟主體區位選擇的局部均衡理論分析框架，同時它將微觀經濟學的分析框架引入，強調價格機制、供求關

係對區位選擇的影響，為後續區位選擇研究奠定了基礎。

第二，新古典區位選擇理論將宏觀區位選擇的一般均衡框架納入研究範疇，拓寬了研究視野，同時放寬了某些假設前提。例如打破了古典區位選擇理論提出的所有區位的生產成本無差異，以及不存在技術進步和收入變動的前提假設，將異類成本引入分析框架，考察在生產要素具有替代性的條件下，生產要素隨區位不同而發生變化的情況；打破了古典區位選擇理論關於各地產出價格相同的假設，引入異類需求，提出消費者的地域空間呈非均衡分佈，會導致需求和市場價格在不同地理空間發生改變，從而將區位選擇由靜態局部均衡轉向動態一般均衡，使其更加貼近現實。但是新古典區位選擇理論仍然建立在完全競爭市場結構和規模報酬不變的假設前提上，對現實經濟的區位選擇仍缺乏合理解釋和實際應用。

第三，新經濟地理理論將新貿易理論、新增長理論、產業組織理論、非線性動力學理論、D-S壟斷競爭模型引入傳統區位選擇理論，借助冰山型運輸成本、規模收益遞增以及壟斷競爭研究假設，奠定了新經濟地理學的理論基礎。同時，創新了研究工具，豐富了區位選擇的研究內容，解決了傳統區位選擇未能解決的一些難題，如傳統區位選擇理論在規模收益不變、完全競爭市場結構、同質化需求的假設下推出最優區位選擇存在唯一確定的均衡解，但無法解釋在規模報酬遞增時區位選擇出現的多重均衡解。鑒於此，新經濟地理理論放寬了假設條件，圍繞經濟發展的空間狀態存在多重均衡的主線，考察了全球化視角下的產業聚集、城市體系以及國際貿易的微觀形成機理，使其更加接近現實，也為後續區位選擇理論的建模奠定了理論基礎。然而，新經濟地理理論自誕生以來，也受到了部分傳統經濟地理學家的批判[1]，Martin（1999）指出新經濟地理理論直接忽略了社會環境、制度因素、歷史、文化和政治等非物質要素對區位選擇和產業聚集的影響，而上述因素恰恰是理解空間經濟的重要因素。Neary（2001）指出新經濟地理理論在規模收益遞增、運輸成本、地理空間上的設置上存在缺陷，Scott（2004）、Combes（2008）指出新經濟地理理論忽略了勞動分工、社會網絡、技術創新等反應區位選擇動態性和複雜性的因素，因此存在一定的局限性。

第四，「新」新經濟地理學以微觀市場主體異質性為假設前提，以企業成本差異和效率差異為視角，完善了新經濟地理學有關企業同質性的假設，使其

---

[1] 潘峰華，賀燦飛. 新經濟地理學和經濟地理學的對話——回顧和展望[J]. 地理科學進展，2010（12）：1518-1524.

對現實經濟具有更合理的解釋力。企業異質性克服了經濟地理學壟斷競爭框架下商品之間替代彈性不變的局限性，能夠更好地反應市場規模對企業定價的影響，同時，企業異質性是微觀市場主體區位選擇效應和空間排列效應存在的重要原因，從而對企業區位選擇機制和經濟聚集的微觀機理產生重要影響。然而，「新」新經濟地理學的分析框架和模型的微觀基礎尚未形成系統的理論框架，仍有待豐富和完善。首先，需要拓展研究視野。鑑於異質性的表現形式多樣化，未來既可以將企業異質性與勞動者異質性、消費者異質性結合起來分析，也可以將微觀市場主體異質性與貿易自由化、補貼政策、稅收政策等相關政策結合起來分析，研究微觀市場主體異質性的區域政策啟示。其次，需要完善模型方法。未來，「新」新經濟地理學可以對模型的假設條件進行進一步拓展，使其對現實經濟更具解釋力。最後，需要深層次探討微觀市場主體異質性的來源，如企業內部組織、社會網絡等方面，研究異質性企業在全球生產與創新網絡中的空間區位選擇規律以及經濟聚集的作用機制。

2.2　金融地理學理論及文獻綜述

　　金融地理學作為經濟地理學的衍生理論，興起於20世紀70年代。雖然金融資本是核心生產要素之一，但由於其不像物質生產要素那樣是有形形態，所以一直以來沒有被納入經濟地理學的主流研究範疇（Leyshon，2004）。隨著經濟全球化的發展，發達國家的實體經濟和生產要素逐漸轉移到新興經濟體國家，金融資本在全球範圍的流動也在加強，金融業的地理屬性日益重要，Laulajainen（1998）指出現實經濟中的金融中心具有異質性和不規則性，因此有必要對金融中心的形成與區位選擇從金融地理學角度予以解釋。

2.2.1　金融地理學的產生背景

　　20世紀90年代以來，在經濟全球化和金融自由化的浪潮下，各國逐步放開金融管制，推動了全球金融市場一體化進程，同時，以計算機網絡及信息通信技術為代表的信息技術革命正加速發展，為金融機構突破地理空間約束在全球範圍內開展金融活動提供了可能，也改變了貨幣與金融機構的運行模式（Cerny，1994）。在此背景下，學術界對於金融業的地理空間屬性展開了探討。

　　O'Brien（1992）發表了《全球金融一體化：地理學的終結？》，指出隨著計算機技術和通信網絡的不斷發展與完善，投資者憑藉交易網絡終端，可以在

異地即時完成金融交易，國際金融中心集中並互換信息的地位將被弱化，金融全球化將造成金融服務地理聚集的結束，他把這一現象稱為「地理學的終結」。這對現有國際金融中心產生了三方面的影響：首先，信息通信技術可以幫助投資者減少對空間地理的依賴，有利於拓展其投資範圍；其次，金融交易日趨信息化，交易的聚集體現在信息網絡中，因此金融機構在進行區位選擇時有了更大的空間，突破了現有地理條件的限制；最後，削弱了金融監管機構的監管範圍，導致監管機構在其監管轄區不能有效發揮其監管效力。Castells（1989）、Cairncross（2001）指出隨著信息技術和通信網絡的不斷發展與完善，全球的金融交易活動將在龐大而複雜的全球信息和交易網絡中進行，貨幣和資金流通將突破距離成本的限制，地理區位將不再是金融機構進行區位選擇的重要影響因素，這將對現有國際金融中心的地理區位優勢產生威脅。此外，Andrew（1994）、Ohmae（1990，1995）、Kobrin（1997）也指出經濟全球化和金融自由化將使金融交易跨越國家邊界，導致國家權力日漸衰弱，從而影響各國金融監管的自主性。

儘管信息技術和金融自由化進程已對國際金融市場產生了深遠的影響，但是以O'Brien為代表的「地理終結論」依然受到了諸多學者的質疑與挑戰。Martin（1994，1999）指出金融全球化是分散與聚集這兩種相異力量的動態相互作用的結果，管制放鬆、技術創新與全球化並沒有消除貨幣的空間分佈，反而強化了專業金融服務在原有中心區域的集中，重構了貨幣的空間分佈，只要國際金融中心在區位和交易上的重大影響還在，經濟全球化就不會導致「地理的終結」。Laulajainen（2005）指出即使在金融全球化的背景下，全球各大金融中心仍具有異質性和不規則性，金融業的空間地理屬性依舊存在。Zhao（2002）指出金融業需要在滿足客戶金融需求的基礎上提供金融產品或服務，在日常營運中依賴於信息流的生產、處理和理解，因此獲取並處理市場的金融信息是提高金融服務的關鍵。Zhao將金融信息分為標準化信息和非標準化信息，為了甄別和處理非標準化信息，金融機構需要在地理空間上接近非標準化的信息來源地。Agnes（2000）指出由於不同企業在環境、市場區位和功能定位等方面的差異，某些金融服務的信息會依賴於地方化的信息，因此空間關係和地方嵌入性對金融服務的信息具有重要意義。

金融業除了具有服務業的一般性質以外，還具有自身行業的一些獨特性質。Andrikopoulos（2013）指出金融服務業的基本特徵包括：①無形性，金融業提供的是無形、非實體化的產品；②不可分性，體現為金融產品或服務的供給與消費是同步的；③異質性，各大金融機構提供的金融產品或服務都有自身

的特點，無法統一做到標準化；④地理分散性，金融機構在面向市場時要建立必要的分支機構來滿足各地區客戶的需求；⑤風險性，金融業從某種意義上說是具有經營風險的。Folkinshteyn（2014）指出金融服務業除了具有一般現代服務業的特點以外，還具有受委託責任和雙向信息交流的特點，其中，受委託責任是指金融機構應該對客戶的委託盡職盡責，履行保障金融資產安全與實現資產增值的責任；而雙向信息交流是指金融交易是金融機構與消費者長期形成的一系列雙向交易，從而產生穩定的商業關係，會導致消費者習慣的形成，帶來較強的鎖定效應和較高的轉移成本。

Clark（2003，2004）從三個方面指出了金融地理學的研究範疇：①貨幣地理性，貨幣作為金融資源的載體，具有時間性和空間性，需要研究貨幣在全球時間和空間範圍內流動所生產的影響；②金融信息屬性，由於金融業的信息在時間和空間上呈現異質性特徵，需要在全球範圍內重新組織和管理；③邊界嵌入性，研究金融業在地理空間範疇的嵌入性是如何影響金融業區位選擇的。Leyshon（1995，1997，1998）認為應該從外部環境和內在屬性兩方面瞭解金融地理學：第一，要從政治經濟學視角來研究地緣政治、地緣經濟和金融排斥性；第二，要從貨幣的歷史屬性和人類學屬性角度來分析貨幣體系的時間與空間變動。因此，在金融地理學分析框架中，主要從供需視角、信息視角、聚集與分散視角、金融制度視角等方面分析金融中心的形成與區位選擇。

2.2.2 基於供需視角的區位選擇

Scholey（1987）認為供給因素和需求因素共同導致了金融中心的形成，並指出資本盈餘、資本短缺和金融仲介三要素推動了金融中心的形成。Davis（1990）將工業區位選擇理論引入金融業區位選擇分析中，提出了國際金融中心的微觀經濟分析框架，指出供給因素、需求因素、沉沒成本共同決定著金融業的區位選擇：①供給端因素，主要包括市場准入條件、專業人才的可獲得性、勞動力成本、稅收制度、政治經濟環境、法律制度、金融基礎設施配套成熟度、公共服務、融資成本等；②需求端因素，主要涉及金融機構能否進入金融市場並獲得客戶，是否瞭解客戶需求並開發相應的金融產品和服務滿足客戶的金融需求；③沉沒成本，主要涉及人員培訓和搬遷費用、基礎設施投入、申請營業執照的相關支出、潛在客戶的流失以及從一個地區或市場退出時造成的聲譽損失等成本。上述三大要素共同影響著金融機構的區位選擇。Leyshon（2004）分析了金融機構區位選擇的影響因素：首先，收入水準的差異會產生不同的消費需求，吸引不同類型的金融機構進駐；其次，金融機構的分支機構

及其溢出效應會影響金融產品和服務的多元化程度，從而吸引其他金融機構進駐；最後，當地的金融文化以及金融客戶對金融產品、金融規則的熟悉度會影響金融業的聚集。馮德連、葛文靜（2004）基於供給因素和經濟發展視角，構建了金融中心形成的「輪式模型」。

2.2.3 基於信息視角的區位選擇

Porteous（1995，1997）基於信息外部性和信息腹地理論分析了信息流對金融中心區位選擇以及金融聚集的主要機理，指出信息在空間區位的不對稱和信息腹地的變遷是導致金融中心聚集與分散變化的直接原因。其中，信息腹地是指能夠為信息流的開發和獲利提供最佳接入點的空間或地區，並指出金融活動聚集於某一區域的原因在於該地區的貿易關係或實體經濟活動引發了相應的信息流，可挖掘出有價值的信息。因此，若某一區域的信息要具備獲利的潛力，則該地區必須具備成熟的金融基礎設施以及充足的金融流動性，而金融市場可以提供足夠的金融交易規模來滿足市場的流動性需求。在信息腹地之內，金融機構可以比信息腹地外的其他機構以更低的成本獲取信息，並能對金融信息迅速做出反應，從某種程度上說，金融機構的收益取決於信息的可獲取性與精準性。因此，金融機構更有意願向發展規模大、有一定經濟社會輻射力的信息腹地中心城市聚集，從而該地區就越有可能成為該區域的金融中心。

Zhao（2002）將金融信息分為標準化信息（公開信息）與非標準化信息（內部信息），為了準確獲取並鑑別非標準化信息的可靠性，金融機構需要更接近信息源。Thrift（1994）指出金融信息的質量對於金融決策至關重要，但由於存在信息不對稱，非標準化的金融信息質量會隨著信息發布者與信息接收者之間地理距離的加大而下降，導致金融市場出現波動率加劇等金融風險，因此金融機構要及時、準確地掌握金融市場的信息就必須密切聯繫本地區的社會網絡。此外，Martin（1995）也認為地方性的社會、文化因素綜合塑造了不同地區的優勢，地理因素對信息傳遞依然重要。Davis（1998）指出信息流是金融中心發展的先決條件，信息的地域空間分佈是國際金融交易的主要決定因素，Gehrig（1998）指出金融中心在金融信息的聚集過程中發揮了重要作用，金融中心形成的基本條件是金融機構和金融信息可以自由流動並聚集。Babcock-Lumish（2003，2004）指出地理空間上的臨近便於企業家與投資者的信息溝通與交流，這點在風險投資和創新活動中較為突出，由於委託代理問題和潛在的不確定性風險，距離越遠，金融活動的交易成本就越高，因此，地理區位依然是風險資本和創新活動聚集過程中的重要影響因素。

2.2.4　基於聚集與分散視角的區位選擇

金融聚集論側重於研究金融資源與地域空間配置、組合的時空動態變化過程，從金融聚集效應考察金融機構、產品、制度、政策、法規如何在一定地域空間形成空間聚集，從而影響金融中心的形成機制與區位選擇。

Krugman（1991，1995）指出經濟活動的區位選擇是向心力與離心力共同作用的結果，從而為金融中心的區位選擇理論奠定了有效的分析框架。Kindleberger（1974）指出金融中心形成的內在動力源於金融中心的聚集效應和規模經濟效應，其中，金融中心的聚集效應首先體現在各種金融資源的聚集變化過程中，其次體現為金融資源跨越國界，其聚集和輻射範圍擴展到全球；規模經濟效應揭示了金融業在內部規模經濟和外部規模經濟的共同作用下如何影響金融中心的形成與發展。Krugman（1987）也指出倫敦成為全球金融中心在很大程度上依賴於倫敦發達的通信網絡、高效的交通基礎設施，以及與金融業配套服務相關的會計師事務所、律師事務所、審計機構、信用評級機構、資產評估事務所、金融信息資訊服務公司等。Gehrig（2000）基於離心力與向心力的視角，分析了影響金融中心的區位選擇因素。其中，向心力因素包括：①規模經濟。規模經濟可以幫助金融機構迅速獲取有效的信息，從而降低營運成本，提高效率。②信息溢出效應。金融機構的聚集使得金融信息可以最迅速地擴散，提升了金融機構間的溝通效率。③市場流動性。市場流動性有利於交易出清和提高金融運行的效率。離心力因素包括市場進入成本、信息的空間不對稱以及政府行政干預，離心力因素會導致金融營運成本上升，投資環境不完善。Pandit（2001）指出金融中心是以金融業高度聚集的形式所形成的地域空間。Panitch（2014）指出金融企業的內部規模經濟可以將企業的多種金融服務集中在一起，實現效益的最大化，但這對金融企業區位佈局選擇的影響不夠顯著，而金融企業的外部規模經濟可以使金融行業基於區位優勢實現指向性集聚，最終實現正反饋和自我維持的增長路徑。王宇、郭新強（2014）通過構建基於動態隨機一般均衡模型來分析「消息衝擊」對金融集聚規模和速度的影響，發現稅收制度會顯著影響金融集聚，並且永久性稅改政策的有效性最強，同時，通過強化金融創新的制度激勵，完善金融基礎設施，可以擴大金融集聚的規模和提升其速度。

2.2.5　基於金融制度視角的區位選擇

長期以來，金融學的主流分析範式以新古典金融學為主導，但新古典金融

學關於不存在交易成本和信息成本的假設條件，使得新古典金融學分析框架缺乏微觀經濟學基礎，無法對現實金融問題給予合理的解釋。Merton、Bodie（1995）首次提出「新制度金融學」，引發了學術界的廣泛關注，指出一旦引入信息成本和交易成本，不同的金融制度和組織形式對金融資源的配置會產生差異性效果，從而提出「金融制度內生性」的命題。總體而言，解釋金融業及金融中心的區位選擇及演進也是制度金融學研究的核心命題。金融中心的制度因素不僅決定金融機構在當地持續經營所需的法治環境，也影響其在金融活動中涉及的交易成本與協調成本。世界銀行將制度因素細分為六大方面：產權制度、法治水準、稅收制度、政府效率、監管質量、政治穩定。陳祖華（2010）指出健全的法制環境、產權保護制度、契約精神促進了金融中心的聚集和發展，對於理解金融中心的形成機制與區位選擇意義重大。下面從產權制度、法治水準、稅收制度和路徑依賴四個維度進行文獻梳理。

（1）產權制度

Stiglitz、Greenwald（2002）提出貨幣經濟學的新研究範式，通過將制度因素納入傳統貨幣經濟學的分析框架，將傳統貨幣理論建立在銀行行為理論的基礎上，同時考察不同銀行制度結構的變遷對一國貨幣政策和經濟體系的影響，從而將微觀貨幣市場與宏觀貨幣市場構建成整體分析框架，為貨幣經濟學的發展奠定了微觀金融基礎。必須指出的是，Stiglitz、Greenwald 提出的「新範式」未涉足金融權利界定的制度變遷，導致貨幣金融與金融權利界定之間缺乏有機聯繫，限制了對貨幣金融運行規律的解釋力。正如 Heinsohn、Steiger（1998）指出的那樣，貨幣金融運行與所有權制度緊密相關，所有權制度是貨幣金融有效運行的制度保障。Soto（2000）基於金融資產與資本的邏輯聯繫，發現一些發展中國家存在相對金融資產充裕與絕對資本貧乏並存的「悖論」，指出上述發展中國家缺失健全的所有權制度，從而抑制了金融循環，扭曲了金融資源配置，阻礙了金融資產向資本的轉化，因此，所有權制度是一國金融有效運行的制度保障。此外，Soto 強調金融資產不僅是金融投資工具，更是金融權利的制度載體，體現了經濟社會屬性，認為所有權制度的發展理順了信用、契約、法律等各種制度關係，激發了資產的制度潛能，促進了金融資產融入經濟循環體系中，從而推動了一國的經濟增長與資本形成。Kaufman（2001）指出金融所有權制度為金融交易引入了契約、責任以及保護機制：一方面，市場參與主體獲得了金融交易的自由；另一方面，所有權制度也規範和保障了交易各方的權利。張杰（2011）指出所有權是金融交易的前提，既構成了貨幣金融運行的制度基礎，也決定著金融交易的長期績效，從理論層面看，金融領域的所有權

結構是當今制度金融學的核心命題，從實踐層面看，金融資產的社會屬性和制度內涵完善與否決定了一國金融制度的成熟度。

（2）法治水準

Glendon（1994）根據法律淵源、法律審批規則及法律術語、部門法律等因素，將世界法律體系劃分為大陸法系和英美法系。La Porta（1998，2008）指出不同的法律制度體系將世界分為不同的規制和金融系統，影響了股東和債權人權利以及私有產權的實現，並將法律體系分為英美法系、德國法系、法國法系、斯堪的納維亞法系、社會主義法系五大類，指出英美法系比大陸法系更加側重投資者權益保護和信息披露的合規性，法治環境較為透明和公正。此外，Delios、Henisz（2003），Garcia、Guillen（2008）指出一國的法律制度越成熟、產權制度越健全，越會給市場參與主體營造一個穩定的營商環境，從而能有效保護企業的產權。Globerman、Shapiro（2003）指出良好的制度環境意味著行政效率的提高、法律程序的透明、腐敗程度的降低，從而降低了企業的營運成本，為企業投資增長提供了良好的制度保障。Budd（1995）研究了第二次世界大戰後全球金融體系的演變，指出法治環境、政府行為、市場規則等制度性要素對於倫敦、紐約等國際金融中心的持久繁榮起到重要作用。Hudson（1996）指出透明的金融監管環境、成熟的法律制度以及完善的社會信用制度對於金融中心的形成與發展至關重要。單豪杰（2010）指出金融中心的制度基礎主要體現在法治環境和政府行為上，可以從政府清廉度、行政效率、產權保護度、法律完善度、契約執行效率五個方面概括法治的內涵。

（3）稅收制度

Zorome（2007）指出離岸金融中心稅收環境需要具備這些制度條件：較低的顯性稅賦增加公司稅後利潤，以簡化的監管環境減少這些隱性稅賦。Roussakis、Dandapani、Prakash（1994）指出離岸金融中心發展要具備三大條件：先決條件（低稅賦環境、社會穩定、完善的保密流程、寬鬆的監管環境、外匯自由交易）、重要條件（完善的金融基礎設施、便捷的地理區位）、次要條件（經營成本較低、文化包容度強、政府行為適當）。Boddewyn、Brewer（1994）引用「逃避即規避」的觀點，指出市場所在地的稅賦高低會影響公司的營運成本，從而影響公司的稅後利潤，因此，企業會「用腳投票」來回應高賦稅。Gordon、Hines（2002）指出企業會通過遷移總部來規避母國的高稅率。Kim、Wei（2002）通過調研數據也證實了離岸投資基金比在岸投資基金更加激進，因為離岸投資基金的靈活性更大，投資決策的金融監管較少，可以享受零資本所得或低資本所得的稅收環境。Donato（2006）指出一個國家和地

區擁有穩定的社會政治環境，屬於普通法系，具有寬鬆的低稅或免稅的稅收制度，那麼形成離岸金融中心的可能性就較大。

（4）路徑依賴

路徑依賴是指在一個正反饋的系統中，一旦外部偶然事件衝擊了該系統並被該系統所吸收，系統會「自我強化」「自我累積」，並沿著某一路徑變遷演進，即使該路徑不是最優的，系統也會強化固有的路徑模式。Martin（2000）指出制度對金融中心的形成過程有重要影響，制度是路徑依賴在金融中心變遷過程中的反應，不同地區的制度環境與制度安排不同，會導致不同地區制度路徑的差異性。Arthur（1988）發現一些公司進行區位選擇時會將地址設立在靠近同行業其他公司聚集的地方，主要是由於新進入的公司選址策略會受到該地區原有公司的影響。Arthur（1994）指出金融中心的形成過程與路徑依賴有關，現有金融機構規模收益遞增引發的聚集效應對於新進入的其他金融機構區位選擇起著重要作用，一旦某一金融中心經過歷史的累積形成較為充分的聚集，規模經濟效應就會產生，路徑依賴的「鎖定效應」對維持國際金融中心體系均衡具有重要作用，這也解釋了某一金融中心城市能長久地在區域保持競爭優勢並優於其他地區的原因。Zhao（2002）指出信息外部性和信息不對稱是決定信息腹地的重要因素，會影響金融中心路徑依賴優勢。Porteous（1999）指出路徑依賴效應使得金融機構的區位選擇具有「黏性」特徵，延緩了全球金融中心競爭格局的演變，即使某金融中心的經濟腹地開始衰退，該中心仍可利用路徑依賴效應，形成並控制一個更大的腹地以鞏固其金融中心的地位。覃劍、馮邦彥（2011）指出當金融制度變遷衝擊國際金融中心體系時，會使交易成本發生變化，進而導致各金融中心的資源配置重構，改變國際金融中心的格局，這一格局將在路徑依賴的鎖定效應下保持一段時間的持續穩定。

2.2.6 金融地理學理論的研究評述

金融地理學把地理區位、空間距離等要素納入對金融地域運動的研究中，同時考慮了由於地理因素的差異而產生的不同文化環境、社會制度等人文因素對金融區位選擇的影響，解釋了金融中心的形成機制與區位選擇。學術貢獻體現為以下幾點：

第一，金融地理學作為經濟地理學的分支學科，由經濟地理學演化而來，結合了金融學、地理學、社會學等多學科理論，並借鑑了經濟地理學的研究範式、研究方法和研究工具，強調基於過程的方法論。從研究對象、理論基礎來看，金融地理學側重研究金融地域運動的內在形成機制和微觀機理，提供了一

個主流經濟學的分析框架，建立一般均衡模型來解決金融業聚集與分散以及離心力與向心力之間的均衡問題，在金融體系的地域空間結構和金融中心的形成與演變方面取得了顯著的成果。

第二，金融地理學基於地理因素的差異，將地理區位、空間距離等要素納入對金融地域運動研究中，不僅關注地理環境對金融的影響，而且強調社會環境、科技進步、制度因素、歷史、文化和政治等社會人文因素對金融業區位選擇和產業聚集的影響，強調綜合、系統、全面地研究問題。同時，金融地理學的相關實證研究也證實了相對於單純的地域因素而言，經濟社會穩定、貨幣穩定、良好的金融制度、司法制度、產權制度、稅收環境等因素對金融中心的形成與區位選擇更為重要。

第三，金融地理學將非標準化信息和標準化信息引入金融區位選擇的框架中，強調用信息理論解釋金融業區位選擇在空間地理的演變，指出金融業區位選擇的重要影響因素是「信息外溢效應」，側重從「信息外部性」「信息不對稱」「信息腹地」「路徑依賴」等角度解釋金融業聚集的形成與發展。

儘管金融地理學為我們研究金融制度的空間組織與運作、金融中心的形成與區位選擇等問題提供了新的視角和方法論，但依舊存在不足之處，主要體現為以下幾點：

首先，以 DOW 為代表的區域金融學派，致力於將金融理論與區域經濟理論相結合，通過分析金融結構與金融地域運動的地理差異和地域佈局狀態，來揭示金融發展的區位結構變動。在研究框架上，繼承了金融發展理論的視角，將區域金融引入金融發展理論。在研究方法和手段上，主要基於新古典理論的嚴格假設，但缺乏夯實的理論研究的邏輯起點，對金融屬性和金融地域運動的運行規律涉及較少，缺乏對區域金融形成機理、運行機制等基礎性問題的解釋。

其次，以 Gehrig 和 Porteous 等為代表的地理經濟學派，以規模報酬遞增、不完全競爭市場結構和外部規模經濟為假設前提，基於壟斷競爭一般均衡框架來分析核心—邊緣模型、金融聚集與分散模型，在金融地理模型構建、金融集聚與區域金融發展的微觀機制分析以及與之相關的政策實踐方面，均取得了一定的學術成果。雖然該學派將空間區位、地理距離等地理要素引入金融地理學的研究中，但忽視了社會環境、科技進步、制度因素、歷史、文化和政治等社會因素在貨幣和金融活動中所扮演的重要角色，導致對貨幣和資本如何影響全球金融市場的空間分佈以及金融中心的區位選擇研究甚少。

最後，以 Leyshon 和 Thrift 等為代表的經濟地理學派，將研究視角立足貨

幣和金融活動的地理特徵與空間組織，在金融地理結構和金融體系區域變遷的理論研究上取得了重要進展。在研究方法上，注重把社會因素、金融因素、地理因素這三大系統有機結合，更加重視制度因素、歷史、文化等社會因素對金融區位選擇的演變機制。但該學派目前還缺乏明確的理論體系，有代表性的理論模型還較少，正如Leyshon（1995）所說，貨幣金融地理學尚處於科學發展的初級階段，未來仍將繼續發展。

2.3 貨幣地理學理論及文獻綜述

在金融中心的形成機制與區位選擇中，貨幣空間分佈的重要性日益凸顯。Martin（1999）認為貨幣作為金融的主體，具有與生俱來的空間性。Leyshon、Thrift（2001）指出貨幣地理已成為經濟結構的重要組成部分，以輻射全球的貨幣金融網絡形式影響著經濟的運行。總體而言，貨幣地理學側重於貨幣的空間格局及其分佈與擴散等問題，最終落腳在空間佈局上。目前，貨幣地理學理論的貨幣網絡外部性理論與金融資產交易理論可以解釋國際貨幣的空間分佈問題，這為本書研究人民幣在全球主要離岸金融中心的交易分佈奠定了理論基礎，進而為人民幣離岸金融中心區位選擇提供了理論依據。

2.3.1 貨幣網絡外部性理論

（1）貨幣網絡外部性定義

Harvey（1973）首次提到應該對貨幣與空間地域分佈之間的關係展開研究，並將網絡外部性概念引入對貨幣的空間區位研究中，Rohlfs（1974）指出消費者通過網絡外部性的影響機制會帶來消費邊際效用的提高。Dodd（1994，1995）將貨幣網絡的概念引入貨幣地理理論，從貨幣的功能屬性與物質屬性視角出發，提出了一種能夠識別貨幣體系的時間和空間變動的方法。Dodd分析了貨幣的抽象屬性，指出貨幣網絡具有計算性、自反性、空間性、規範性、社會性這五種抽象的屬性，並且通過信息將貨幣網絡連接起來，信息的存在奠定了貨幣網絡的發展基礎，使貨幣網絡嵌入社會關係網絡，他提倡從貨幣網絡分析視角來研究社會關係網絡背後的金融交易。Thrift（1994，1996）將貨幣視為可以延伸至全球任何地域空間的一組網絡，指出貨幣網絡是貨幣本身具有的屬性，不僅具有抽象性，而且具有具體性，充滿著社會與文化的色彩，同時，每一個國際金融中心都有自己獨特的比較優勢，包括成熟的市場體系、發達的商

品市場、高素質的勞動力市場，以及獨特的商業文化，這說明社會網絡在金融中心的形成與發展過程中依然重要。Leyshon（2003）研究了市場代理人作為貨幣仲介從而形成的代理人網絡現象。

（2）貨幣網絡外部性的自我強化機制

網絡經濟的自我強化機制就是正反饋，正反饋通過經濟主體的相互作用，產生相互助長的機制，在邊際效用遞增的作用下，經濟系統會強化現有的發展趨勢，表現出強者恒強、弱者更弱的格局。Cohen（1997）指出貨幣網絡外部性帶來的邊際收益遞增可以降低交易成本，提高國際貨幣在某一區域交易的集中度。陸簡（2015）指出國際貨幣是一國或一地區向國際金融市場提供的兼具自有價值和協同價值的網絡經濟特徵的貨幣。張銘洪（2010）指出邊際收益遞增效應、臨界效應、路徑依賴效應是導致貨幣的網絡外部性向正反饋機制轉化的三個觸發條件。

首先，邊際收益遞增效應。Dowd、Greenaway（1993），Mizen、Pentecost（1994）指出一種貨幣兌換成另一種貨幣面臨轉換成本，當該貨幣在全球範圍內流通範圍廣、使用頻率高時，可以降低其轉換成本。Tavals（1998）指出若某地的金融開放程度較高、金融市場深化程度較深、勞動力自由流動性較強、市場機制較為健全，那麼國際貨幣在該地的流通與使用程度會相應提高。

其次，臨界效應。Oomes（2001）指出貨幣的網絡外部性只有突破一定門檻值才能觸發正反饋機制，他通過研究美元在南美洲的分佈情況，得出美元的網絡外部性臨界值為35%，此時持有美元的交易成本會下降，會吸引更多市場交易主體持有美元，從而觸發美元的正反饋機制，實現美元的自我強化。

最後，路徑依賴效應。Aliber（1968）指出國際貨幣的慣性是指一種主權貨幣充當國際貨幣後，該貨幣的網絡外部性和邊際收益遞增效應將吸引更多的持幣者來持有該種貨幣，則該貨幣可以在較長的時間內繼續發揮國際貨幣職能。McKinnon（1979），Krugman（1980），Chinn、Frankel（2008），Bergsten（2008）等研究了美元取代英鎊成為國際貨幣的演進歷程，發現雖然美國在第二次世界大戰前的經濟實力和政治影響力強於英國，但是英鎊仍會受到貨幣交易慣性的支持，英鎊在網絡外部性下會繼續維持其國際貨幣的地位，直到第二次世界大戰後，美元才超越英鎊成為國際儲備貨幣。楊雪峰（2009）指出貨幣的網絡外部性會導致較強的歷史慣性和路徑依賴，引發強勢國際貨幣的自我強化效應，有利於維持其自然壟斷格局。

（3）貨幣替代的轉換成本

Dowd、Greenaway（1993）提出國際貨幣替代的轉換成本包含交易成本、

學習成本、不確定性成本，指出當貨幣轉換成本過高時，會抑制持幣者將原有的國際貨幣轉換為其他貨幣的積極性，導致貨幣的網絡外部性無法發揮作用。Rey（2001）指出在貨幣交換領域，交易者接受某種國際貨幣的原因是有其他貨幣持有人同樣也持有該種貨幣，並且該種貨幣接受的範圍越廣，其交易媒介與支付結算的作用就越顯著，貨幣的轉換成本也就越低，因此一種國際貨幣在全球的流通範圍取決於該貨幣受眾群體的認可度與貨幣轉換成本。Galati、Wooldridge（2006），Cohen（2008）指出國際貨幣的轉換成本高於轉換收益時，貨幣轉換是不經濟的，會加劇對原有國際貨幣的鎖定與路徑依賴，維持原有國際貨幣的存在慣性。楊雪峰（2009）指出國際貨幣替代的轉換成本包括新增交易成本、學習成本以及退出原網絡的機會成本三部分。

可見，貨幣網絡外部性理論認為規模經濟效應、貨幣轉換成本降低以及愈發聚集的多邊金融交易是促使國際貨幣在某地交易比重提高的重要原因。

2.3.2 金融資產交易理論

Hartmann（1998）指出國際貨幣作為交換媒介和計價工具可用於國際貿易和金融資產的交易，在價值儲藏方面可以充當外匯儲備。因此，國外投資者、金融機構以及中央銀行會把國際貨幣視為金融資產持有。當國際貨幣作為一項金融資產時，其交易成本與信息透明度是影響該國際貨幣在全球範圍內交易與地域分佈的重要因素。

Kang、Jun-Koo（1997）指出投資者在考慮交易成本和信息不對稱時，會更加偏好於投資本國的金融資產。Tesar、Werner（1995）進一步指出，流出國和流入國存在文化差異、政治制度不同、法律體系不一致、語言環境不同以及對國際市場的信息獲取成本的差異性，都會導致信息不對稱問題的產生。David（1998）分析了14個國家的跨境資金流動情況，指出信息的地理分佈是國際金融資產交易的主要決定因素。Clark（2003）分析了全球地域空間的金融流動情況，指出時間和空間、資金跨境流動與貿易、金融機構的全球佈局是理解金融資產交易的重要因素。Portes、Rey（2005）利用引力模型對14個國家1986—1996年的國際金融資產交易進行了實證研究，實證結果表明，國際金融資產的交易總量取決於流入國與流出國的經濟和貿易規模以及雙方之間的交易成本，並且信息因素和技術因素會影響該交易成本。同時，作者發現地理信息是影響國際金融資產交易的主要因素。Lane、Milesi-Ferretti（2008）研究了雙邊因素如何影響權益類國際資產投資組合頭寸的變化，發現權益類國際資產投資組合與雙邊貿易量高度相關，雙邊的信息聯繫諸如共同語言、共同殖民地

是非常重要的影響因素。

此外，部分學者從金融資產交易的流動性視角來研究金融中心的區位選擇。Gehrig（1998）指出金融市場的流動性是影響金融業區位選擇的重要因素，在強流動性市場中價格波動較小，因此，風險規避型投資者往往會選擇在流動性較強的金融市場進行交易。Bach（2000）指出金融基礎設施和金融人才的可得性會影響金融市場的流動性，從這個層面上說，金融中心必須依託高效、安全的金融網絡以此滿足國內外客戶的金融需求。Laulajainen（1998）指出貨幣本質上是在世界各地方都可以進行交易的商品，因此從邏輯上講，市場交易主體更傾向於在流動性好的市場上進行交易。李成（2006）指出金融中心通過增強金融資產的流動性來降低金融交易成本，從而產生金融資源的聚集效應。Allen、Santomero（1998）指出金融中心作為金融仲介的聚集地，在金融資產交易時更容易降低金融交易成本，更多的金融仲介機構聚集在金融中心會引發既定交易成本的分攤力度加大。

2.3.3 貨幣地理學理論的研究評述

貨幣地理學作為金融地理學、經濟地理學、演化經濟學、社會學等多學科的交叉學科，著重研究貨幣空間格局及其分佈與擴散等問題，考察貨幣的地理分佈。以 Dodd、Thrift 為代表的學者更加關注貨幣的社會屬性，拓展了對貨幣網絡和金融網絡的研究。但是，貨幣地理學未來的發展還需要解決如下問題：第一，如何建立貨幣地理學的數理分析框架，並通過建立一般均衡模型來解決現實金融問題；第二，如何進行多維的研究，將人文、社會、制度等要素納入貨幣的空間分佈研究，這也是未來研究有待突破的方向。

2.4 網絡科學理論及文獻綜述

真實金融市場是由無數微觀市場主體交互活動演化形成的、具有複雜網絡結構的金融網絡系統。近年來，網絡科學理論在研究方法與研究工具上的突破，為金融網絡的深入研究奠定了基礎。因此，基於複雜網絡理論與社會網絡理論，可以為本書研究全球離岸金融網絡的結構特徵與演化格局提供新的研究工具，從而為人民幣離岸金融中心區位選擇研究提供新的研究視角。

2.4.1 網絡科學的理論研究

隨著網絡分析成為學術界核心概念之一，網絡科學（Network Science）逐

漸成為自然科學和社會科學的研究熱點和重點研究方向。2005年，美國科學院國家研究委員會將網絡科學定義為利用網絡對研究對象進行描述，並構建數學模型對研究現象進行科學預測。Lewis（2009）將網絡科學定義為研究網絡拓撲結構及其動力機制並將網絡應用到更多自然科學和社會科學領域的基礎理論。無論是生物學、信息工程等自然科學，還是管理學、經濟學、金融學等人文科學，學者們已經深刻意識到自然界和人類社會都處於相互關聯的網絡之中。在此背景下，網絡科學的複雜網絡研究脫穎而出，成為一種新的方法論，並被廣泛應用於自然科學和人文科學等學科的研究領域（Newman，2000；汪小帆，2012）。近年來，經濟學領域也愈發關注複雜網絡和社會網絡分析法等研究範式在經濟學的運用，Schweitzer（2009）在《科學》上發表了一篇名為《經濟網絡：新挑戰》的文章，指出經濟學有必要修正和拓展現有的經濟理論和研究範式，基於網絡分析的研究視角來解釋現實經濟問題。同時，Schweitzer建議可以從經濟與社會關係視角以及複雜系統視角對經濟網絡進行研究。

然而，複雜網絡研究和社會網絡研究在研究範式上依然存在較大的差異。徐振宇（2013）指出複雜網絡具有物理學或自然科學的「基因」，主要以計算機技術、統計物理學等數學工具為基礎，重視大數據的挖掘和處理，通過複雜性來涉及非線性科學、生物學、傳播學、經濟學、計算機科學、電路與系統等各種類型的關係，並且，複雜網絡強調通過分析網絡的一些重要統計特徵變量，諸如通過研究度分佈、平均路徑長度、節點介數、平均聚類系數等網絡指標來判斷整體網絡的小世界效應、高聚集性、冪律分佈等特點，研究側重於網絡形成機制、網絡連接方式對網絡結構的影響、網絡動力學行為等領域。相對而言，社會網絡則更加側重於社會學、人類學、經濟社會學等人文學科內涵，重視樣本數據採集和調研訪談等手段，採用質性研究法與定量研究相結合的方法，研究範疇集中於社會科學的研究，強調社會網絡對社會學、人類學的理解和闡釋。基於以上比較，可見複雜網絡分析主要分析自然科學領域網絡形成機制、網絡連接結構、網絡動力機制以及網絡統計規律，社會網絡則側重於研究人文學科中社會關係與人際聯繫、人與人的關係內涵，並對其機理進行闡釋。因此，當社會網絡中涵蓋的節點數量多、數據規模較大時，有必要將複雜網絡分析與社會網絡分析有機結合來進行研究。

由於複雜網絡研究和社會網絡研究在研究範式上的差異，曾經有段時間，兩派都自說自話，幾乎不相互引用。但近年來，這兩種研究範式開始出現融合的趨勢，表現為醫學、統計物理學、金融物理學等自然科學的學者開始引用社

會網絡領域的文章。與此同時，社會網絡領域的學者也開始引用複雜網絡學者的文章，甚至還出現兩大領域的學者聯合研究的現象（Salganik, et al., 2006; Reichardt & White, 2007），總體而言，上述兩種研究範式的交叉性開始加強，在研究廣度、深度上正加速發展。

（1）複雜網絡研究

複雜網絡的研究起源於 Erdos、Renyi（1959）提出的 ER 隨機圖理論，在這之後的 40 年間，ER 隨機圖理論是學術界研究網絡結構的主流模型，被認為是「正確認識網絡世界的基礎理論」（郭世澤、路哲明，2012）。但促使複雜網絡在學術界地位發生重大變化的則是 20 世紀末的兩篇代表作，即 Watts、Strogatz（1998）在《自然》雜誌上發表的論文《小世界網絡的群體動力行為研究》，構建了小世界網絡模型（WS 模型），指出在一個網絡中從任意一個節點出發，僅需要通過數量較少的中間節點就可以到達該網絡處其他節點，反應了網絡具有較短的平均路徑和較高的聚集度現象；以及 Barabási、Albert（1999）在《科學》上發表的論文《隨機網絡中標度的湧現》，構建了無標度網絡模型（BA 模型），文章以互聯網為研究對象，指出互聯網是由少量鏈接度較高的網站鏈接而成，網絡節點服從冪律分佈，從而揭示了網絡呈非均勻分佈的現象。之後大量的實驗研究也從不同方面證實了現實社會的物流網、互聯網、人際關係網均具有小世界的特點（Watts, 1999; Newman, 2000; Sen, et al., 2003），同時，很多真實網絡的節點具有高聚集性的特點（Newman, 2003; Jackson & Rogers, 2007），以及服從冪律分佈的規律（Ebel et al., 2002）。

鑒於此，學術界開始對複雜網絡的研究成果進行綜述。Newman（2003）指出複雜網絡具有小網絡距離、高聚集性與鏈接分佈不均勻等結構屬性。Jackson（2007）指出複雜網絡的基本特徵主要有小世界效應、高度聚集性，且呈冪律分佈。Boccaletti 等（2006）對複雜網絡的動力學行為進行了詳細的評述，而 Lewis（2009）、Newman（2010）對複雜網絡的發展歷程、發展現狀及未來發展趨勢進行了展望。與此同時，國內學者如方愛麗（2006）、呂金虎（2008）、方錦清（2007, 2008）、段志生（2008）、陳關榮（2008）、劉建香（2009）、吳鋼（2013）、劉建國（2013）都對複雜網絡的發展現狀及研究進展進行了較為詳盡的分析。近年來，部分學者也將空間網絡納入複雜網絡的研究當中，如（Barrat & Barthélemy, 2005; Gastner & Newman, 2006），國內學者黎勇（2010）對國內外空間網絡的結構和功能進行了綜述。

（2）社會網絡研究

社會網絡研究具有悠久的發展歷程，最早可以追溯到 Brown（1922）的

「社會網絡隱喻」、Moreno（1934）的「社群圖」，以及 Warner（1939）的「霍桑實驗」。20 世紀中葉以來，社會網絡研究的理論體系日漸完善，Nadel（1957）提出的「社會網絡分析基本思想」和 Mitchell（1967）提出的「社會網絡分析框架」奠定了社會網絡分析的研究範式。此後，社會網絡研究進入了快速發展期，Granvovetter（1973）提出了「弱連帶優勢理論」，通過研究 282 個應聘者的求職經歷，分析了勞動力市場個體間的不同聯繫影響求職成功率的差異性，結果發現通過弱聯繫而找到工作的比例高於強聯繫，他將連接關係的緊密程度劃分為強連帶、弱連帶、無連帶三大類，認為強聯繫之間雖互動較多，但連接關係較為封閉，而弱聯繫之間雖互動較少，但可以成為跨越不同社區間的橋樑，為人們帶來新信息和新機會。Burt（1992）提出了「結構洞理論」，指出若網絡結構洞的參與者對結構洞進行填充，則可以獲得累加的網絡收益，包括信息利益和控制利益。Krackardt（1992）提出了「強連接優勢理論」，指出網絡間的強連接可以傳遞信任感和影響力等資源，由此引發的情感聯繫會影響參與方的決策行為；Coleman（1990）和 Lin（2001）基於社會網絡視角提出了「社會資本理論」。在此基礎上，Carrington（2005）、Wasserman（2007）、Prell（2012）等也從各個層面對社會網絡分析的發展歷程、理論基礎、研究方法、前沿進展等方面進行了總結和概括。

隨著複雜網絡和社會網絡的興起，學者們已經認識到在經濟系統中存在一個由局部相互作用機制所形成的全局網絡結構，經濟網絡是經濟系統中參與主體之間相互影響和相互作用而形成的一種關係結構，從而影響和支配經濟系統的運行和演化。從另一個角度看，經濟網絡是填補複雜網絡與社會網絡的結構洞的橋樑（吳鋼，2013）。

首先，社會網絡研究強調社會網絡結構對經濟活動具有相互影響的交互作用，並提出了「嵌入性理論」（White，1981；Granvovetter，1985；Uzzi，1996）。其中，White（1981）提出市場是從網絡社會發展而來的，Uzzi（1996）提出具有嵌入性關係的公司在市場競爭中的成功概率較高。而 Granvovetter（1985）論證了社會網絡的不規則，且不同程度地嵌入整個經濟領域，批判性地指出新古典經濟學是非社會的、非動態的，有必要革新經濟學的研究範式，將行為者的經濟行動嵌入社會網絡結構中加以研究。

其次，複雜網絡研究提供的數學分析工具和量化研究框架，推動了複雜網絡分析技術廣泛應用於經濟網絡分析中。Schweitzer（2009）指出，現有市場參與主體之間具有相互影響的關係，因此有必要強調經濟網絡系統的複雜性。其中，經濟網絡模型主要按照兩條線索來展開研究：其一，經濟網絡結構是如

何影響市場參與主體的決策行為；其二，經濟網絡對市場參與方的福利效應。在協同網絡方面，Kandori、Mailath（1993）驗證了不同均衡選擇對網絡結構的影響，Morris（2000）分析了局部最優網絡裡合作網絡角色的機理，探討了相鄰環形網絡是如何集中於風險主導均衡的。在合作網絡方面，Eshel、Samuelson（1998）指出如果參與主體之間可以局部地相互影響，並且通過模仿得以適應，那麼合作在困境中是可以實現的。Bhaskar（2002）研究了無限次重複囚徒困境博弈，指出如果收益的損失率不高的話，參與主體只會維持在一個有足夠多的個人連接的網絡結構中，而收益的變化幅度越大，則參與者之間的平均距離會越短。

近年來，經濟學家已開始著手將網絡研究方法納入經濟學的理論研究和實際研究中。例如，Goyal（2007）回答了網絡的互動結構將如何影響經濟的網絡結構變化以及網絡中經濟參與主體建立關係的動因何在等問題；Jackson（2008）對經濟網絡的結構屬性、形成機制的理論基礎進行了建模和分析；Easley、Kleinberg（2010）基於交叉學科的研究方法，綜合了經濟學、數學、網絡科學、社會學等相關概念和分析方法，研究了高度關聯世界的行為原理與效益機制。正如諾貝爾經濟學獎得主 Maskin 所言，「網絡研究是當代經濟學理論中最具活力和最令人感興趣的研究主題之一」。

2.4.2 網絡科學的經驗研究

隨著網絡科學理論的發展，學術界開始用網絡科學的理論來解釋現實經濟的問題。在經濟領域，網絡的應用研究主要集中於國際貿易網絡、國際金融網絡、資產價格網絡、投資者交易網絡、生產網絡等方面。此外，網絡科學理論也開始關注一些經濟熱點問題，例如金融危機傳導網絡、清算風險轉移等。

（1）國際貿易網絡研究

國際貿易網絡作為經濟網絡研究的重要組成部分，反應了各國或地區在全球貿易網絡中的相互影響、相互依賴的關係。Snyder、Kick（1979）最早將網絡分析法納入國際貿易研究中，開闢了用網絡分析法研究國際貿易網絡格局的先河。總體而言，國際貿易網絡結構的研究大致遵循以下三條主線。

一是研究國際貿易網絡對國際貿易發展格局的影響。Nemeth、Smith（1985）分析了不同產品層面的國際貿易網絡結構及其動力機制，Kim、Shin（2002）利用縱向動態數據發現了國際貿易網絡結構出現區域化的結構特徵。Smith、White（1992）分析了國際貿易的網絡結構，得出當今國際貿易網絡格局中存在「核心—半核心—邊緣」的結構特徵，並將國家細分為核心國家、

半核心國家、邊緣國家三大類。Mahutga（2006）指出國際貿易「核心—半核心—邊緣」的網絡結構隨時間而發生變化，並且在全球化和國際分工的背景下，加劇了國際貿易網絡結構的不平衡性。Kali、Reyes（2007）將全球貿易體系視為一個有機聯繫而統一的複雜網絡體系，指出國際貿易網絡在更高層次上還可以分出「核心—邊緣結構」，並且一國在國際貿易網絡系統的位置會影響該國的經濟增長。Clark、Beckfield（2009）利用三分測量法考察了國際貿易網絡系統的結構特徵，發現在國際貿易網絡系統中處於同一層次的國家經濟發展存在趨同性，而處於不同層次的國家間的經濟發展差距會加大。

二是研究國際貿易社會網絡對貿易規模的影響。Rauch（2001）基於搜尋成本，分析了搜尋成本如何通過社會網絡影響國際貿易流量，指出若開展貿易的兩國或地區擁有共同的語言、文化、制度環境，則這兩國或地區的搜尋成本和配對成本會下降，進而降低交易成本，並在貿易合同的執行效率和貿易信息的傳遞中更具有優勢。此後，Rauch（2002）對華人貿易網絡與雙邊貿易流量進行了研究，得出相對於貿易同質商品，華人的貿易網絡更能擴大異質性貿易品的規模。國內學者劉慶林、綦建紅（2004）從淨貿易創造效應、動態效應、動態有效性三個方面，對國際貿易社會網絡理論進行了文獻梳理與回顧，崔凡、寧丹虹（2010）從國際貿易的信息成本、貿易社會網絡結構、貿易仲介三個方面梳理了國內外貿易網絡的相關研究成果，陳銀飛（2011）利用社會網絡分析法研究了美國「次貸危機」前後世界貿易格局的變化，發現國際貿易網絡存在負向匹配網絡現象以及「富人俱樂部效應」。

三是研究國際貿易網絡的結構特徵、動力機制及演進規律。Serrano、Boguna（2003）對國際貿易網絡的結構特徵進行了研究，發現國際貿易網絡具有小世界效應、高度聚集性、無標度分佈等複雜網絡的普遍特徵。Garlaschelli、Loffredo（2005）研究了有向加權的國際貿易網絡的互惠性以及其他網絡結構隨時間的演變。Bhattacharya（2007，2008）指出國際貿易網絡具有一些非常穩定的結構特徵。Fagiolo（2008）研究了加權國際貿易網絡的拓撲結構及演變趨勢，得出國際貿易網絡體系中存在兩級分化的現象，一方面，大量國家的貿易關係是弱連接；另一方面，少數國家的貿易關係存在強連接，且有聚集化的趨勢。在此基礎上，Fagiolo（2009）研究了國際貿易加權網絡的中心性與聚集性等網絡統計量，發現網絡中連接強度正由對數正態分佈向冪律分佈演變。Baskaran（2011）基於產品層面的貿易數據研究了國際貿易網絡的拓撲結構及其演變歷程。國內學者近年來也開始加強對國際貿易網絡拓撲結構的研究，劉寶全（2007）和段文奇（2008）對頂點強度、邊權重差異度、聚集

性、互惠性等網絡結構統計量的演化規律進行了研究。吳鋼、許和連（2013）通過分析網絡互惠性、同配性和集聚性等指標，構建國際貿易區位選擇偏好網絡，分析了國際貿易的網絡結構特徵及演變歷程。許和連（2015）分析了出度和入度中心性、介數中心性、出接近和入接近中心性等指標，並構建 ERGM 模型分析了「一帶一路」倡議高端製造業貿易網絡的影響因素。在國際貿易網絡的動力機制研究方面，Garlaschelli、Loffredo（2004，2005）指出在國際貿易網絡結構中存在富者愈富、貧者愈貧的兩極分化機制。Fagiolo（2010）指出兩國間的國家面積、接壤效應、貿易協定、地理距離等因素對國際貿易網絡拓撲結構產生較為明顯的影響。Baskaran（2011）指出在國際貿易網絡結構中，赫克歇爾—俄林的要素禀賦差異性對於貿易網絡的形成與發展起著重要影響作用。Picciolo（2012）指出地理距離在國際貿易網絡結構的形成過程中的作用在減弱，而互惠性的信息有利於解釋貿易網絡結構的演變。

（2）國際金融網絡研究

金融交易是全球金融市場實現金融資產定價、平衡投融資需求、優化金融資源配置、加速金融資源循環的有效途徑。全球離岸金融中心跨境資金流動的背後是全球金融網絡中無數市場參與主體決策的結果，這些市場交易主體相互依存、相互影響，形成了一個龐大而錯綜複雜的金融交易網絡。Porteous（1995）、Thrift（1994）指出全球金融網絡以微觀市場主體間金融交易所產生的信息為基礎，是由時間、空間和信息構成的互動網絡空間。

Thore（1969）最早將網絡分析法納入國際金融研究中，研究了金融系統的關聯性，開闢了用網絡分析法研究國際金融網絡格局的先河。Storoy、Thore（1975）運用網絡分析法研究了資本市場在金融網絡中的連接性，並對金融網絡的均衡性進行了計算。Thore（1980）提出了金融仲介網絡模型，在該模型中，每個市場參與主體均有屬於自己的社會網絡，參與者可以演變為金融仲介，把網絡信息提供給金融需求方。Nagurney、Siokos（1992，1996）將金融網絡理論不斷深化，研究了金融網絡中資產端與負債端的最優持有量問題，並探討了金融網絡中投資組合的最優規模。在此基礎上，Nagurney、Dong（2001）對一個部門多種金融工具的金融網絡系統進行了研究，進一步探討了當金融網絡中資產端與負債端均衡時，金融資產價格均衡的問題。總體而言，國際金融網絡結構的研究大致遵循以下三條主線。

一是研究金融系統的複雜網絡結構特徵。Gabriell（2011）研究了歐洲銀行間隔夜拆借市場的網絡拓撲結構，發現該網絡結構具有小世界網絡特徵、高度聚集性，且節點分佈服從冪律分佈的性質，即少數大型銀行具有較多的網絡

密度連接，在金融網絡系統中占據主導地位。Bech、Atalay（2010）研究了美國聯邦基金市場金融網絡，得出該金融網絡除了具有小世界網絡特徵、高度聚集性等普適性網絡結構特徵外，網絡節點的分佈卻呈現厚尾分佈。Boss（2004）研究了澳大利亞銀行間貨幣市場的網絡結構，發現該網絡結構的平均路徑長度和聚集系數都較小，網絡節點服從冪律分佈。Soramaki、Bech（2007）對美國支付結算網絡系統進行了研究，指出該網絡的連接度較為稀疏，具有典型的小世界效應和高度聚集性特徵。類似的研究還有 Iazzetta、Carmela（2009）對義大利銀行間同業存款市場的分析，Peltonen、Scheicher（2014）對歐洲信用違約掉期合約市場網絡的分析，Craig、Peter（2014）對德國銀行間貨幣市場金融網絡的分析，Cont、Moussa（2013）對巴西銀行機構與非銀行金融機構網絡的分析。上述研究基本得出金融系統的網絡結構特徵具有小世界效應和高度聚集性特徵，網絡節點服從冪律分佈的特性，體現為金融網絡系統呈現高度聚集化和中心化的現象，同時，網絡節點的連接度具有異質性的特徵。

二是研究金融網絡結構對金融風險的傳染。Scheweiter、Fagiolo、Sornette（2009）構建了 41 家非銀行類金融機構的複雜資金交互網絡，研究了系統性風險對金融危機的擴散效應，指出國際金融機構間的相互依存性較高，會影響金融危機爆發時的擴散速度。Vitali、Glattelder、Battiston（2011）採用 43,060 家跨國公司之間的控股權關係構建了全球金融經濟網絡，指出跨國公司間控制權網絡的結構特徵會影響全球產業鏈的競爭和金融安全。Graras、Argyrakis（2010）利用公司的所有權網絡和對外貿易網絡進行了 k—殼分解，並利用 SIR 模型對金融危機的擴散進行模擬，發現處於網絡中心性地位的經濟體將比其他國家和地區更快地將金融危機傳染至網絡中其他節點，並且國際貿易網絡比公司控制權網絡具有更明顯的經濟影響和危機傳染力。Kali、Reyes（2010）基於 1992 年至 2000 年 182 個國家和地區的雙邊貿易數據，研究了金融危機對國際貿易的衝擊，指出網絡中受到危機衝擊的經濟體若融入網絡系統中會減輕危機對其的衝擊。Acemoglu（2013）指出在金融網絡系統中，金融機構作為網絡節點而存在，金融機構之間通過資產與負債關係構成網絡的邊，使金融市場可以被視為一個有機金融網絡，並解釋了金融系統的網絡外部性。此外，通過網絡外部性可以更好地理解金融系統內生變量無法解釋的金融市場劇烈波動現象，如證券市場的暴跌、匯率市場的寬幅波動等。Gabriell（2011）指出由於金融活動是嵌入在社會關係網絡之中的，經濟主體的支付函數會受到市場參與主體網絡中其他參與者的決策行為的影響。因此，如果將金融系統視為金融網絡，那麼在應對金融風險時，不僅要關注「大而不倒」的問題，更要關注「關聯

度高而不倒」的風險（Chan-Lau，2010）。國內學者賈彥冬（2010）指出在金融網絡中，金融機構除了會受到交易對手方金融風險的影響，還會受到金融網絡中其他市場參與方的金融風險外溢的影響，因此要關注金融機構聯繫度強弱對金融系統性風險擴散的影響。

三是研究金融網絡的系統重要性。對金融系統網絡結構的分析還有利於探究網絡系統裡的重要網絡節點，厘清網絡節點的中心性。Gai、Kapadia（2010）指出在金融網絡中可以通過節點中心性、特徵向量中心性、聚類係數、介數中心性等網絡拓撲結構來分析網絡節點在網絡系統中的重要性。學術界通常對網絡中心性進行研究，從而確定金融系統中某金融機構的網絡重要性。Gabriell（2011）對比研究了在美國「次貸危機」前後，歐洲銀行間隔夜拆借利率市場金融網絡中，大銀行與中小銀行在金融網絡節點中重要性的變化，發現「次貸危機」發生後，中小銀行的網絡中心性地位顯著提高，而大銀行的網絡中心性有所下降。網絡中心性除了可以分析系統重要性銀行外，還可以對利率進行預測。Bech、Atalay（2010）構建了金融市場的網絡中心性指數，得出當借款銀行的網絡中心性指數大於貸款銀行的網絡中心性指數時，借款銀行可以憑藉較低的借款利率進行融資。Tabak、Takami（2014）比較了巴西銀行間市場網絡的聚集係數與銀行間市場拆借利率，發現聚集係數與拆借係數具有負相關的聯繫。此外，對金融網絡結構的分析還可以對金融危機的傳染與爆發進行預測，Minoiu、Reyes（2013）基於 1978—2010 年的跨國銀行數據構建了金融網絡，發現金融危機發生前的銀行網絡連通性均顯著高於金融危機發生後的網絡連通性。

隨著計算機仿真技術的發展，部分學者已經開始用複雜網絡技術分析金融網絡的動力機制。Graras（2010）利用 4,000 家公司在全球的所有權網絡和 86 個國家和地區的對外貿易網絡，分析了金融危機沿國際貿易網絡跨國傳播的路徑，Vitali（2011）採用 43,060 家跨國公司之間的控股權關係構建了全球金融經濟網絡，並對其網絡結構進行了分析。Schiavo（2010）對國際金融網絡的結構特徵進行了分析，指出國際金融網絡存在「核心—邊緣」結構，據此將相關國家劃分為核心國家和邊緣國家，但 Schiavo 並沒有對網絡的邊權分佈進行研究，也缺乏對國際金融網絡的整體結構性質的研究。為了分析全球金融網絡中網絡節點占整體網絡的重要性。Bhattacharya（2008）指出了在全球金融網絡中存在「富人俱樂部」現象，即金融網絡系統中，少數國家的網絡節點之間存在大規模金融往來，這些節點的跨境資金流動規模占全球金融交易量的比例較高。巴曙鬆（2015）對國際金融投資網絡進行了分析，指出國際金

網絡的前九大網絡節點占據了全球金融投資流量的55%，其餘26個國家和地區組成的網絡節點僅占45%，再次驗證了全球金融網絡的聚集效應十分明顯。劉江會、吳仲（2015）利用複雜網絡中心度測算了上海在全球金融網絡體系中的地位，發現上海與國際金融中心相比，仍存在一定差距。

2.4.3 網絡科學理論的研究評述

隨著複雜網絡和社會網絡的研究範式越來越多地滲透到經濟網絡、金融網絡研究中，國內外學者已經對經濟網絡和金融網絡進行了許多富有價值的理論和實證研究。雖然還存在諸多尚待深入研究的問題，但也正因如此才使之成為當前網絡科學領域研究的熱點問題。與此同時，網絡科學的研究工具和研究方法對於國際離岸金融中心網絡的影響也越來越受到重視。但是，現有研究存在以下問題有待進一步完善與發展：

第一，總體而言，國內對於複雜網絡和社會網絡的理論研究與實證研究還處於起步階段，大多集中於對國外研究成果的介紹和綜述上，這也意味著為國內學者運用網絡分析方法研究中國實際經濟問題和金融問題預留了廣闊的空間去深入探索。

第二，網絡科學發展至今，雖然取得了一定研究進展，但仍需夯實複雜網絡理論及其性質的研究基礎，諸如網絡結構的拓撲特徵和網絡動力機制及其相互作用。同時，仍然有必要將複雜網絡理論運用到現實經濟問題中，通過探索新的網絡統計量和算法來加深對網絡結構和特性的認識，設計出特性更好的網絡結構來解釋現實經濟問題，未來應加強網絡度、聚集性、社區結構等網絡結構的研究，以解釋網絡的魯棒性與脆弱性，以及網絡拓撲生成等實際問題。

第三，仍需進一步釐清網絡連接方式對網絡結構的影響。網絡的連接方式直接影響到網絡結構，如何設置網絡連接方式來研究既定的網絡結構，仍需要學術界進一步深入研究。同時，如何在無向網絡基礎上，研究有向網絡、加權網絡的拓撲特徵，並用研究成果解決現實經濟面臨的實際問題仍需要進行深入探討。

第四，針對中國特殊國情，開展經濟網絡和金融網絡的實證研究。雖然網絡結構具有普適性的小世界效應、高度聚集性、無標度分佈等網絡特徵，但不同經濟環境下的網絡仍具有不同的平均路徑長度、簇系數等網絡統計量，不同的網絡拓撲結構也具有不同的網絡動力演進機制。因此，對於人民幣離岸金融中心區位選擇這一研究主題，更應結合人民幣離岸金融中心的實際網絡環境，賦予上述網絡參數的實際意義，通過實證模型來檢驗和測試網絡拓撲結構對網

絡功能的影響，從而為進一步研究網絡的演化規律以及動力機制設計出更加優越的網絡結構。

2.5 離岸金融中心區位選擇的文獻研究

離岸金融中心的興起主要源於現代金融業的發展，學術界針對這一新興的金融現象給予了關注，並進行了研究。離岸金融中心區位選擇的文獻研究主要基於經濟地理學理論、金融地理學理論、貨幣地理學理論、網絡科學理論等交叉學科理論，考慮地理因素、制度因素、人文因素、聚集效應、交易成本、信息因素、金融網絡、社會網絡等因素對離岸金融中心區位選擇的影響。在研究方法上主要沿著兩大脈絡開展：一是通過建立指標評價體系和構建實證模型對全球離岸金融中心進行分析，二是通過網絡分析法來分析城市在全球金融網絡中的地位與重要性。

2.5.1 離岸金融中心的內涵界定

目前，學術界對於離岸金融中心尚未形成統一的定義，但歸納起來大致有以下兩種定義方式：

第一種定義方式主要根據交易主體的非居民性和交易貨幣的離岸性來界定。Dufey、Giddy（1978）指出離岸銀行作為金融仲介，主要為非居民的借貸服務，其主要優勢在於離岸銀行中心能夠規避金融監管。Sikka（2003）將離岸金融中心定義為一個國家或司法管轄地，為非居民提供金融產品和服務。IMF（2007）[1] 將離岸金融中心定義為獨立於東道國在岸金融市場的管轄範圍，實行帳戶分離模式，經營市場所在地國家和地區貨幣之外的其他國際貨幣，其交易對象為非居民，具有特殊的法律屬性和金融運作模式。沈光朗（2005）指出離岸金融中心是為非居民個人、非居民企業（以國際商業公司 IBC 為代表）服務的司法管轄區。沈國兵（2013）將離岸金融中心定義為經營境外貨幣存款吸收和信貸投放的市場，採取與國內金融市場相分離的形態，非居民在資金融通、投資、財富管理等方面不受註冊所在地的稅收和外匯管制及國內金融法規的約束，可以進行寬鬆、自由的交易。

---

[1] ZOROMÉ A. Concept of offshore financial centers: in search of an operational definition [J]. IMF Working Papers, 2007: 1-32.

第二種定義方式是從資金循環模式、監管標準、稅收制度等角度來界定。Luca Errico（1999）、Hampton（2002）將離岸金融中心定義為不受註冊地政府政策法規約束和稅收限制，在立法上與貨幣發行國、註冊地所在國或地區監管體系相分離的金融市場。Boise（2010）基於金融監管法律和監管規則的角度來定義離岸金融中心，指出從監管法律適用性角度看，離岸金融中心是市場所在國或地區對於其市場准入和運作過程的監管。

綜合以上學術觀點，本書對離岸金融中心做出概括性定義：離岸金融中心是在高度自由化的金融管理體制下，遊離於貨幣發行國金融體系循環之外，以非居民作為交易主體，開展貨幣市場交易、國際結算與支付、離岸證券等離岸金融業務，更多地體現為制度性的概念，表現為高度的保密性、寬鬆的監管環境和優惠的稅收政策等特性。

2.5.2 離岸金融中心形成機制的文獻研究

離岸金融中心形成機制理論主要源於金融創新理論，金融創新理論認為金融創新主要通過在金融領域構建「全新的生產函數」，包括在金融市場和金融體系中創造出新的金融工具、金融產品、金融合約、金融理念、金融制度與規則、金融組織形式與監管體系等一系列的新生金融事物，以實現金融資產的流動性、安全性和盈利性目標，從而優化金融體系的要素配置，創造出一個更高效率的金融營運方式與運作體系。因此，金融創新有動態演進的內涵，可以極大地促進金融業的快速發展。

金融創新理論對離岸金融中心形成原因的解釋大致有三大角度：一是順應需求的動因，二是順應供給的動因，三是規避管制的動因。

（1）順應需求的動因

Greenbaum、Haywood（1973）認為，在市場經濟發展過程中，市場交易主體的金融資產日益累積，會逐漸產生對金融資產進行財富管理的需求，觸發金融業進行變革和金融創新，以滿足市場交易主體的多樣化金融需求，他們在研究美國金融業的發展歷程後，指出隨著金融資產的增長，市場交易主體對管理金融資產需求的日益增加是引發金融創新的重要因素。Ross（1989）指出由於信息不對稱的現象在金融市場上時有發生，市場交易主體會產生規避信息不對稱所引發的道德風險與逆向選擇的需求，從而推動金融業相關部門變革與創新，來滿足相關金融交易主體的需求。Allen、Gale（1991）通過研究20世紀70年代的通貨膨脹率與利率、匯率的寬幅波動現象，發現市場交易主體往往傾向於提高投資回報率的穩定性，以避免投資收益率的大幅波動，所以金融機

構有動力研發一些新的金融產品和金融服務來滿足市場主體規避風險的金融需求。Finnerty（1993）指出金融創新的順應需求動因主要來自以下幾個方面：規避高額賦稅、減少交易成本、降低委託代理成本、增加金融資產的安全性與流動性、對金融資源進行優化配置、減少金融資產收益率的大幅波動、規避金融監管等。

（2）順應供給的動因

順應供給的動因主要是由於產生了新的交易方式、商業模式、管理理念、科技手段等新生事物，金融行業會積極利用上述新生金融事物，通過金融創新來降低交易成本。

Niehans（1983）從交易成本角度分析了金融創新，指出當交易成本發生變動時，市場交易主體對金融需求的預期也相應發生改變，交易成本逐漸降低，也促使金融業產生新的交易媒介與金融工具，推動金融業向更高級業態升級，因此金融創新的實質是由於科學技術進步導致交易成本的降低。Hanonn、Mc Dowell（1984）發現20世紀70年代美國銀行業大規模採用與推廣新的支付結算技術後，銀行業的市場結構得到明顯優化，指出新技術在金融業的運用是金融創新的主要因素。Chemmanur、Wihelm（2002）指出信息技術與通信技術的進步使得金融交易成本大大降低，並在新技術的基礎上產生了新的交易模式與管理理念，從而促使金融機構研發出更多適合市場主體的金融產品與金融服務。

（3）規避管制的動因

由於金融業關係到國民經濟的平穩運行，所以較其他行業而言，更容易受到監管當局的嚴格管理，當金融機構通過合法途徑有效規避金融監管並產生經濟利益時，金融業自發的金融創新就會產生。

Kane（1981）認為政府的監管措施在某種意義上相當於隱蔽的稅收，因此，金融機構為了利潤的最大化，有動機通過金融創新來規避政府的金融監管，而當金融創新引發的金融產品和工具危及現有的金融政策、打破既有的金融平衡時，監管當局會進一步加強金融監管，新的金融監管措施又會促使金融機構進一步開展金融創新，這樣便形成了一個金融監管與金融創新的相互制衡與互動的機制，使靜態的金融均衡在短期內無法實現。Scylla（1982）指出金融創新與現有的經濟制度安排是一種相互作用、互為因果關係的制度革新，原有金融體系的任何制度變化、規則革新都可以被看作金融創新的表現。Silber（1983）從微觀經濟學視角出發，指出金融創新的根本原因是金融機構為規避內部和外部的各種制度限制以及監管措施，金融機構不斷地研發各種金融工具

和金融產品來進行金融創新，其主要目的是規避其面臨的各種內部和外部的金融約束，以實現利潤最大化的目標。可見，規避和管制構成了一個動態的博弈過程，博弈的結果則是金融創新的不斷交替。

綜上所述，金融創新理論基本上以金融中心的形成與金融創新的關係作為切入點，通過對金融創新理論的梳理與總結，可以得出離岸金融中心形成和發展是在全球金融創新的大背景下進行的。20 世紀 50 年代以後，西方國家為維持本國金融市場的平穩運行，對金融機構的經營範圍、空間佈局、存貸利率、信貸規模等方面採取了一系列的監管措施，從而造成金融機構的經營成本增加。追求利潤最大化的金融機構必然試圖通過金融創新來規避金融管制帶來的成本上升，因此，金融機構通過開展離岸金融業務來降低交易成本的動機增強，從而推動了以歐洲美元市場為代表的離岸金融中心快速發展。

2.5.3　離岸金融中心運行機制的文獻研究

離岸金融中心的形成與發展是一個自然而漫長的歷程，在此過程中會伴隨著全球經濟中心的轉移，其不僅與一國的經濟發展、外貿形勢、金融深化密不可分，而且不可避免地受到地緣政治、文化、制度等外部因素的影響（孫國茂，範躍進，2013）。Patrick（1966）指出金融中心的形成主要有需求反應模式和供給引導模式，其中需求反應模式強調基於經濟系統內部的增長會自發產生對金融的需求，從而促進金融中心的產生；而供給引導模式則側重於強調政府通過制定政策和使用政策工具來優化金融供給，刺激金融需求，吸引金融資源的聚集，從而推動金融中心的發展。從全球主要離岸金融中心的發展歷程看，離岸金融中心的形成與演變基本是依託政府與市場的雙重力量驅動來實施的，因此，政府作為「無形之手」的調控力量與市場作為「有形之手」的調節機制對於離岸金融中心的形成與演化都發揮了重要作用。從各大國際離岸金融中心的不同發展階段看，政府與市場對於離岸金融中心發展所起到的作用是不同的，有時會呈現薩繆爾森所指出的「混合經濟」的格局。例如，中世紀倫敦取代阿姆斯特丹成為世界金融中心，第二次世界大戰後紐約作為全球金融中心迅速崛起並保持對倫敦的金融業競爭優勢等，均反應了政府和市場兩種資源配置方式對離岸金融中心跨境資源流動所產生的影響。因此，閆彥明（2013）指出所有金融中心均可以被看作市場與政府兩種力量綜合作用的結果，只是不同金融中心體現出不同的側重點而已。

（1）政府推動型離岸金融中心運行模式

從政府推動型離岸金融中心模式看，勞拉·詹南（2001）指出離岸金融

中心在發展初期，政府往往會通過制定優惠政策，提供優質而高效的行政服務來營造良好的營商環境，以吸引跨境資本流入以及眾多金融資源聚集於此。從新加坡、馬來西亞等政府推動型離岸金融中心的發展歷程看，政府推動型離岸金融中心遵循著「政府推動→金融制度變遷→金融供給優化→金融需求產生→金融資源聚集→離岸金融中心形成」的路徑。Mcgahey（1990）指出影響離岸金融中心形成與發展的因素主要有四個：金融中心的建設成本要素、金融支付體系完備度、人力資源要素以及政策環境。其中，政府通過完善制度設計可以對離岸金融中心的發展起到重要作用。Dufey、Giddy（1978）指出在離岸金融中心的形成過程中，政府發揮著重要影響，表現為政府既要通過制定政策來維護離岸金融市場穩定和吸引金融資源聚集，也要優化制度設計來滿足離岸金融業務的開展。Dowd、Lewis（1999）指出歐洲離岸美元市場的發展客觀上對倫敦金融城的政府管制放鬆起到了推動作用，政府管理和市場機制協調地發揮「合力」是倫敦離岸金融中心保持競爭優勢的重要因素。因此，政府驅動模式會對金融資源的聚集產生短期效果。然而，政府推動模式也體現出一定的弊端，一個突出的問題是當離岸金融中心發展到一定程度時，若市場機制不能有效發揮資源配置的基礎性作用，此時，政府的行政干預往往會造成離岸金融中心效率低下，降低離岸金融中心金融資源的配置效率。因此，政府推動型離岸金融中心的運行模式在離岸金融中心發展成熟時，就有必要考慮適時退出，以便充分發揮市場機制在資源配置中的基礎性作用（閆彥明，2013）。

（2）市場主導型離岸金融中心運行模式

離岸金融中心的市場主導型模式是一國經濟的經濟總量、對外貿易、跨境投資、金融市場等不斷發展，導致實體經濟對金融需求日益增多，從而使金融市場的規模不斷擴大，金融制度以及金融法律法規也隨之演變，通過金融機構的空間聚集對微觀市場主體產生「技術溢出效應」和「稠密溢出效應」（孫國茂、範躍進，2013）。從絕大多數離岸金融中心的發展歷程看，市場主導型的離岸金融中心遵循著「經濟增長→金融需求增加→金融制度變遷→金融供給優化→金融資源聚集→離岸金融中心形成」的路徑。戈德·史密斯（1994）指出各國金融機構的差異能夠反應其金融發展的程度，金融中心的形成是金融結構不斷完善和發展的結果。從全球主要離岸金融中心的發展實踐看，市場主導型離岸金融中心往往具有更強的競爭力和市場活力，主要表現為金融市場的開放度與自由度較高，具有市場化的金融深化機制與金融配置效率機制，從而激發金融創新，增強對全球金融機構的吸引力，有利於吸引高質量的金融資源聚集於此。但是，市場主導型離岸金融中心並非沒有缺陷，其主要的潛在威脅

是「市場失靈」所導致的金融泡沫無限擴張、金融投機加劇，引發金融市場的動盪。

從現有的文獻來看，市場主導型的離岸金融中心更具有發展優勢，但也面臨投機泡沫、逃稅、不透明等市場失靈現象，而政府推動型離岸金融中心雖在離岸金融中心發展初期能給予較大的政策支持，但過多依靠政府行政資源去推動離岸金融中心的發展，會阻礙市場機制發揮資源配置的功能，從而抑制離岸金融中心的進一步發展。可見，單靠某一種力量來推動離岸金融中心的發展都是不可取的。其實，離岸金融中心的兩種形成模式並非相互排斥和不相容的，政府推動型離岸金融中心與市場主導型離岸金融中心不僅存在聯繫，而且有時其作用方向會趨於一致。離岸金融中心從本質上說是經濟和金融發展到一定階段後，金融資源聚集的結果。因此，離岸金融中心的形成從根本上是以經濟發展水準和金融市場完善為基礎的，即使政府推動型模式也不可能完全脫離經濟和金融發展水準。鑒於此，只有優化制度安排，讓政府力量與市場機制有機結合，在完善政府管理與市場機制有機協調的基礎上才能更好地促進離岸金融中心的發展，並在長期發展中形成持續性的累積循環效應，即一方面通過離岸金融中心寬鬆的營商環境和制度安排來激發市場潛能和創新活力，並吸引全球跨境資金和金融機構聚集於此，從而通過市場機制來推動離岸金融中心的發展；另一方面，發揮政府宏觀調控和金融監管的職能，提供完善而透明的法律法規制度環境，為離岸金融中心的運行提供全面的制度保障。

2.5.4 基於指標體系視角的區位選擇研究

在建立指標體系來評價金融中心綜合競爭力方面，具有代表性的是 GFCI 指數和 IFCD 指數。其中，英國 Z/Yen 諮詢集團公布的「全球金融中心指數」（GFCI）將全球金融中心的競爭力細分為人才資源、營商環境、金融市場發達程度、基礎設施四項指標予以評價；而新華社和芝加哥商業交易所集團指數服務公司聯合發布的「新華—道瓊斯全球金融發展指數」（IFCD）則側重於從金融中心的成長性和發展潛力來評價，主要從金融市場廣度、金融中心的成長性、相關產業支撐性、綜合服務水準以及國家整體環境五方面予以評價。

此外，Reed（1981）採用聚類分析法分析了 14 個全球金融中心的競爭力，並研究了地理區位、戰爭、市場監管等因素對金融中心形成的影響。Roussakis、Dandapani、Prakash（1993）認為，一個國家和地區要成為離岸金融中心，需要滿足三類條件：①國內及周邊的政局穩定，稅率的優惠或零稅率，相關法律法規及其監管有效性，貨幣可自由兌換（此為先決條件）；②具有完

善的基礎設施，人力資源豐富，區位優勢明顯（此為主要因素）；③經營成本較低，政策環境寬鬆，當地居民對金融創新產品認同度較高。Liu（1997）基於層次成簇分析法和主成分分析法對亞太地區的離岸金融中心進行了排序，並找出了其主要影響因素。Choi（2000）利用線性迴歸法分析了全球最大的300家銀行機構在14個離岸金融中心辦事機構的數量以及對這些離岸金融中心吸引跨國銀行聚集於此的要素進行了排名。Poon（2003）運用層次聚類分析方法對離岸金融中心和「避稅天堂」進行了分層研究，研究了離岸金融中心形成的原因，並將全球金融市場劃分為七大層次。Zhao、Smith、Sit（2003）將信息腹地理論引入金融中心研究中，指出非金融信息在決定金融中心形成時也至關重要，社會制度、文化因素、法規慣例等都會影響金融中心的形成與聚集。Poon、Eldredge（2004）基於資本化率、股票交易額等指標，分析了1980年到1999年45個金融城市證券交易所的等級排序，發現中小金融中心向區域性金融中心發展演變的趨勢在加快。

2.5.5 基於經驗研究視角的區位選擇研究

在構建實證模型來評價金融中心區位選擇方面，Choi、Park（1996）指出地理距離、貿易流量、文化差異、商業機會、直接投資規模等因素會影響銀行業在金融中心的區位選擇。Cobb（1998）指出地理區位、金融功能、金融監管是離岸金融中心提供離岸金融業務的三大要素。Choi、Park（2003）將全球最大的300家銀行位於紐約、倫敦等14個全球主要離岸金融中心的總部和分支機構作為研究對象，發現銀行總數、證券市場規模和交易量、國際資本跨境流動、經濟規模等因素會影響金融中心的聚集效應。Masciandaro（2006）基於220個國家和地區的樣本數據，得出一個國家和地區擁有穩定的社會政治制度、公平競爭的營商環境，同時法律體系為普通法系，那麼該地則具備離岸金融中心的基礎條件。Zorom（2007）指出離岸金融中心主要為非居民提供國際金融服務，可以用金融業服務淨出口占該國國民生產總值的比重來衡量離岸金融中心的金融發達程度，並基於IMF組織協調證券投資調查數據庫構建二元迴歸模型來評估離岸金融中心的形成條件。Rose、Spiegel（2007）通過建立離岸金融中心效應模型分析了影響離岸金融中心規模差異的因素，並研究了其對於離岸金融中心區位選擇的重要性，發現離岸金融中心雖然對臨近國家產生避稅效應，但有利於周邊國家降低交易成本，增加資金融通的便利性，提高周邊國家銀行競爭力，促進金融系統的完善。Sharman（2012）以離岸金融中心的資金流動為研究對象，指出投資者會選擇離岸金融中心作為FDI或證券投資的目的

地，一個重要原因是離岸金融中心可以為投資者提供多樣化的金融產品和服務、完善的私有產權保護制度、公正的法律保障體系、低稅率的收稅環境，從而降低投資者的交易成本。Kim、Li（2014）使用1999—2009年跨國公司樣本數據，分析了離岸金融中心在多大程度上影響了公司層面的信息傳遞，指出離岸金融中心的低稅率和寬鬆的監管環境會引發公司採取不透明的信息披露政策和積極的盈餘管理手段。Hebous（2014）從離岸金融中心的稅收規避視角分析了金融機構及商業公司選擇離岸金融中心落戶的原因。

由於離岸金融中心憑藉較低的稅賦和寬鬆的監管環境，降低了市場參與主體的交易成本，吸引了全球資金在離岸市場的跨境流動。因此，也有部分學者著重從離岸金融中心的跨境資金流動方面展開了研究。Kapoor（2004）、Zorome（2007）指出離岸金融中心為國際企業和非居民提供了低稅率和零稅率的稅收環境，降低了交易成本，從而引發了全球的短期投資活動。Kim、Wei（2002）通過調研數據也證實了離岸投資基金比在岸投資基金的投資風格更加激進，因為離岸投資基金的靈活性較大，投資決策的金融監管較少，可以享受零資本所得或低資本所得的稅收環境，從而引發了更大規模的短期投資。Sun（2008）將國際資本流入離岸金融中心的主要原因歸於離岸金融中心寬鬆的監管環境、靈活的市場規則以及穩定的政治環境。Sikka（2009）認為避稅港型離岸金融中心的低稅率與金融保密制度促進了國際資本的跨境流動，引發了稅收規避、資本外逃、洗錢等消極影響，導致貧富差距進一步擴大。Fakiyesi（2009）指出離岸金融中心主要為資產負債表兩端的非居民提供專業化的金融服務，因此在全球金融市場上是一個強有力的聯繫節點。Woodward（2011）指出離岸金融中心短期投資的仲介功能決定了其在全球金融網絡中的重要地位，但離岸金融中心小型的地理區域和經濟規模，與其國內市場需求具有不一致性。Vleck（2008）認為，在直接投資介入東道國存在障礙時，離岸金融中心通過發揮從發達國家到新興經濟體的支點功能，提高了全球資本流動的質量，從而不僅可以為市場參與主體提供優惠的稅收，還可以降低投資風險。Desai、Foley（2006）認為離岸金融中心的低交易成本有利於高稅收國家非居民通過離岸金融服務規避稅收負擔，實現更高水準的境外投資，同時，也有利於為交易者匹配與自身風險偏好相適應的金融產品和工具。Palan（1999）指出受益於金融全球化和現代通信技術的發展，證券投資從傳統的對外直接投資中分離出來，由於證券投資不需要對被投資企業的控股權實施控股，也無需參與企業經營管理，因而更具有靈活性，所受到的限制也更小。Evans（2002）指出離岸金融中心為投資者和企業提供了更多的交易機會，加強了資本的流動

性。此外，跨境證券投資要求信息披露水準的完善和更高水準的融資競爭，從而引發市場提供更多的金融工具，促進金融資產價格反應公司的潛在價值，提高了資本流動的分配效率。離岸金融中心的證券投資有利於引導全球資金流向有生產性融資需求的發展中國家，從而促進全球經濟福利的提高（Gooptu，1993）。孫國茂、範躍進（2013）指出金融中心的流動性既包括為金融產品的交易與變現提供流動性支持，也包括為金融資源的時空變換提供流動性支持，因此，金融中心的流動性取決於制度和監管當局對金融中心所有要素的控制能力和作用程度。

當前，人民幣離岸金融中心建設才剛剛起步，因此國內學者對於人民幣離岸金融中心區位選擇研究的文獻較少，大多學者主要將研究重點放在現有國內金融中心的綜合競爭力評價上。例如，胡堅和楊素蘭（2003）將金融中心的評價指標細分為經濟指標（國民生產總值、投資比率）、金融市場指標（金融市場的廣度與深度、金融中心的國際化程度）和政治指標（政治穩定性）來考察上海與紐約、倫敦、中國香港在金融中心綜合競爭力方面的差距。潘英麗（2003）基於聚集效應和外部規模經濟效應，從金融中心營運成本、監管環境、稅收制度、人力資源、金融基礎設施等方面分析了金融中心的競爭力。彭紅英（2004）從影響金融市場收益與成本的角度，通過構建指標體系，運用層次分析法，比較了上海與深圳作為人民幣離岸市場的可行性，得出上海在腹地優勢與政策環境方面優於深圳，更適合建立人民幣離岸金融中心。張澤慧（2005）將金融中心的流動性、金融中心的收益、資本的安全性納入國際金融中心指標體系。姚洋、高印朝（2007）利用層次聚類分析方法，按照經濟環境、金融市場、金融機構、金融制度四方面內容構建了國際金融中心評價指標體系。陸紅軍（2007，2013）通過構建金融市場規模、金融發展環境、金融人才儲備、金融聚集性等10個一級指標來綜合評價全球金融中心的綜合競爭力，得出上海成為人民幣離岸中心的優勢在於金融規模較大，但在金融效率、金融環境、金融風險防控、國際化程度上與國際成熟金融中心相比，仍有差距。郭紅（2012）運用主成分分析法，用金融發展程度、對外開放程度、城市環境支持度、經濟持續發展力這四大準則層構建了金融中心城市競爭力評價指標體系。曾之明（2012）基於離岸金融中心的成本與收益視角，構建了離岸金融中心形成要素的結構模型，研究了人民幣離岸金融中心的佈局選擇問題，論證了中國香港是現階段建立人民幣離岸金融中心的最優選擇。巴曙松（2012）認為中國香港的人民幣離岸市場已經初具規模，但仍需要豐富人民幣權益類金融產品，完善人民幣市場交易主體結構，提高人民幣資產的交易流動性，未來

應以中國香港人民幣離岸金融市場為主導，積極發展倫敦、芝加哥、新加坡等海外人民幣離岸市場，形成佈局合理的離岸人民幣市場體系。

2.5.6 基於網絡分析視角的區位選擇研究

現有的研究成果均有一個共同特徵，即通過評價金融中心的屬性指標，諸如經濟規模指標、金融市場發展指標、營商環境指標等，來綜合評價金融中心的競爭力並對其進行排序。這一判斷方法雖然可以對金融中心競爭力提供評價參考，但也面臨一定的局限性，即上述方法主要關注金融中心的屬性指標而忽略了不同金融中心之間的關聯性數據。實際上，隨著金融全球化和現代通信技術的快速發展，各大離岸金融中心之間的網絡聯繫性正在加強（巴曙松，2015）。因此，在進行人民幣離岸金融中心區位選擇時，有必要將離岸金融中心納入全球金融網絡的視角來進行研究，將其置於一個由金融資本、人力資源、信息資源在全球跨境流動而形成的金融網絡系統中予以分析。最早運用複雜網絡分析法來分析全球城市競爭力的是英國拉夫堡大學「全球化和世界城市」研究小組，其負責人 Taylor 認為城市是全球經濟網絡系統的重要節點，而跨國公司通過在全球生產、貿易、投資等商務活動中將全球城市連接在一張網絡中，Taylor 基於跨國公司在全球各大城市的分支機構數據以及全球主要城市形成網絡化的特徵事實，構建了「城市—公司」的關係型數量矩陣，利用嵌套網絡模型來測算不同城市在全球城市網絡體系中的等級排名，從而評估某一城市在全球城市網絡系統的影響力，推動了城市關係的研究從等級向網絡的轉變（Taylor & Catalano，2002；Taylor，2004，2011）。

在此基礎上，楊永春（2011）、馬學廣（2011）對國內外關於世界城市網絡研究的理論與方法進行了系統的綜述。現階段，國內已有學者採用社會網絡分析法判斷城市網絡節點的重要性，倪鵬飛（2011）通過構建聯鎖網絡模型，分析了跨國公司生產網絡結構對全球城市的聯繫度。姚永玲（2013）利用城市—公司數量矩陣，分析了跨國公司現代服務業在全球 49 個城市中的網絡聯繫度，探討了行業因素、城市因素和國家經濟等不同層次因素對全球網絡城市聯繫度的影響。劉江會（2014）利用嵌套網絡模型分析了上海在全球城市網絡體系中的聯繫能級和相對網絡聯繫能級。楊志民（2015）採用基於距離的聚類算法，定量分析了長三角城市在金融網絡空間的聯繫特徵，並對其金融中心的等級進行排序。

2.6 研究評述

離岸金融中心自誕生以來，在全球範圍內得到快速發展，已成為國際金融市場的重要組成部分，國內外眾多學者也密切關注離岸金融中心的發展，對離岸金融中心的形成原因、運作機制、區位選擇進行了深入研究，也取得了豐碩的學術成果。由於離岸金融中心的理論研究大多建立在金融中心的理論基礎上，因此我們可以借鑑金融中心區位選擇的理論基礎，諸如區位選擇理論、經濟地理學理論、金融地理學理論、貨幣地理學理論、網絡科學理論等交叉學科的理論基礎。因此，離岸金融中心區位選擇與形成演進的研究與上述理論基礎有著密切的聯繫。

（1）對相關理論基礎的研究評述

第一，經濟學領域的區位選擇理論大致經歷了古典區位選擇理論、新古典區位選擇理論、新經濟地理學理論、「新」新經濟地理學理論的發展歷程。從研究對象看，由早期的工業、農業區位選擇延伸至服務業區位選擇，研究視野由古典的靜態局部均衡轉向新古典的動態一般均衡。新經濟地理理論借助冰山型運輸成本、規模收益遞增以及壟斷競爭研究假設，考察了全球化視角下的產業聚集、城市體系以及國際貿易的微觀形成機理，但忽略了勞動分工、社會網絡、技術創新等反應區位選擇動態性和複雜性的因素，因此具有一定的局限性。「新」新經濟地理學則完善了新經濟地理學有關企業同質性的假設，克服了經濟地理學壟斷競爭框架下商品之間替代彈性不變的局限性，但仍需對異質性的來源、假設條件進行進一步的完善，以分析框架和模型基礎使理論更加貼近現實。上述區位選擇理論的研究成果為人民幣離岸金融中心區位選擇研究奠定了堅實的理論基礎。

第二，金融地理學理論通過將地理要素、空間距離等變量納入金融地域運動的研究中，探討了金融業的地理空間屬性。在研究對象、理論基礎上側重研究金融地域運動的內在形成機制和微觀機理，充分考慮由於地理因素的差異而產生的不同文化環境、社會制度等人文因素對金融區位選擇的影響，較好地解釋了金融中心的形成機制與區位選擇。同時，從信息角度探究了離岸金融中心在地理空間的形成機制，使得基於信息視角的區位選擇理論更加貼近信息社會下金融業的發展實際。但金融地理學的研究假設大多基於新古典理論，缺乏紮實的理論研究邏輯起點，導致該理論的微觀經濟學基礎較為薄弱，代表性的理

論數學模型還較少，未來還有待於對金融中心的形成機理、運行機制等基礎性問題進行進一步的研究。

第三，貨幣地理學從貨幣空間分佈視角研究了金融中心的區位選擇與形成機制，其代表性的貨幣網絡外部性理論與金融資產交易理論可以較好地解釋國際貨幣的空間分佈問題，為離岸金融中心區位選擇提供了一定的理論支撐。其中，貨幣網絡外部性理論分別從邊際收益遞增效應、臨界效應、路徑依賴效應、貨幣轉換成本等角度分析了貨幣的網絡外部性向正反饋機制轉化的觸發條件，而金融資產交易理論則從信息視角、地理視角、技術視角、金融資產流動性視角等角度考察了金融中心的區位選擇。以 Dodd 為代表的貨幣網絡外部性理論對貨幣與空間地域分佈之間的關係展開了研究，更加注重從貨幣的社會屬性視角來研究貨幣網絡和金融網絡的關係。但是，貨幣地理學未來的發展還需要解決如下問題：第一，如何建立貨幣地理學的數理分析框架，並通過建立一般均衡模型來解決現實金融問題；第二，如何進行多維的研究，將人文、社會、制度等要素納入貨幣的空間分佈研究，這也是未來研究有待突破的方向。

第四，近年來，網絡科學理論在研究方法與研究工具上有所突破，為研究全球離岸金融網絡的結構特徵與演化格局提供了新的研究工具，從而為人民幣離岸金融中心區位選擇提供了新的研究視角。目前，國內對於複雜網絡和社會網絡的理論研究與實證研究還處於起步階段，雖然取得了一定的研究進展，但仍需夯實複雜網絡理論及其性質的研究，諸如網絡結構的拓撲特徵和網絡動力機制及其相互作用。同時，仍然有必要將複雜網絡理論運用到人民幣離岸金融中心的實際網絡環境中，設計出特性更好的網絡結構來解釋現實經濟問題。未來，應加強網絡度、聚集性、社區結構等網絡結構的研究，以解釋網絡的魯棒性與脆弱性、網絡拓撲生成等實際問題，從而更好地解決人民幣離岸金融中心區位選擇問題。

（2）對國內外相關文獻的研究評述

離岸金融中心的興起主要源於金融創新和全球金融市場一體化的發展，學術界針對這一新興的金融現象給予了關注與研究。離岸金融中心不僅是提供金融產品和金融服務的一個地域空間，還包括政治、經濟、文化、制度、信息、地理等環境的具體構成及變化，以及上述因素對離岸金融中心內部金融生態系統產生的影響。因此，國外學者對離岸金融中心區位選擇研究已從跨學科視角展開，研究視角擴展到國際經濟學、經濟地理學、金融地理學、貨幣地理學、網絡科學等多學科的理論領域，充分考慮經濟因素、地理因素、制度因素、人文因素、信息因素、交易成本、金融網絡、社會網絡等因素對離岸金融中心區

位選擇的影響。特別是近年來隨著複雜網絡和社會網絡的研究範式越來越多地滲透到經濟網絡、金融網絡研究中，國外學者日益關注國際離岸金融中心網絡在全球金融市場中的地位與作用，這也是今後研究的重點方向。此外，對於離岸金融中心在全球金融市場的競爭力和績效表現，國外學者能夠結合具體情況有針對性地設置指標體系，以期客觀、全面地評價離岸金融中心的發展潛力。

離岸金融中心的研究方法主要沿著兩大脈絡開展：一是通過建立指標評價體系和構建實證模型對全球離岸金融中心進行分析，二是通過網絡分析法來分析城市在全球金融網絡中的地位與重要性。首先，就指標評價法而言，現有的指標評價體系方法各異，尚未形成較為一致的主流看法。究其原因，一方面是因為離岸金融中心指標評價體系內容複雜，難以全面描述，並且各大離岸金融中心也隨著金融業的發展而變化，各大離岸金融中心也具有相對獨立性，其金融交易規則和市場環境也相差迥異；另一方面，學術界對離岸金融中心的形成機制、運作模式、分類標準的研究還在持續進行中，因此對其評價指標還有待於進一步深入探討。其次，雖然通過指標評價體系可以較為直觀地分析各離岸金融中心的整體競爭力和發展潛力，具有一定的參考意義。但這一方法也面臨一定的局限性，主要表現為指標評價法側重於金融中心的屬性指標，而忽略了不同金融中心之間的關聯性數據。現實經濟中，隨著金融全球化的發展，各大離岸金融中心之間的網絡聯繫性正在加強，經濟社會本質上是一個開放演化的複雜網絡系統。因此，在進行人民幣離岸金融中心區位選擇時，有必要將離岸金融中心納入全球金融網絡的視角來進行研究，將其置於一個由金融資本、人力資源、信息資源在全球跨境流動而形成的金融網絡系統中予以分析。

目前，國內對人民幣離岸金融中心區位選擇的研究尚處於起步階段。無論是研究內容、研究範圍，還是研究工具和研究手段，與國外前沿的研究水準還存在一定的差距，特別是在人民幣離岸金融中心區位選擇的問題上，其研究深度和研究範式還有一些不足，具體表現為以下幾點：第一，研究視野有待拓寬。全球範圍內人民幣離岸金融中心建設處於起步階段，實證研究數據匱乏，導致國內對人民幣離岸金融中心的研究基礎比較薄弱，相關研究文獻較少，現有研究大多以定性研究為主，研究領域集中在人民幣離岸市場的發展現狀、面臨的問題、市場監管及政策建議等方面，缺乏具有一定深度的量化研究。第二，國內現有文獻很少從空間經濟學、金融地理學、貨幣地理學以及複雜網絡理論等多角度探討人民幣離岸金融中心區位選擇問題，特別是對人民幣離岸金融中心的實證研究有待進一步發展。第三，研究進程亟待突破。從研究的前沿性看，國內研究缺乏對國際離岸金融中心最新動態的跟蹤，尤其是缺乏對

2008 年美國「次貸危機」後國際離岸金融中心的格局演變和發展趨勢進行深入探究。此外，現有研究需要進一步對人民幣離岸金融中心區位選擇相關理論進行更深層次的理論探討，並對其運行規律和演變格局進行深入探究，特別是在人民幣國際化背景下應如何進行人民幣離岸金融中心區位選擇的問題上，仍有待進一步研究。

2.7　本章小節

　　離岸金融中心不僅是提供金融產品和金融服務的一個地域空間，還包括政治、經濟、文化、制度、信息、地理等環境的具體構成及變化，以及上述因素對離岸金融中心內部金融生態系統產生的影響。本章運用文獻研究法對人民幣離岸金融中心區位選擇的理論基礎及相關文獻進行了深入研究。基於區位選擇理論、金融地理學理論、貨幣地理學理論、網絡科學理論視角，系統梳理和評述國內外關於離岸金融中心區位選擇的理論基礎及相關文獻，著重釐清了交易成本、經濟因素、政治因素、文化因素、制度因素、地理因素以及網絡因素對離岸金融中心區位選擇的影響。

3 國際離岸金融中心發展現狀研究

離岸金融中心是20世紀60年代在經濟全球化和西方發達國家加強金融管制的背景下興起的，憑藉其寬鬆的金融監管環境、優惠的稅收政策、優越的地理區位、發達的金融市場、豐富的金融人才儲備、成熟的法律體系，全球離岸金融中心步入快速發展軌道[①]。因此，深入研究其發展模式，系統總結其區位分佈規律，對於人民幣離岸金融中心的區位選擇具有重要的借鑑意義。

3.1 離岸金融中心的基本特徵

離岸金融中心相對於傳統金融中心，具有非居民性、特殊的制度設計、全球性、虛擬性等特性，此外，其監管制度還具有多頭性和鬆散性的特徵[②]。Rawlings（2005）指出當代國際離岸金融市場呈現出五大新特徵：參與主體的非居民性，資金來源和資金運用的國際性（大量交易是在境外資金需求者與供給者之間進行），資金價格具有全球統一性，監管呈現多頭性和分散性，利率具有相對獨立性。

具體而言，非居民性是指參與離岸金融業務的資金借貸雙方為金融中心所在國或地區的非居民[③]；獨特的制度性安排主要涉及監管環境、稅收政策、保

---

① 陳彪如，連平. 關於國際金融中心形成條件的探索——兼析上海建設國際金融中心的條件[J]. 世界經濟研究，1994（4）：18-22.

② 原毅軍，盧林. 離岸金融中心的建設與發展 [M]. 大連：大連理工大學出版社，2010：39-40.

③ 左連村，王洪良. 國際離岸金融中心理論與實踐 [M]. 廣州：中山大學出版社，2002：168-187.

密條例等方面；全球性是指市場參與主體、交易的貨幣以及經營機構的影響力均具有全球性；多頭監管是指除了受離岸市場所在地監管機構監管外，還會受到貨幣發行國、金融機構母國等多個主權國家和地區的監管，以及巴塞爾委員會、IMF、離岸銀行業監管者集團、金融穩定論壇等國際監管機構的監管[1]；虛擬性體現為離岸金融交易是通過現代通信技術手段，依託互聯網等支付結算工具與電子資金劃撥機制，構建一套與離岸金融業務相關的資產負債帳戶體系，形成了一個閉環的全球離岸金融交易網絡。

3.2 離岸金融中心發展模式研究

目前，全球大約有60多個離岸金融中心，這些離岸金融中心在功能定位與發展路徑方面也各具特色，學術界根據離岸金融中心不同的功能定位與基本特徵，將全球離岸金融中心劃分為不同的市場類型，如表3.1所示。

表3.1 學術界對離岸金融中心的劃分

學者	年份(年)	劃分標準	劃分結果
Park	1982	資金來源與運用	主導中心、簿記中心、集資中心、代收中心
Cassard	1994	覆蓋範圍	國際性、區域性、島國型
連平	1997	職能	一體型、分離型、簿記型、滲漏型
饒餘慶	1997	職能	避稅型、內外一體型、內外分離型
Sikka	2003	監管質量	優良型、改進型、未達標型

鑒於現有研究成果，本書根據離岸金融中心的功能演進和發展路徑，將離岸金融中心分為四大類型，即內外一體型離岸金融中心、內外分離型離岸金融中心、分離滲透型離岸金融中心、避稅港型離岸金融中心。

3.2.1 內外一體型離岸金融中心

內外一體型離岸金融中心主要以倫敦、中國香港為代表，具有如下特點：①離岸的非居民帳戶與在岸的居民帳戶隸屬同一帳戶；②資金可以在離岸市場與在岸市場之間自由地跨境流動；③寬鬆的監管環境，表現為免交存款準備金

---

[1] 羅國強. 離岸金融法研究 [M]. 北京：法律出版社，2008：13-14.

和存款保險費用，利率由離岸金融機構按市場資金供求情況自主決定，不受金融監管當局的管制；④在符合在岸市場的監管框架下，允許非居民以國民待遇原則參與在岸金融市場的經營①。

內外一體型離岸金融中心的制度安排有利於促進離岸市場與在岸市場的互聯互通，該模式對市場所在國或地區的經濟發展程度、金融市場開放度和金融監管水準提出了較高的要求，通常要求市場所在國或地區資本項目對外開放，具備完善的金融基礎設施、透明的社會制度、成熟的金融監管體系等條件來抵禦國際金融市場的外部衝擊。

倫敦離岸金融中心作為內外一體型離岸金融中心的代表，產生的背景主要包括三點：第一，20 世紀 50 年代，英國政府為了滿足境外美元的投資需求、改善國際收支平衡，實施了金融管制措施；第二，由於冷戰的爆發，以蘇聯為代表的社會主義國家擔心美元存款被美國政府凍結，迫切需要將美元資產存放於美國本土市場之外的第三方市場；第三，英國於 1957 年爆發了英鎊危機，為了抑制投機活動，英國政府禁止本國商業銀行向英聯邦以外國家的客戶提供英鎊貿易融資，這導致銀行傾向於吸收美元存款並投放美元信貸。綜合這些因素，倫敦離岸金融中心開始興起並發展成為世界上規模最大的歐洲美元批發市場。20 世紀 70 年代，美國國際收支出現嚴重逆差，以及油價上漲給石油輸出國組織帶來大量美元收入，使得倫敦離岸金融中心的規模迅速擴大。

倫敦離岸金融中心除了直接受益於歐洲美元市場的興起以外，倫敦的經濟與社會因素也促成了其發展壯大②。首先，倫敦經濟社會發展水準較高，政治體制穩定，法律制度完善，且一直以來是全球重要的貿易中心、航運中心之一；其次，倫敦的金融基礎設施發展完善、金融機構種類齊全、金融專業人才儲備豐富，同時，還具有高度發達的現代金融服務業、計算機網絡以及證券交易所自動報價系統（SEAQ）；最後，倫敦具有便捷的地理區位，不僅與歐洲其他金融中心處於同一時區，還可以有效銜接北美地區的時區。可見，市場自發機制在倫敦離岸金融中心發展歷程中起到了重要作用。

3.2.2　內外分離型離岸金融中心

內外分離型離岸金融中心主要以日本離岸市場（JOM）和美國離岸市場（IBF）為代表，具有如下特點：①離岸帳戶與在岸帳戶相分離；②居民與非

---

① 張誼浩，裴平，沈曉華. 香港離岸金融發展對大陸金融深化的效應——基於離岸金融中心的實證研究 [J]. 國際金融研究，2009（6）：31-39.

② 張懿. 倫敦國際金融中心的創新 [J]. 中國金融，2015（18）：24-25.

居民的金融業務相分離；③離岸金融業務與在岸金融業務相分離；④嚴禁資金在離岸帳戶與在岸帳戶之間自由流動。

內外分離型離岸金融中心一般是市場所在國或地區的政府專門為非居民在離岸市場的交易而建立的市場，該類離岸金融中心雖然對非居民在離岸市場的交易給予稅收、存款準備金等方面的優惠，但它與在岸市場是分離的，通過分離居民和非居民的金融業務，嚴禁非居民業務與居民業務相互滲透，禁止資金在境外離岸市場與境內在岸市場之間跨境流動，相當於為在岸金融市場與離岸金融市場之間設置了一道「防火牆」，可以有效防範離岸金融市場對在岸金融市場的外部衝擊。因此，大多數新興經濟體國家在發展離岸金融中心的初期偏好於內外分離型模式，既便於金融監管，又可以有效防控離岸市場的金融風險向在岸市場外溢，從而增強在岸市場抵禦外部金融風險的能力。

（1）美國離岸市場（IBF）

美國離岸金融中心具有創新政策推動型特徵，美國的國際銀行設施（IBF）是為金融機構在美國離岸金融中心開展離岸金融業務而設立的資產負債帳戶體系，是典型的「在岸的離岸市場」的制度創新，主要體現為以下幾點：

①IBF 深化了離岸金融關於「岸」的界定[①]

傳統離岸金融中心經營的貨幣往往獨立於貨幣發行國的國境之外，而 IBF 將離岸界定為獨立於美國本土的金融循環體系，不受制於美國國內對傳統金融機構在存款準備金率、稅收等方面的統一監管，賦予其更大的靈活自主性，實質上是一個內外分離型的離岸金融模式。這樣，美國本土金融機構以及外資銀行在美國的分支機構無須重新去境外開設機構。在美國境內，同樣可以經營離岸金融業務，打破了在境外設立金融機構經營非本幣這一傳統的離岸金融業務模式。

②實行嚴格的帳戶分離模式[②]

IBF 雖是為在美國開展離岸金融業務而設立的，但是它並不是一個獨立於銀行體系之外的組織機構，而是美國本土的金融機構以及外資銀行在美國的分支機構在美國境內建立的一套獨立的、專門記載其在美國境內開展離岸金融業務的資產負債帳戶體系，對居民帳戶與非居民帳戶進行嚴格分離，離岸金融業務僅限於非居民與會員銀行機構之間，嚴禁非居民經營在岸金融業務。

---

① 陳衛東，鐘紅，邊衛紅，等. 美國在岸離岸金融市場制度創新與借鑑 [J]. 國際金融研究，2015 (6)：33-41.

② 馬駿. 人民幣離岸市場與資本項目開放 [J]. 金融發展評論，2012 (4)：1-41.

③優惠的稅收政策

IBF 規定美國本土金融機構以及外資銀行在美國的分支機構通過加入 IBF 的離岸帳戶可以經營美國非居民離岸金融業務，享受離岸金融的優惠政策。會員機構依託此帳戶可以享受美聯儲規定的利息預提稅、IBF 地方稅等稅收減免和存款準備金、利率上限、存款保險等法律豁免條例①。

④重視 CHIPS 在跨境美元支付結算中的地位

目前，95%的跨境美元支付均由 CHIPS 系統來完成，CHIPS 商業化運作模式要求所有參與銀行在美國設立存款類分支機構，並滿足每日初始餘額和日終餘額要求，該系統採用的淨額結算模式有利於提高資金使用效率，減少了會員銀行資金被鎖定的流動性成本。

⑤優化金融監管套利空間②

首先，為使 IBF 經營風險與境內金融市場隔離，美國金融監管機構採取了比一般內外分離型離岸金融中心更嚴格的監管模式，規定美國本土的金融機構以及外資銀行在美國的分支機構只限於吸收非居民存款，或向非居民及其他從事 IBF 的會員機構提供貸款，存放於 IBF 離岸帳戶上的存款被視為離岸帳戶存款。其次，創造寬鬆的經營環境，縮小市場套利空間。1981 年，美國聯邦儲備委員會對《D 條例》和《Q 條例》做了修訂，規定美國本土的金融機構以及外資銀行在美國的分支機構吸收的非居民存款既不受《D 條例》對法定存款準備金的約束，也不受《Q 條例》對存款利率上限的約束（此規定在 1986 年修正的 Q 條例中已經取消）。由於美國國際銀行設施與歐洲美元市場在銀行業務方面有著相同的經營環境，其存貸業務可以豁免法定存款準備金、存款利率上限、存款保險等方面的規定，IBF 會員銀行可以為非居民客戶提供與歐洲美元市場相近的優惠利率和信貸額度，吸引了國際資本回流美國 IBF 市場。

如圖 3.1 所示，1982—1990 年，IBF 的資產規模呈現快速增長的趨勢，尤其是在 IBF 建立之初（1981—1983 年），IBF 的資產規模從 634 億美元上漲至 1,740 億美元，年均復合增長率為 65.66%，這主要受益於 IBF 對於存款免繳存款準備金的優惠政策。自 20 世紀 90 年代至 2003 年，IBF 的資產規模呈現停滯狀態，但從 2004 年開始，IBF 的資產規模又開始出現增長態勢，後期由於受美國「次貸危機」的影響，資產規模有所下滑，並於 2009 年開始重新恢復增長。從 IBF 美元資產和負債占全部資產和負債的比例來看，美元資產在 IBF

---

① 馬駿，徐劍剛. 離岸市場發展與資本項目開放 [M]. 北京：中國經濟出版社，2012：177–179.

② 巴曙松，郭雲釗. 離岸金融中心發展研究 [M]. 北京：北京大學出版社，2008：96–97.

離岸市場上占據主導地位，1982年—2006年美元資產占比大致處於87%左右的水準，最近五年均維持在90%的水準，如圖3.2所示。

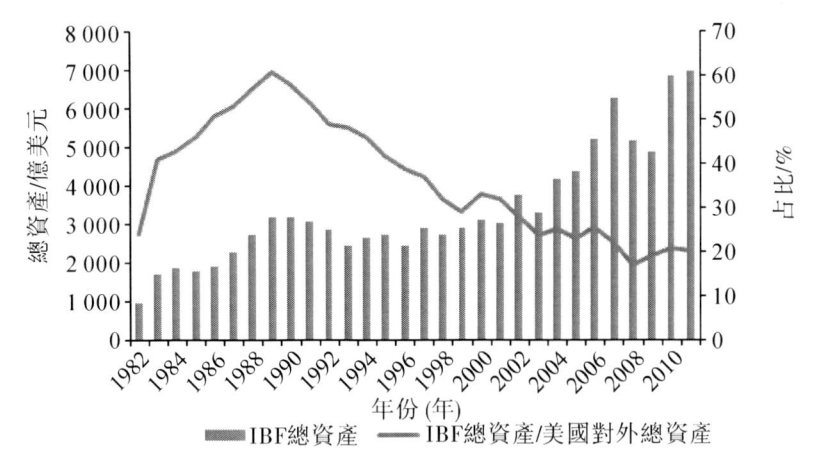

圖 3.1 IBF 總資產和美國對外總資產的規模

資料來源：BIS 季度報告。

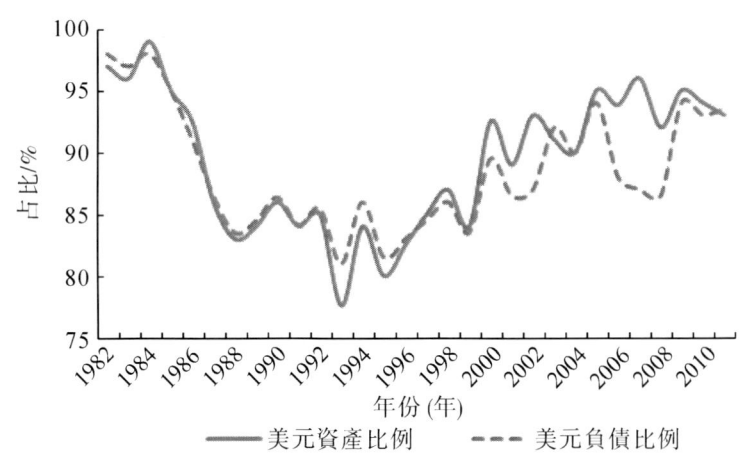

圖 3.2 IBF 美元資產和負債占全部資產和負債的比例

資料來源：BIS 季度報告。

（2）日本離岸市場（JOM）

20世紀70年代以來，日本開始推進日元國際化戰略。日本大藏省和日本銀行聯合籌劃日元國際化進程，採取了放鬆外匯管制、減少匯率干預、推動歐

洲日元市場自由化等措施，並逐步提高日元在日本貿易結算中的比重①。同時，為了增強 JOM 市場的競爭力，從融資、投資、稅收等角度逐步放鬆資本項目管制②，如表 3.2 所示。

表 3.2　日本 JOM 市場的金融監管措施

監管項目	具體監管內容
交易對象的規定	日本 JOM 市場定位於離岸批發市場，不允許個人參與離岸市場，交易對象只限定於在境外的法人、外國政府、國際機構、外匯銀行的海外分行等非居民離岸帳戶
融資的規定	離岸帳戶融資只限於從非居民、其他離岸帳戶、母銀行進行國內帳戶吸收非結算性存款及借款。其中，對於從非金融機構的外國法人吸收的存款，必須要在 1 億日元以上或相當於 1 億日元以上的外匯
投資的規定	離岸帳戶的資金僅限於作為貸款提供給非居民及作為離岸帳戶、海外金融機構、母銀行的存款。離岸帳戶資金不可以做外匯買賣、票據交易、證券買賣和掉期交易，即銀行與外國居民的資金往來關係被限定為存款和借貸關係，其他交易只能在銀行的普通帳戶中進行
稅制的規定	以離岸帳戶吸收的存款，不在利率及存款保險制度規定的範圍之內。以離岸帳戶籌措的資金，不徵收存款準備金。但從離岸帳戶向母銀行的普通帳戶劃撥資金要繳納存款準備金，對非居民在離岸帳戶支付的利息不徵稅，但在與離岸帳戶相關的法人稅、地方稅方面一般沒有優惠，只有當交易對象是與日本簽訂避免雙重徵稅協定的機構時才可免法人稅。另外，銀行的離岸業務手續費收入沒有免稅優惠

資料來源：左連村，王洪良. 國際離岸金融中心理論與實踐 [M]. 廣州：中山大學出版社，2002.

從圖 3.3 可以看出，在貸款方面，JOM 市場上外幣貸款的比例呈現上升趨勢，從 1996 年的 30.2% 增長到 2011 年的 62.5%，而日元貸款規模卻呈現下降趨勢。從圖 3.4 的 JOM 市場存款情況看，外幣存款一直占據著主導地位，從 1996 年至 2011 年，外幣存款的市場占比均維持在 65%～70%，反應了在 JOM 離岸市場上交易的貨幣主要以外幣為主，JOM 離岸市場在推動日元國際化方面的作用影響有限。

---

① 楊承亮. 日本離岸金融市場發展對上海自貿區的啟示 [J]. 中國外匯，2013 (19)：62-63.

② 左連村，王洪良. 國際離岸金融中心理論與實踐 [M]. 廣州：中山大學出版社，2002：188-190.

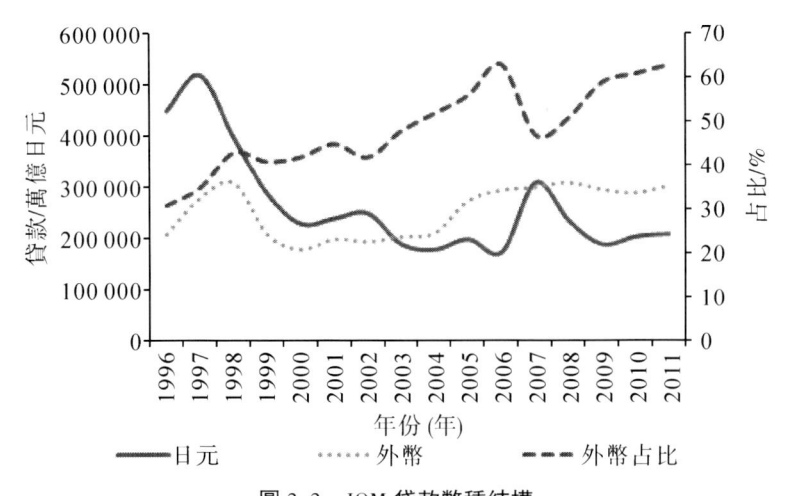

图 3.3 JOM 貸款幣種結構

資料來源：日本銀行網站 JOM 資產負債表。

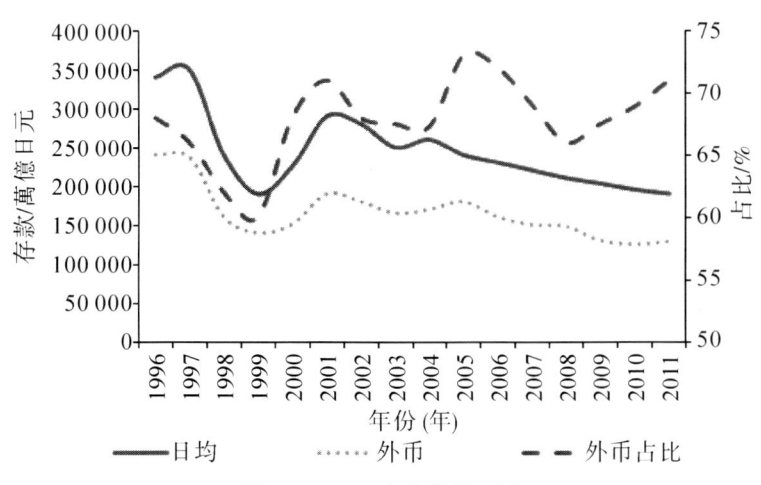

圖 3.4 JOM 存款幣種結構

資料來源：日本銀行網站 JOM 資產負債表。

從圖 3.5 可以看出，JOM 離岸市場大致可以分為三大階段：高速增長階段、衰退階段、復甦階段。首先，在 1986—1995 年的高速增長階段中，JOM 離岸市場的資產總規模從 887 億美元快速增長至 6,677 億美元，年均復合增長率為 25.1%，資產規模僅次於倫敦，成為全球第二大離岸金融中心。其次，在 1995 年至 2006 年的衰退期，JOM 離岸市場的資產總規模從 6,677 億美元下降至 3,865 億美元，降幅為 42.11%，同時，日元資產也呈現下降趨勢，而外幣資產則呈現上升趨勢，外幣資產佔比從 1995 年的 2,100 億美元增長至 2,300

億美元,增幅為9.52%。最後,在2006年至2012年的復甦期,JOM離岸市場的資產總規模從3,865億美元上升至7,380億美元,增幅為90.94%,外幣資產占比也呈現溫和復甦跡象。

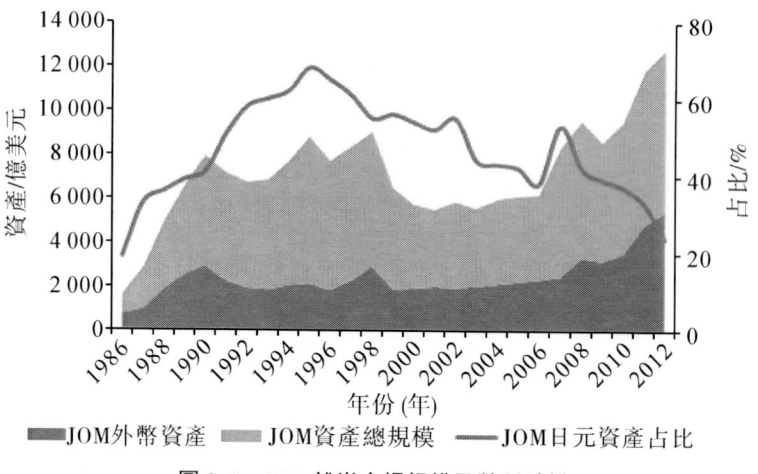

圖3.5 JOM離岸市場規模及幣種結構

資料來源:BIS。

3.2.3 分離滲透型離岸金融中心

分離滲透型離岸金融中心以現階段的新加坡離岸市場、馬來西亞納閩島、曼谷、雅加達為代表①,該模式兼具內外分離型和內外一體型兩者的特點,既具有分離型風險防控的特點,也借鑑了一體型營造寬鬆、自由市場環境的優點。在有效隔離境外非居民帳戶與境內居民帳戶的基礎上,允許資金在離岸帳戶與在岸帳戶之間單向或雙向有條件地流動②。一方面,該類型市場的參與主體主要為非居民,符合內外分離型離岸金融中心的監管特點。另一方面,金融監管方式比內外分離型更為寬鬆,如金融監管當局對於非居民交易過程中產生的所得稅、營業稅、資本利得稅和其他費用,實行稅費減免的優惠政策;同時,存款準備金制度、利率制度、存款保險制度、外匯管理制度遵從離岸金融監管框架,允許部分離岸資金流入在岸金融市場,允許居民在符合監管的條件下參與離岸金融業務。

目前,新加坡亞洲貨幣單位(ACU)採取較為寬鬆的監管模式,在符合監管的條件下,允許資金在離岸帳戶與在岸帳戶之間部分流動。同時,境內居

---

① 巴曙松,郭雲釗. 離岸金融中心發展研究 [M]. 北京:北京大學出版社,2008:104-105.

② 許明朝,高中良. 論中國離岸金融模式的選擇 [J]. 國際金融研究,2007(12):70-76.

民可在離岸市場上融資，也可通過離岸帳戶對境外投資。新加坡離岸金融中心主要採取了稅收優惠和逐步放鬆金融管制的措施來發展離岸金融業務①。

（1）稅收優惠

新加坡離岸金融中心主要對印花稅和所得稅進行了大幅減免，優惠的稅收環境吸引了大批美元及其他貨幣資金的借款人和貸款人聚集在新加坡離岸市場，推動了新加坡離岸市場的快速發展②。新加坡 ACU 市場的金融監管措施如表 3.3 所示。

表 3.3 新加坡 ACU 市場的金融監管措施

	項目	時間	規定
起步階段	印花稅	1972 年	取消大額可轉讓存單、亞洲美元貸款合同及相關文件的印花稅
	存款準備金	1972 年	取消亞洲美元經營單位必須保持 18% 的流動準備金以及將等於負債總額 6% 的現金無息存放在新加坡金融管理局的規定
	存款規模	1973 年	首次允許居民開設亞洲美元單位帳戶，個人存款上限為 10 萬新元，法人存款上限為 300 萬新元
	存款利率	1975 年	取消存款利率的限制
發展階段	印花稅	1976 年	設定有關離岸貸款合同的印花稅上限為 500 新元，免除有關的證書、票據類的印花稅
	所得稅	1976 年	取消非居民持有亞洲美元債券的利息所得稅，將經營亞洲美元的金融機構的貸款收入所得稅率，以及對經營亞洲美元的機構從海外利潤中付出的股息率由 40% 降為 10%
		1977 年	進一步降低亞洲美元單位交易的利得稅，從 40% 降為 10%
	相繼稅	1976 年	取消非居民持有的亞洲美元單位存款及債券的相繼稅
	存款規模	1977 年	提高居民開設亞洲美元單位帳戶的存款上限，個人存款上限為 50 萬新元，法人存款上限為 500 萬新元
	交易費用	1978 年	擴大有關亞洲美元單位交易的稅務優待，減少對外匯交易及手續費的徵稅
	貨幣互換	1981 年	允許 ACU 通過貨幣互換獲得新加坡元

---

① 李豫. 借鑑新加坡經驗，盡快將上海建成國際金融中心 [J]. 金融研究, 2001 (8)：73-79.

② 楊維新. 上海自由貿易區離岸金融發展：國際比較與路徑設計 [J]. 亞太經濟, 2014 (4)：129-134.

表3.3(續)

	項目	時間	規定
發展階段	投資領域	1990年	外國居民持有新加坡本地銀行的股權上限由20%提高至40%
	貸款規模	1992年	將離岸銀行的新加坡元貸款上限由5,000萬新元提高至7,000萬新元
轉型階段	投資領域	1997年	從事亞洲美元經營單位中高附加值交易的應稅收入超過1,000萬美元時,新增收入享受5%的優惠稅率
		1999年	取消外資在本地銀行持股40%的上限限制
	貸款規模	1999年	將離岸銀行的新加坡元貸款上限由3億新元提高至10億新元
		2000年	境外金融機構為新加坡本地投資者處理的最低交易額由500萬新元下降至50萬新元
	所得稅	2003年	豁免船舶與債務保險公司離岸投資收益以及亞洲美元單位存款利息所得稅

資料來源：根據新加坡金融管理局公開資料整理。

（2）放鬆金融管制

新加坡政府於1999年提出5年期的放開外資經營離岸金融業務的計劃,該計劃分為兩個階段①。第一階段,1999—2001年,引入全能資格銀行牌照（QFB）方案,批准外資銀行在新加坡離岸金融中心開設分行,提高限制型銀行和離岸銀行在新加坡元貨幣互換中借款規模的上限額度,給予離岸銀行在資金批發業務上更多的便利性與自主性。取消外資銀行參股新加坡本國銀行的股權上限。第二階段,2002—2003年,提高新加坡居民在離岸金融中心進行外匯期權交易、貨幣互換買賣等的額度上限,允許離岸銀行進入銀行間貨幣市場開展資金批發業務。

在新加坡政府的支持下,新加坡離岸金融中心的可交易貨幣品種日趨多樣,從最初的以美元為主,逐漸擴展到使用英鎊、日元等其他國際貨幣,同時離岸市場的交易規模與發展深度也不斷提高②。1984年,新加坡政府建立了新加坡國際貨幣交易所（SIMEX）,並與芝加哥商品期貨交易所開展互聯互通,在交易上設立相互抵消系統服務,便於在對方交易所平倉結算,消除了由於時

---

① 巴曙松,郭雲釗.離岸金融中心發展研究 [M].北京：北京大學出版社,2008：92-93.
② 馬駿,徐劍剛.離岸市場發展與資本項目開放 [M].北京：中國經濟出版社,2012：86-88.

區不一致帶來的清算交割上的不便，為全天候 24 小時的交易奠定了基礎，從而吸引了全球各類型投資者參與新加坡離岸金融中心，圖 3.6 和圖 3.7 顯示了新加坡離岸市場日均外匯交易額的發展情況，以及期貨、期權日均交易合約數。

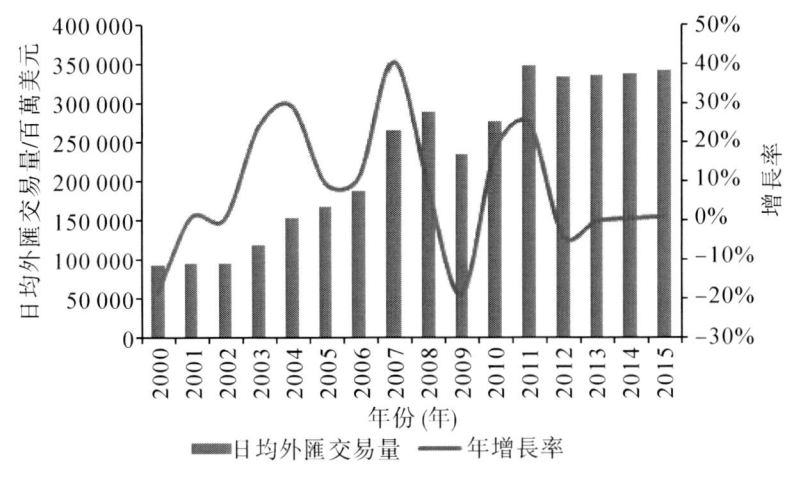

圖 3.6　新加坡離岸市場日均外匯交易規模及增長率
資料來源：新加坡金融管理局統計報告。

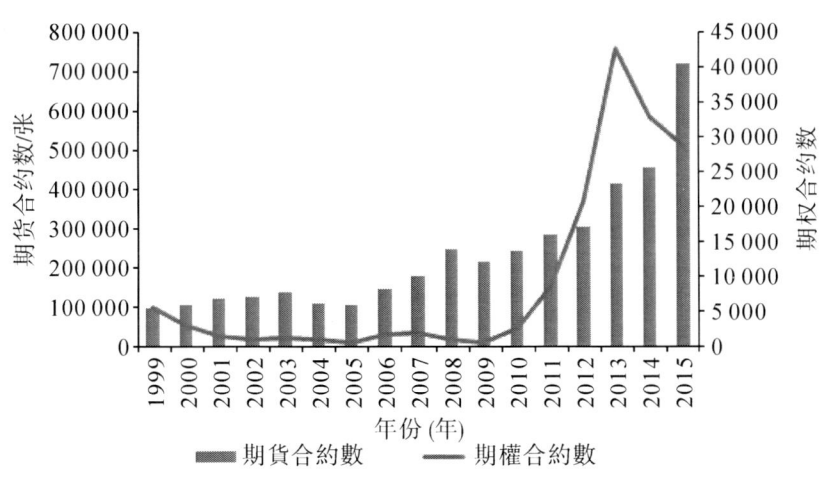

圖 3.7　新加坡離岸市場日均期貨、期權交易合約數
資料來源：新加坡金融管理局統計報告。

3.2.4　避稅港型離岸金融中心

避稅港型離岸金融中心，又稱簿記型離岸金融中心，憑藉優惠的稅收制度

和寬鬆的監管環境，吸引了眾多金融機構和公司開展離岸與在岸的劃帳、記帳業務，發揮了記帳中心的作用①。

避稅港型離岸金融中心具有以下特點②：①對屬地上註冊的離岸金融機構開展的金融業務進行不同程度的保密措施；②所在國政府對其屬地上註冊的離岸公司所從事的金融業務提供寬鬆的監管環境以及優惠的稅收政策；③具有高度發達的金融基礎設施、便捷的通信網絡和優越的地理位置，同時，具有各類型金融機構、多元化的金融產品、高效的金融服務、豐富的金融人才儲備；④沒有外匯交易方面的管制，資金可以自由流動；⑤金融機構通過註冊地的離岸帳戶進行帳戶劃轉，發揮記帳中心的功能。

(1) 立法保護金融資產隱私權

Richard Hay（2005）提出離岸金融中心最重要的特徵之一是能保障客戶金融信息的隱私權，滿足客戶對金融資產的私密性以及避稅性需求。通常，離岸金融中心會以立法的形式對金融機構和投資者持有的金融資產和信息提供不同方式、不同程度的保密措施，嚴禁未經批准而違規洩露客戶的財產隱私權（見表3.4）。以中美洲加勒比海地區避稅港型離岸金融中心為例，該地區通過保密法來保障投資者的財產隱私權，包括無須出示經過審計的財務報表或審計報告，無須向辦理註冊公司的負責人提供公司股東信息和公司高管團隊信息。但近些年來，也有部分學者提出，離岸金融中心對客戶隱私權的保護應當在維也納的聯合國公約、斯特拉斯堡公約等框架下開展（Mckee, 2000）。隨著國際統一的監管準則的實施，未來離岸金融中心將會提高透明度，同時，離岸中心的保密性也會在國際監管的框架下進行③。避稅港型離岸金融中心的保密條例如表3.4所示。

表3.4　避稅港型離岸金融中心的保密條例

離岸金融中心	是否需要公布經過審計的財務報表或審計報表	是否可以發行不記名股票	註冊登記時是否需要披露高管信息	註冊登記時是否需要披露股東信息
百慕達	否	是	是	是

---

① 劉晨陽，田華. 避稅港型離岸金融中心對中國跨境資本流動的影響及監管建議 [J]. 財政研究，2011（9）：38-41.

② 王勇. 離岸金融中心的演進及其經濟效應研究 [M]. 北京：經濟科學出版社，2014：99-101.

③ 張劍宇. 私人銀行離岸金融服務國際發展趨勢及對國內的借鑑分析 [J]. 中央財經大學學報，2012（10）：31-36.

表3.4(續)

離岸金融中心	是否需要公布經過審計的財務報表或審計報表	是否可以發行不記名股票	註冊登記時是否需要披露高管信息	註冊登記時是否需要披露股東信息
英屬維京群島	否	否	否	否
開曼群島	否	是	是	是
巴貝多	是	是	是	是
安提瓜	否	是	是	是
巴哈馬	否	是	是	是
聖克里斯多福及尼維斯	否	是	否	否
荷屬安地列斯群島	否	是	是	是
土克斯及開科斯群島	是	是	否	否
阿魯巴島	否	是	是	是

資料來源：根據麥卡恩《離岸金融》相關資料整理。

(2) 優惠的稅收制度

優惠的稅收制度是金融市場制度特徵的集中體現，也是吸引國際資本匯集於此的重要原因之一。國際離岸金融中心對金融資產在簽發、交易、所得收益三個環節以復合稅制的方式進行徵稅，主要稅種有：公司所得稅、個人所得稅、營業稅和增值稅、資本利得稅、股息預扣稅、印花稅。大多數避稅港型離岸金融中心對所得稅都採用較低的稅率，對存款利息稅、股息預扣稅、資本利得稅都實施免徵的政策①。世界主要避稅港型離岸金融中心的稅率比較如表3.5所示。

表3.5 世界主要避稅港型離岸金融中心的稅率比較

離岸市場	公司所得稅	資本利得稅	利息預扣稅	股息預扣稅	印花稅	增值稅
百慕達	無	無	無	無	0~15%	無
英屬維京	15%	無	無	無	4%、12%	無
哥斯大黎加	無	無	無	15%	4%~10%	無
模里西斯	無	無	無	無	4%~10%	15%

資料來源：根據IMF數據整理。

---

① 任杰，丁波，張錚. 離岸金融中心發展過程中稅收因素研究［J］. 經濟縱橫，2007（24）：30-32.

（3）寬鬆的金融監管環境

從避稅港型離岸金融中心發展歷程可以看出，避稅港型離岸金融中心為爭奪國際金融資源，吸引國際資本流入，致力於營造寬鬆的金融監管環境。具體表現為：①取消外匯管制，為國際資本跨境流動和非居民自由兌換貨幣營造自由的交易環境；②對存款準備金制度和存款保險制度進行豁免；③實施利率市場化，發揮市場化的定價機制；④取消信貸規模控制，為大額資金批發業務營造寬鬆的交易環境；⑤在市場准入環節，監管實施國民待遇原則①。

（4）本土監管與多頭監管並存

Lewellyn（2006）指出離岸金融監管有四大目標：金融系統的安全、金融機構的穩定、投資者和金融消費者利益得到保護、增強投資者和金融消費者對金融系統的信心。Carmichae、Pomerleano（2002）指出當金融市場由於市場不正當行為、信息不對稱等因素引發金融市場失靈時，法定的金融監管應該承擔起穩定市場的功能。從避稅港離岸金融中心的發展歷程看，大部分避稅港離岸中心均由本土監管機構實施金融監管，如表3.6所示。

表 3.6　離岸金融中心監管機構總結

離岸金融中心	監管機構	離岸監管模式與在岸監管模式是否一致
新加坡 ACU 市場	新加坡金融管理局	是
美國 IBF 市場	美國聯邦儲備理事會	否
日本 JOM 市場	日本大藏省	否
曼谷 BIBF 市場	泰國中央銀行	否
香港 CNH 市場	香港金融管理局	是
馬來西亞	納閩離岸金融服務局	否
巴哈馬	巴哈馬中央銀行	是
都柏林	愛爾蘭中央銀行	是
澤西島	澤西金融服務委員會	是
直布羅陀	金融服務委員會	是
安提瓜	安提瓜財政部	是

資料來源：根據公開資料整理。

---

① 羅國強. 論離岸金融市場准入監管法制 [J]. 上海金融, 2010 (6)：51-55.

然而，一些重要的國際機構和組織在離岸金融中心監管中也發揮著重要作用。這些國際組織通過加強信息共享協同監管，並在此基礎上規範全球離岸金融中心的穩健運行，促進了全球離岸金融中心的發展①，如表 3.7 所示。

表 3.7　離岸金融中心的國際監管機構分類及各自的主要職責

類別	機構名稱	主要職責
離岸金融中心監管標準的制定者	巴塞爾委員會	制定有效銀行監管的核心原則與離岸銀行業務的監管標準
	國際保險監督官協會	制定離岸保險業務的監管標準，促進保險市場的效率、公平、安全與穩定，並最終保護投資人的利益
	國際證監事務監察委員會	制定離岸證券業務的監管標準，建立國際證券交易的監察和多邊支持，保持公平、有效、穩健的市場
	金融特別行動工作組	推進國家和國際層面的反洗錢和反恐怖融資政策的實施
離岸金融中心監管體系的評估者	國際清算銀行	監管所有跨國行為的銀行，加強全球協調的必須性和提高監管水準，改善本國和東道國監管者之間審慎的訊息交流
	國際貨幣基金組織	開展離岸金融中心評估項目，評估各中心貫徹執行監管標準的情況，負責維持國際貨幣體系的監管工作
離岸金融中心監管的協助者	離岸銀行監管組織	對離岸銀行的監管提供建議
	離岸保險監管組織	對離岸保險的監管提供建議
	離岸基金投資監管組織	建立國際準則下的監管標準，推動基金投資的離岸監管
	金融穩定論壇	透過建立有效審計監管和加強國際會計準則，來加強對離岸金融中心的監管、管理和訊息交換行為
其他	經濟合作與發展組織	倡導反有害稅收競爭
	二十國集團	推進工業國家和新興市場之間的溝通與政策協調，促進國際金融的穩定

資料來源：根據麥卡恩《離岸金融》相關資料整理。

---

① 麥卡恩. 經濟金融前沿譯從：離岸金融 [M]. 北京：中國金融出版社，2013：195-217.

3.3 離岸金融中心區位分佈研究

離岸金融中心的區位佈局是金融市場在政治、經濟、地理、人文等綜合因素基礎上進行的地域流動、資源配置、組合的時空變化過程，是經濟地域運動理論在區域經濟發展的時空規律的體現。張鳳超（2003）指出金融帕累托效率的改善是金融地域運動的決定性因素，區位差異、引導信號以及空間運動方式共同影響著金融地域運動的機理。

3.3.1 聚集於大洲交界的沿海地帶

國際離岸金融中心區位佈局具有明顯的沿海性，如歐洲的都柏林、澤西島，非洲的吉布提、塞舌爾，中東的巴林、迪拜，加勒比海地區的英屬維爾京、百慕大。此外，具有傳統金融中心的區域，如東京、新加坡、中國香港、倫敦、紐約等海濱城市也是重要的國際離岸金融中心。

從區位佈局看，沿海區域具有通達的地理位置，歷史上很多沿海離岸金融中心本身就是貿易港口城市，具備發展離岸金融中心的基礎條件。此外，離岸金融中心的區位佈局也多位於大洲交界的交通要衝處。

3.3.2 五大集群覆蓋全球所有時區

總體來看，全球離岸金融中心分佈在歐洲區域、亞太區域、中東區域、非洲區域、美洲區域。從分佈的數量和集中度來看，美洲區域是離岸金融中心分佈數量最多的地區，其中以加勒比海區域和美國最為集中，如表3.8所示。

表3.8　全球主要離岸金融中心的圈層分佈

離岸金融區域	時區	中心圈層	次級圈層
非洲	零時區		利比亞、摩洛哥
	東三區		吉布地
	東四區		塞席爾、模里西斯
歐洲	零時區	倫敦	都柏林、格恩西島、馬恩島、澤西島、馬德拉
	東一區	蘇黎世、盧森堡	安道爾、坎皮奧、列支敦士群島、馬耳他、摩納哥、荷蘭、瑞士、奧地利
	東二區		賽普勒斯、直布羅陀
	東三區		莫斯科

表3.8(續)

離岸金融區域	時區	中心圈層	次級圈層
中東	東二區	巴林 杜拜	以色列、黎巴嫩
	東三區		科威特、卡達
	東四區		
亞太地區	東五區		新德里
	東七區		泰國
	東八區	新加坡 香港	菲律賓、納閩島（馬來西亞）、澳門
	東九區	日本	首爾
	東十區 東十一區 東十二區 西十一區 西十區		關島、馬里亞納、密克羅尼西亞聯邦、雪梨
			萬那杜
			馬紹爾群島、諾魯、薩摩亞
			紐埃島
			庫克群島、塔希提島
美洲	西六區		伯利茲、哥斯達尼加
	西五區	開曼群島、 巴拿馬	特克斯和凱科斯群島、巴哈馬
	西四區	百慕大、 英屬維京	安圭拉島、安提瓜和巴布達、阿魯巴、巴巴多斯、多米尼克、格林納達、蒙特薩拉特、荷屬安地列斯群島
	西三區		烏拉圭
	西五區至 西十區	紐約	多倫多、西印度群島

資料來源：根據IMF和FSF資料整理。

3.3.3 呈現圈層分佈模式

從國際金融中心的發展歷程看，第二次世界大戰後金融機構的金融創新突破了金融管制約束，推動了金融自由化與全球化的進程，導致了國際金融中心的區位佈局從原來的以倫敦、紐約、蘇黎世為代表的傳統金融大都市的點式佈局，逐漸轉變為以全球金融中心為核心的圈層佈局模式[1]。

從全球離岸金融中心的發展格局來看，目前已經形成四大金融圈層：倫敦

---

[1] 馮邦彥, 覃劍. 國際金融中心圈層發展模式研究 [J]. 南方金融, 2011（4）：36-41.

3 國際離岸金融中心發展現狀研究 | 73

金融圈層、紐約金融圈層、迪拜金融圈層、東亞金融圈層。其中，倫敦金融圈層以倫敦為核心，包含了兩個小圈層，分別是以澤西島、都柏林、馬恩島為代表的圈層，以及以蘇黎世、巴黎、盧森堡、法蘭克福、布魯塞爾為代表的圈層。紐約金融圈層以紐約為核心，包含了新澤西州、華盛頓、波士頓為代表的中心圈層，以及以芝加哥、多倫多為代表的次級圈層。迪拜金融圈層以迪拜為核心，包含了卡塔爾、巴林、利雅得為代表的圈層。東亞金融圈層以東京、新加坡、中國香港為核心，包含了曼谷、吉隆坡為代表的圈層。

從各離岸金融中心的發展歷程看，制度變遷、交易成本、交易效率以及路徑依賴影響了離岸金融中心的空間佈局[①]。一方面，區域內各國或地區的經濟發展程度、金融資源稟賦度、金融市場開放度、金融制度的成熟度均呈現異質性，導致金融資源在區域內分佈失衡，在規模經濟、範圍經濟、金融聚集等金融發展的驅動力推動下，區域內的金融資源會趨於流向某一核心區域，從而形成區域金融中心。另一方面，當區域金融中心規模日益增大時，則面臨勞動成本、信息成本等要素成本不斷上漲、金融產業鏈過長的不利局面，其邊際效益呈現遞減趨勢，導致金融運行效率下降，而周邊次級金融中心憑藉良好的金融基礎設施和完善的金融制度，可承接區域金融中心的後臺金融業務，從而使金融資源部分流向區域內次級金融中心。在聚集和集中的兩種效應的共同作用下，離岸金融中心呈現出以區域內核心金融城市為中心、以遍布中心地帶的次級金融中心為圈層的空間區位佈局模式，從一個側面反應了區域內金融深化正在不斷強化的趨勢[②]。

3.4 全球主要離岸金融中心競爭力研究

3.4.1 AHP 分析法的模型結構

AHP（Analytic Hierarchy Process）分析法是在美國運籌學家 A. L. Satty 提出的「無結構決策問題建模」思想的基礎上發展而來的，是一種基於定性分析與定量分析相結合的決策樹分析法，通過將與決策有關的影響因素細分為目標層、準則層、指標層，找出預測屬性與目標屬性間的關係，對兩兩指標之間的

[①] ERRICO M L, BORRERO M A M. Offshore banking: an analysis of micro-and macro-prudential issues [M]. International Monetary Fund, 1999.

[②] 潘英麗. 國際金融中心歷史經驗與未來中國 [M]. 上海：上海人民出版社，2010.

重要性做出判斷與比較，再通過構建判斷矩陣，計算判斷矩陣的最大特徵值與特徵向量，得出不同方案重要性程度的權重，從而為最佳方案的決策提供科學依據①。

運用層次分析法建模來解決實際問題，主要有以下五大步驟。

第一，建立層次結構模型。

首先通過將複雜問題細分為不同的影響因素，再把這些影響因素按照屬性分為若干組，以形成不同的層次結構，使關鍵指標高度概括評價內容。將目標層與中間層、中間層之間、中間層與指標層進行分解，然後同一層次的元素作為準則對下一層次的某些元素起到支配作用，同時該層元素又受上一層次元素的支配，從而形成自上而下的「決策樹」。處於最上面的層次一般只有一個元素，是所研究問題的預定目標，將其設為目標層，往下依次是準則層、指標層。

第二，根據判斷值設定判斷矩陣。

設定判斷值是對下一層兩個元素相對上一層的相對權重值，將兩個元素分別設置為 i 和 j，將相對權重值設為 a_{ij}，將元素的數量設置為 n，將判斷矩陣設置為 $A=(a_{ij})_{n \times n}$，其中 a_{ij} 的賦值可採用多種方法，通常將兩個元素的相對重要性分為 1~9 級，如表 3.9 所示。層次分析法判定矩陣的標度如表 3.9 所示。

表 3.9 層次分析法判定矩陣的標度

數字標度	定義
1	i 元素與 j 元素相同重要
3	i 元素與 j 元素相比略重要
5	i 元素與 j 元素相比比較重要
7	i 元素與 j 元素相比非常重要
9	i 元素與 j 元素相比絕對重要
2, 4, 6, 8	以上兩判斷之間的中間狀態對應的標度值

第三，計算權向量，做一致性檢驗並計算權重值。

設矩陣為 A，如果 A 具有完全一致性，則 $\lambda_{max}=n$。通常構建的矩陣只要具有相對一致性就能滿足實證需要。計算對比矩陣一致性程度的公式為：CR = CI/RI，當 CR < 0.1 時，則認為矩陣 A 的一致程度可以被接受，如果 $A \geq$

---

① 郭金玉，張忠彬，孫慶雲. 層次分析法的研究與應用 [J]. 中國安全科學學報，2008 (5)：148-153.

0.1，則認為的一致程度可以被接受；如果 $A < 0.1$，則認為矩陣 A 的一致程度無法接受，需要對矩陣中第 i 個元素相對第 j 個元素重要性進行調整，直到矩陣滿足 CR < 0.1 的標準為止，CI = $(\lambda_{max} - n)/n - 1$。

第四，根據各模塊權重進行綜合評分。

根據構建的結構模型，按照上述步驟從上至下對各模塊分別進行計算，得出每一元素對應上一層的權重，經過逐層計算，則可計算出最底層的元素對於最上層的權重值。

因為 i 元素與 j 元素的相對重要性是對稱的，因此若 X 表示 i 元素相對 j 元素的重要性，則 $1/X$ 表示 j 元素相對 i 元素的重要性。在確定判斷矩陣後，列的矩陣運算和一致性檢驗可以得到同一層次各準則的相對重要性或同一準則下不同備選方案的相對排序。這些排序反應在前面矩陣運算得到的特徵向量中，特徵向量中較大數值對應的準則或者方案相對更加重要。

第五，基於各模塊權重進行綜合評價。

根據構建的層次結構模型，沿著事先確定的決策樹將同一樹枝上準則層和方案層對應的特徵向量中的數值相乘，則可計算出每種方案在某一基本準則下的權重分值，再把每一準則下的權重得分累加起來，可以得出每種方案的總得分，從而可以為每種方案進行排序，優選出得分最高的方案。

3.4.2 模型構建

（1）度量指標說明

國際離岸金融中心競爭力評價的目標和內容一般涉及金融市場收益、金融市場成本、基礎設施、制度因素等方面，鑒於方法的實用性和科學性，本書採用層次分析法構建競爭力評價體系（見表 3.10）。

表 3.10 人民幣離岸金融中心競爭力評價體系

目標層	準則層	指標層	內容	數據來源
離岸金融中心競爭力	金融市場收益 B1	金融市場規模 D1	以經濟體持有的組合證券投資資產頭寸為指標	IMF Coordinated Portfolio Investment Survey
		金融開放度 D2	以經濟自由度為指標，反應貿易政策、政府管制、產權等情況	Heritage Foundation
		經濟規模 D3	以離岸金融中心與中國的雙邊貿易額為指標	UN Comtrade Databases
		社會財富 D4	以基於購買力平價（PPP）的人均國民總收入為指標	IMF World Economic Outlook Databases

表3.10(續)

目標層	準則層	指標層	內容	數據來源
離岸金融中心競爭力	金融市場成本 B2	投資信息成本 D5	衡量可對從公共或私營徵信機構獲取徵信信息的範圍、可及性	www.doingbusiness.org
		融資信息成本 D6	衡量所有權及財務信息披露情況	www.doingbusiness.org
		社會融資成本 D7	以存貸利差為指標，反應融資成本	Bloomberg Databases
	基礎設施 B3	交通基礎設施 D8	以港口基礎設施質量為標準，衡量港口設施的情況	World Economic Forum
		物流基礎設施 D9	以物流績效綜合指數為指標，反應與清關程序的效率、貿易和運輸質量相關的基礎設的整體情況	World Bank
		金融基礎設施 D10	以安全互聯網服務器（每百萬人）為指標,衡量金融業基礎設施	World Bank
	制度因素 B4	營商便利度 D11	以營商便利指數為指標，反應經濟活動的交易成本	World Bank
		法律成熟度 D12	以法律權利力度為指標，衡量社會整體的法治環境	World Bank
		勞動參與度 D13	以勞動力參與率為指標，反應社會勞動力資源供給情況	International Labour Organization

（2）基於AHP法的全球主要離岸金融中心競爭力研究

根據前述全球離岸金融中心圈層模式發展現狀以及現有離岸金融中心分為歐洲區、美洲區、亞太區、中東區等的特徵事實，本書選取了各大區域圈層的核心國家和地區作為將來人民幣離岸金融中心區位選址的備選地區，歐洲區域選取英國、盧森堡、德國、瑞士這四個國家；美洲區域選取美國、百慕大；中東區域選取巴林；亞太區域選取中國香港、日本、新加坡。

本書基於金融中心區位選擇理論，採用成本—收益分析法，構建層次分析法（AHP）層次結構模型，把金融市場收益（金融市場規模及開放度、經濟規模、社會財富）、金融市場成本（投資信息成本、融資信息成本、融資成本）、基礎設施（交通及物流基礎設施、金融基礎設施）、制度因素（營商便利度、法律成熟度、勞動參與度）等指標構成決策樹，以期系統、全面地量化分析離岸金融中心整體競爭力，從而為人民幣離岸金融中心區位選擇提供科學依據（見圖3.8）。

```
                    全球主要離岸金融中心競爭力A
        ┌──────────────┬──────────────┬──────────────┐
   金融市場收益B1    金融市場成本B2    基礎設施B3      制度因素B4
   ┌────┬────┬────┐  ┌────┬────┬────┐ ┌────┬────┬────┐ ┌────┬────┬────┐
   金  金  經  社  投  融  社  交  物  金  營  法  勞
   融  融  濟  會  資  資  會  通  流  融  商  律  動
   市  開  規  財  信  信  融  基  基  基  便  成  參
   場  放  模  富  息  息  資  礎  礎  礎  利  熟  與
   規  度  D3  D4  成  成  成  設  設  設  度  度  度
   模  D2          本  本  本  施  施  施  D11 D12 D13
   D1              D5  D6  D7  D8  D9  D10
```

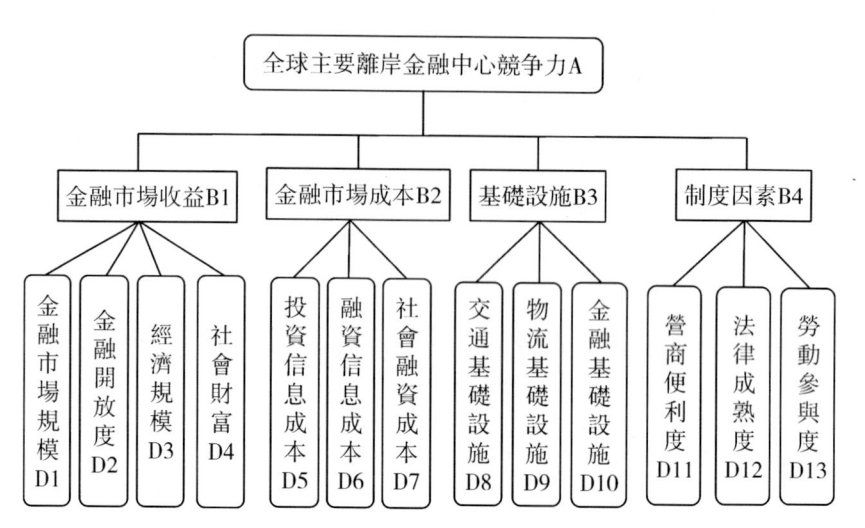

圖 3.8 基於 AHP 法的全球主要離岸金融中心競爭力研究

3.4.3 模型分析與結論

（1）構造對比矩陣

根據上文所述方法，構建對比矩陣 A 及 B~D 層比較矩陣，如表 3.11 所示。

表 3.11 對比矩陣

A	B1	B2	B3	B4
B1	1	1/3	1/4	1/4
B2	3	1	1/2	1/2
B3	4	2	1	1
B4	4	2	1	1
B1	D1	D2	D3	D4
D1	1	1/2	2	4
D2	2	1	3	5
D3	1/2	1/3	1	3
D4	1/4	1/5	1/3	1
B2	D5	D6	D7	
D5	1	3	4	
D6	1/3	1	1/2	
D7	1/4	2	1	
B3	D8	D9	D10	
D8	1	2	3	
D9	1/2	1	2	
D10	1/3	1/2	1	
B4	D11	D12	D13	
D11	1	1/2	3	
D12	2	1	5	
D13	1/3	1/5	1	

（2）進行一致性指標檢驗

首先，計算 A 矩陣的一致性檢驗指標 CI：$CI = \dfrac{\lambda_{max} - n}{n - 1}$

其次，確定相應平均隨機一致性指標 RI（Random Index），如表 3.12 所示。

表 3.12　n 階陣的平均隨機一致性指標

n	1	2	3	4	5	6	7	8	9	10
RI	0	0	0.58	0.90	1.12	1.24	1.32	1.41	1.45	1.49

再次，計算一致性比例 CR：$CR = \dfrac{CI}{RI}$

根據以上一致性指標計算公式，經 Matlab 軟件計算可得 A、B1、B2、B3、B4 對比矩陣的一致性指標 CR 值為：

表 3.13　一致性檢驗結果

一致性檢驗	A	B1	B2	B3	B4
CR	0.0327	0.013	0.0516	0.0048	0

據以上單層次排序結果，計算同一層次所有因素對於總目標（最高層）相對重要性的排序權值並加總，即得到層次總排序。對指標重要度進行量化，可得到離岸金融中心競爭力評價指標體系的最終結果。表 3.14 即離岸金融中心競爭力評價體系總排序權值表。

表 3.14　離岸金融中心競爭力評價體系的總排序權值表

權值	B1 0.538	B2 0.220	B3 0.121	B4 0.121	組合權向量
D1	0.138				0.074
D2	0.084				0.045
D3	0.232				0.125
D4	0.547				0.294
D5		0.124			0.027
D6		0.518			0.114
D7		0.359			0.079
D8			0.163		0.020
D9			0.297		0.036
D10			0.540		0.065
D11				0.309	0.037
D12				0.582	0.070
D13				0.109	0.013

通過計算，CR（總排序）= 0.020 < 0.1，說明層次總排序通過了一致性檢驗，所得的總排序權值是可接受的。由此可以得出離岸金融中心競爭力評價體系的相對重要程度。金融市場成因要素評價權值順序表如表 3.15 所示。

表 3.15　金融市場成因要素評價權值順序表

指標		權重
融資訊息成本	D6	0.074
社會融資成本	D7	0.045
社會財富	D4	0.125
投資訊息成本	D5	0.294
經濟規模	D3	0.027
金融基礎設施	D10	0.114
金融市場規模	D1	0.079
物流基礎設施	D9	0.020
金融市場開放度	D2	0.036
交通基礎設施	D8	0.065
營商便利度	D11	0.037
法律成熟度	D12	0.070
勞動力參與度	D13	0.013

根據以上得出的權重和 2014 年相關指標數據，將其進行加權得出 10 個全球主要離岸中心競爭力優勢的排序結果，如表 3.16 所示。

表 3.16　全球主要離岸中心競爭力優勢排序表

全球主要離岸中心	競爭力優勢排序
美國	1
英國	2
盧森堡	3
日本	4
德國	5
瑞士	6
香港	7
新加坡	8
百慕達	9
巴林	10

從以上分析可知，按照所得權重進行加權計算，發現美國、英國、盧森堡在全球主要離岸金融中心中具有較強的綜合競爭力。上述三個國家的金融市場高度發達，營商環境較為自由，政治穩定性較高，同時具有豐富的離岸金融中心發展經驗，這對於人民幣離岸金融中心的區位佈局具有較強的指導意義。

3.5 本章小結

本章系統梳理了全球主要離岸金融中心的發展歷程，分別從發展模式、監管制度、稅收制度、法律制度、區位分佈等角度進行了深入研究，得出如下結論：

①離岸金融中心形成與發展的動力在於經濟發展和金融市場的變革，這為離岸金融中心的發展奠定了基礎。在金融一體化和金融自由化的背景下，世界各地區的經濟活動日趨緊密，跨市場的互聯互通合作進一步加強，各地區通過開放金融市場，鼓勵金融創新，優化金融監管，推動了國際資金在全球各離岸金融中心的流動，優化了全球金融資源的配置效率。

②政府在離岸市場發展中能起到政策引導作用，完善的制度設計是離岸金融中心發展的制度基礎。通過對制度創新、法律法規、監管方式、稅收安排等制度要素進行優化與整合，創造出公開而透明的法治環境、協同而高效的監管環境、優惠的稅收制度，可以推動離岸金融中心的快速發展。

③離岸金融中心的發展需要一定的地理區位的配合，由於離岸金融中心處於全天候、多方位、連續不斷、周而復始地進行交易的複雜的金融系統中，優越的地理區位佈局能有效減少金融交易成本，便利的交通通達條件有利於形成信息腹地，便於金融機構的聚集與集中。此外，良好的金融基礎設施條件、先進的網絡通信技術的發展、公正而透明的金融生態、良好的人文環境和適宜的氣候環境對於離岸金融中心的發展也有重要的影響。

④離岸金融中心應結合本地區的現實經濟發展條件、金融市場發展階段、金融監管手段等自身情況而選擇相應的離岸金融業務模式。需要謹慎開展離岸金融的創新業務，適時動態調整金融自由化的速度與規模，採取循序漸進、逐步放開的過程來對待金融創新。同時，應有效監控離岸市場的國際資本跨境流動，就離岸金融發展態勢進行動態評估和政策調整。

⑤本書根據層次分析法，得出美國、英國、盧森堡在全球離岸金融中心的綜合競爭力較強。從政治和經濟優勢而言，上述三個國家的政治穩定性較高，同時，金融體制發展也較為完善，具有豐富的離岸金融中心實踐經驗，這對於人民幣離岸金融中心的區位佈局具有較強的指導意義。

4 人民幣業務在主要離岸金融中心的發展現狀

目前，人民幣業務主要分佈於中國香港、倫敦、新加坡、盧森堡等離岸金融市場，其中中國香港是最大的離岸人民幣市場，擁有全球最大的離岸人民幣資金池。本章主要分析人民幣業務在全球主要離岸金融中心的發展現狀以及存在的問題與挑戰，以期為人民幣離岸金融中心區位選擇提供借鑑。

4.1 中國香港人民幣離岸業務發展現狀

4.1.1 中國香港人民幣離岸業務發展歷程

2004年2月，中國香港以試點形式開辦個人人民幣存款、匯兌、匯款和人民幣銀行卡四項業務，標誌著人民幣業務在港正式落地。2009年7月，中國人民銀行與中銀香港簽署了《關於人民幣業務的清算協議》，中銀香港成為中國香港唯一的人民幣清算行，標誌著人民幣跨境收付信息管理系統（RCPMIS）正式在中國香港運行。隨著跨境貿易人民幣結算試點計劃於2010年7月擴大試點範圍，香港銀行可以提供多種人民幣業務，包括貿易融資、人民幣存款證、人民幣債券以及其他相關產品和服務，推動了中國香港人民幣離岸金融市場的快速發展。

中國香港作為全球最大的離岸人民幣業務交易市場，截至2015年12月，已有157家持牌銀行獲準開辦人民幣業務，225家銀行獲得人民幣清算平臺參加資格，人民幣收付交易量約占全球人民幣離岸市場交易量的70%，人民幣外匯現貨及遠期交易平均每日成交額為300億美元①，截至2015年9月，中國香港的全球人民幣支付業務量排名第一，全球占比為69.8%。

---

① 數據來源：中國香港金融管理局《市場數據與統計資料》。

4.1.2 中國香港人民幣離岸業務市場結構

(1) 中國香港人民幣離岸業務產品類型

自 2009 年跨境貿易人民幣結算推出後,中國香港已發展為全球最大的離岸人民幣結算中心,逐漸涵蓋了存款業務、債券業務、權益業務、資金業務、保險業務、資產管理業務等多元化的業務類型,如表 4.1 所示。

表 4.1 中國香港人民幣離岸業務的主要產品類型

種類	具體業務	首次出現時間	參與的市場主體
存款業務	存匯款、貨幣兌換等個人業務	2004 年 2 月 24 日	中銀香港
	貿易融資貸款業務	2009 年 7 月 14 日	中銀香港
	人民幣流動資金貸款	2010 年 3 月	中銀香港
	人民幣存款證業務	2010 年 7 月 6 日	中信銀行（國際）
	人民幣保本結構性存款業務	2010 年 7 月 19 日	渣打銀行（中國香港）
	看跌人民幣結構性存款產品	2014 年 5 月	中銀香港
	銀團貸款業務	2010 年 11 月	恒生銀行
債券業務	境內金融機構債券	2007 年 6 月	國家開發銀行
	人民幣主權債券	2009 年 9 月 28 日	中國財政部
	人民幣企業債券(香港公司發行)	2010 年 7 月 13 日	合和公路基建
	境內非金融機構債券	2010 年 11 月	寶鋼集團
	人民幣企業債券(跨國公司發行)	2010 年 8 月 19 日	麥當勞
	擔保機構擔保的人民幣債券	2015 年 3 月 5 日	金紫荊投資
權益業務	人民幣計價股票 IPO	2011 年 4 月 29 日	匯賢產業信託
	人民幣計價的公募基金	2010 年 8 月 31 日	海通香港
	人民幣黃金 ETF	2012 年 2 月 15 日	恒生銀行
	人民幣計價權證	2012 年 12 月 19 日	法國巴黎銀行
	人民幣 RQFIIA 股 ETF 基金	2012 年 7 月 17 日	華夏香港
資金業務	人民幣外匯期貨	2012 年 9 月 17 日	香港聯合交易所
	人民幣無本金交割期權	1996 年	香港 CNH 市場
	離岸人民幣期權	2010 年 10 月 8 日	匯豐控股
	人民幣利率互換	2010 年 10 月 22 日	匯豐銀行、德意志銀行
	人民幣利率互換期權	2010 年 11 月	匯豐銀行、巴黎銀行
	人民幣外匯掉期	2010 年 7 月 20 日	中信國際、工銀亞洲
	人民幣同業拆借	2009 年 11 月	中銀香港
保險業務	人民幣保險業務	2009 年	匯豐人壽、中銀保險
資管業務	人民理財產品	2010 年 7 月	交銀香港、中國人壽

資料來源：根據香港金融管理局相關資料整理。

（2）中國香港人民幣離岸業務結算機制

目前，中國香港人民幣業務的金融基礎設施完善，已建成穩健而高效的跨幣種、多層面的人民幣結算系統，金融結算網絡已涵蓋中國香港本地及境外市場。同時，CMU 系統（債務工具中央結算系統）也與亞洲地區和歐美地區的中央證券託管機構實現雙邊聯網，其中包括中央國債登記結算有限責任公司、歐洲清算系統、明訊結算系統、韓國預托決濟院等託管機構，如圖 4.1 所示。

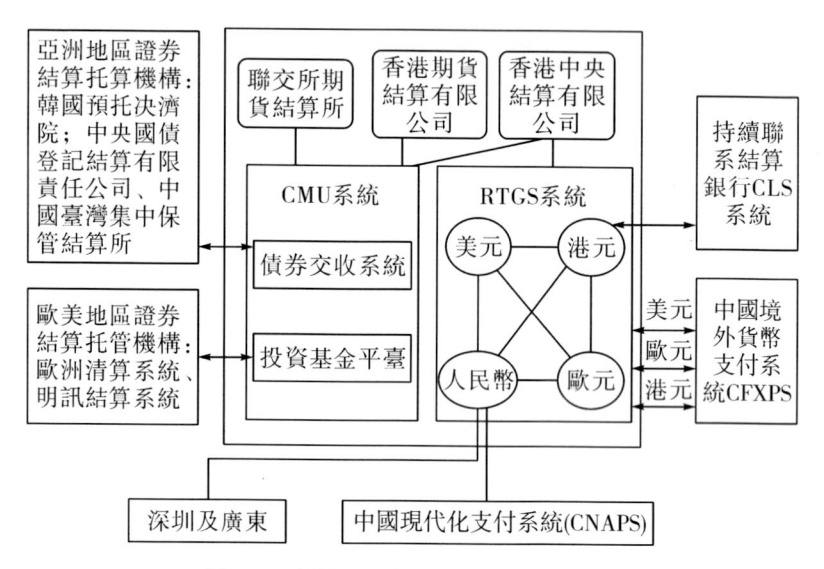

圖 4.1　中國香港人民幣業務的運行機制

資料來源：根據中國香港金融管理局《2014 年年報》整理而得。

（3）中國香港人民幣離岸業務微觀市場結構

2010 年 7 月，中國人民銀行和中國香港金融管理局簽署了《香港銀行人民幣業務的清算協議》，奠定了中國香港離岸人民幣市場（CNH）的發展基礎。加上原有的境內在岸人民幣市場（CNY）以及人民幣離岸無本金交割市場（NDF），上述三大市場均擁有不同的市場參與主體、不同的金融監管者，以及不同的市場定價機制①，形成了「一種貨幣、兩種制度、三大市場」的市場結構。

CNY、CNH、NDF 這三大市場均是以人民幣作為交易貨幣，但形成了三種差異化的定價機制②。表 4.2 列舉了 CNY、CNH、NDF 三大市場的微觀結構，

---

① 伍戈，裴誠. 境內外人民幣匯率價格關係的定量研究 [J]. 金融研究，2012（9）：62-73.
② 張光平. 人民幣國際化與產品創新 [M]. 北京：中國金融出版社，2013：119-138.

分別從成立時間、監管機構、市場開放度、定價機制、清算方式、交易品種等方面進行了對比與總結。

表 4.2 CNY、CNH、NDF 三大市場的微觀結構對比

三大市場	CNY 市場	CNH 市場	NDF 市場（中國香港）
市場名稱	境內在岸人民幣市場	中國香港離岸人民幣市場	中國香港人民幣離岸無本金交割市場
成立時間	1994 年	2010 年 7 月	1996 年
市場參與主體	中國人民銀行、境內商業銀行、政策性銀行、境外銀行、財務公司、經批准的境外中央銀行和其他官方儲備管理機構、國際金融組織、主權財富基金	境外企業、境外貿易商、境外投資機構、銀行和對沖基金	境外企業、境外貿易商、境外投資機構、銀行和對沖基金
監管機構	中國人民銀行、國家外匯管理局	無直接監管機構	中國香港金融管理局與中國人民銀行合作
市場開放度	監管嚴格	除定盤外無管制	大部分自由化
定價機制	以市場供求為基礎，參考一籃子貨幣進行調節，採用浮動匯率制度	市場供求決定	市場供求決定
波動區間	中間價±2%幅度內浮動	自由浮動	自由浮動
交易方式	集中競價與雙邊詢價	逐筆交易逐筆結算	OTC 交易
清算方式	集中清算和雙邊清算	通過 RTGS 系統清算	雙方用現金結算盈虧
交易時間	9:30—23:30	週一 9:00—週六 5:00，週日 6:00—9:00 休市	場外市場交易
日交易量	約 550 億美元	2,300 億美元	50 億美元
交易品種	即期、遠期、掉期、期權、貨幣掉期	外匯即期、遠期、外匯掉期、貨幣掉期和期權交易	即期、遠期、掉期和期權
反應的信息	反應在岸銀行間市場外匯市場對人民幣的供求信息	反應境外投資者對人民幣升（貶）值的預期	反應中國香港離岸市場對人民幣的供求信息

資料來源：中國香港金融管理局、中國人民銀行、中國外匯交易中心。

4.2 中國香港人民幣離岸業務面臨的問題

4.2.1 中國香港人民幣離岸貨幣市場面臨的問題

（1）存款與貸款比例失衡

目前，中國香港是全球最大的離岸人民幣儲蓄資金池。如圖 4.2 所示，人民幣存款總額從 2010 年 1 月的 639.5 億元增長到 2015 年 12 月的 8,511 億元[①]。但經歷 2015 年 8 月—12 月人民幣匯率大幅貶值後，人民幣存款規模下降了 13%，而同期人民幣貸款餘額卻增長 15.32%，反應了 CNH 市場對人民幣貶值預期開始上升，市場主體為規避人民幣貶值的匯兌風險，將美元貸款置換為人民幣貸款的需求上升。2015 年 12 月，中國香港人民幣業務存貸比為 2.74：1[②]，失衡的存貸比制約了銀行系統的貨幣創造能力。從金融市場的廣度看，以人民幣計價的金融產品有待豐富，投資者結構有待多元化；從金融市場的深度看，人民幣資產存量規模依然有限，債券市場與外匯市場的日均交易量較小，其流動性尚待提高。

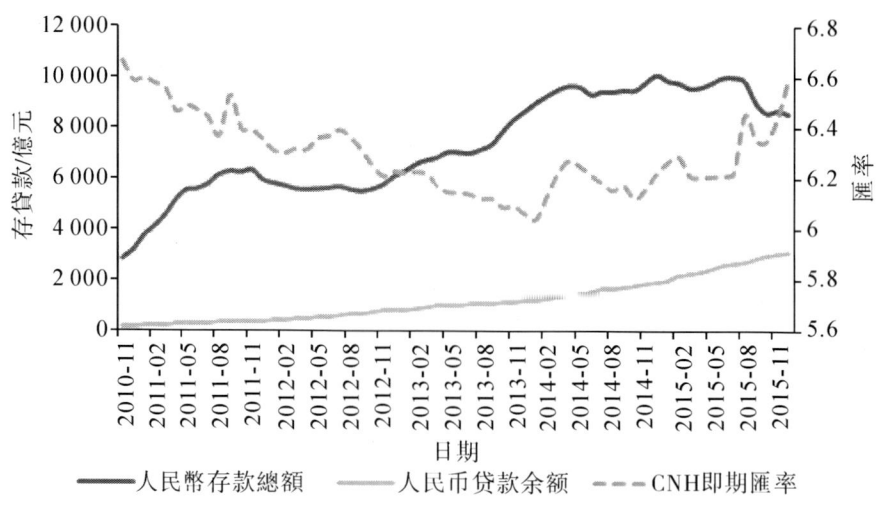

圖 4.2 中國香港離岸人民幣市場存貸款餘額變動情況

資料來源：中國香港金融管理局網站。

---

① 數據來源：中國香港金融管理局《金融數據月報》。
② 數據來源：Wind 數據。

（2）貿易結算結構不平衡

自跨境貿易人民幣結算試點範圍擴大以來，中國香港跨境貿易年結算額從 2011 年的 19,149 億元增長至 2015 年的 68,329 億元，年均復合增長率為 37.44%①。一般而言，影響跨境貿易結算的因素主要包括國際貿易格局及國際金融市場狀況、貨幣國的產業類型與貿易結構②。圖 4.3 反應了中國香港跨境貿易結算量受人民幣匯率波動的影響顯著，當人民幣處於升值週期中，人民幣跨境貿易結算呈現了「跛足型」的特徵③，表現為企業在進口環節支付的人民幣結算量大於出口環節的人民幣結算量，即人民幣在進口端單向替代了美元；而當人民幣步入貶值週期後，人民幣實付實收比曲線則呈現下降趨勢。究其原因，主要有三點：第一，當人民幣匯率步入貶值趨勢且境外企業向中國企業出口時，為規避匯兌損失，偏好持有美元收款；第二，人民幣國際化剛剛起步，境外離岸市場的人民幣存量規模有限，導致境外企業人民幣貿易融資成本較高；第三，中國企業缺乏在全球範圍內產業鏈的資源配置權和定價權，導致對外支付結算時，貨幣選擇權的議價能力較弱。

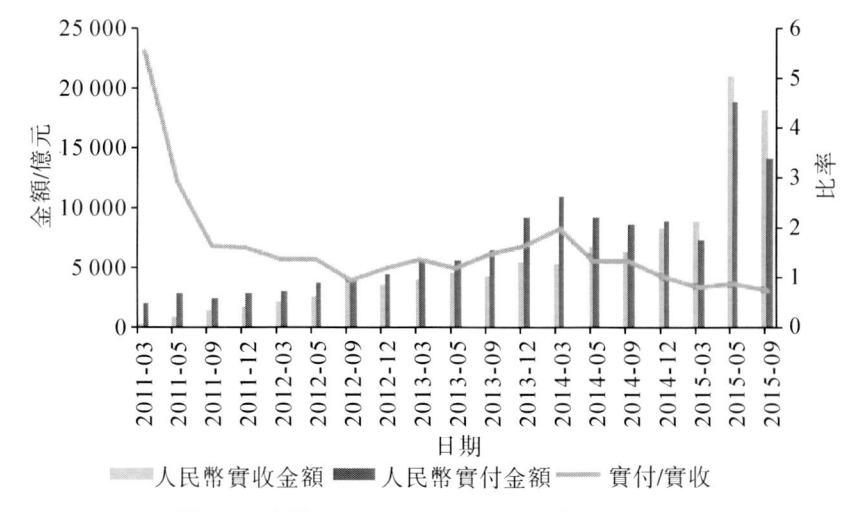

圖 4.3 中國香港跨境貿易人民幣結算結構不平衡

資料來源：Wind 數據。

---

① 數據來源：中國香港金融管理局《金融數據月報》。
② 李波，伍戈. 升值預期與跨境貿易人民幣結算：結算貨幣選擇視角的經驗研究 [J]. 世界經濟，2013（1）：103.
③ 殷劍峰. 人民幣國際化：「貿易結算+離岸市場」，還是「資本輸出+跨國企業」？——以日元國際化的教訓為例 [J]. 國際經濟評論，2011（4）：53-68.

4.2.2 中國香港人民幣離岸債券市場面臨的問題

中國香港 CNH 市場建立之後，人民幣存款總額呈現快速增長勢頭，為人民幣債券市場打下了堅實的資金池基礎，目前，中國香港是離岸人民幣債券最大的發行市場和託管市場。自 2007 年 7 月至 2016 年 1 月，中國香港離岸人民幣債券市場共發行 487 只人民幣計價債券，累計發行金額為 5,498.7 億元[①]。具體而言，2007 年至 2009 年，是中國香港離岸人民幣債券市場的萌芽期，債券發行規模較小，三年累計發行額為 384.4 億元，且發行主體較為單一，主要為金融機構。2010 年至 2014 年，是中國香港離岸人民幣債券市場的快速發展階段，發行規模從 357.6 億元增長至 1,501.75 億元，年均復合增長率 43%，主要受益於跨境貿易結算業務試點擴大至全國範圍，推動了中國香港離岸市場人民幣資金池規模迅速擴大，也引發了對人民幣資產配置需求的上升。而 2015 年下半年以來，隨著人民幣步入貶值週期，投資者購買中國香港人民幣債券的積極性有所下降，離岸人民幣債券發行總量有所回落，全年共發行人民幣債券 504.91 億元[②]（見圖 4.4）。

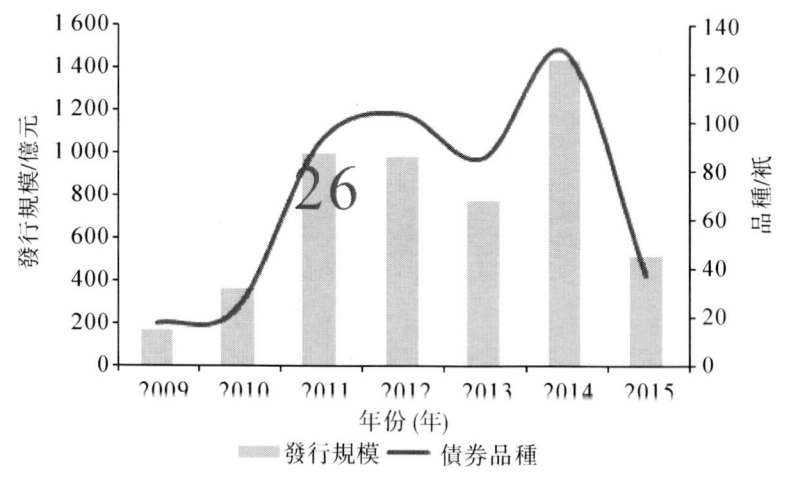

圖 4.4　2009—2015 年中國香港離岸人民幣債券市場的發行規模
資料來源：Wind 數據。

中國香港離岸人民幣債券市場雖然取得了長足發展，但債券市場的基礎性制度尚不健全，依舊面臨一些問題和挑戰，主要體現在以下幾點。

---

① 數據來源：中國香港金融管理局、香港聯合交易所。
② 數據來源：Wind 數據。

(1) 缺乏有效的債券定價基準利率

境外成熟的債券發行市場大多以基準利率加點的方式來發行債券，但中國香港目前僅有中銀香港、交行香港分行等 13 家機構提供人民幣拆借利率報價，導致 CNH 市場尚未形成有效的人民幣基準利率。在此背景下，發行人偏好於發行固定利率債券以鎖定融資成本。截至 2015 年 12 月，中國香港固定利率債券存量為 3,977.91 億元[1]，而浮動利率債券的發行額較少，只有匯豐銀行和國開行發行的 3 只共計 40 億元的浮息債券，固定利率債券與浮息債券的發行結構嚴重失衡，抑制了國際機構投資者投資 CNH 市場人民幣債券的積極性。

(2) 長期債券占比少，債券收益率曲線尚未形成

由於中國香港離岸人民幣債券市場成立時間較短[2]，成立尚不足 10 年，債券的期限結構主要以短期為主，缺失長期債券的樣本數據，導致債券收益率曲線還未形成，無法對債券發行人、投資者、監管機構形成有價值的估值參考體系。

從圖 4.5 中可以看出中國香港離岸人民幣債券市場的期限結構主要以短期為主[3]。截至 2015 年 12 月，中國香港人民幣債券市場 1~3 年的債券存量占比為 71%，3~5 年的債券存量占比為 20%，5~10 年的債券存量占比為 7%，10 年以上的債券存量占比為 2%。從債券種類看，金融債券的期限結構以 2~3 年為主，占比為 42%；企業債的期限結構以 3 年期為主，占比為 67.3%；政府債

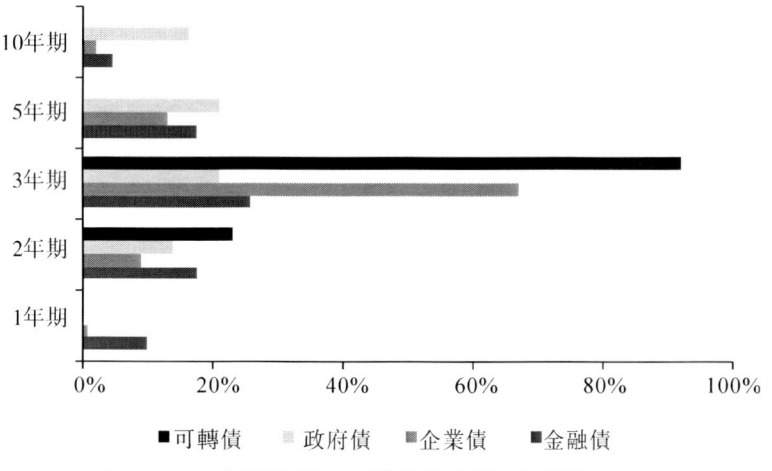

圖 4.5　中國香港離岸人民幣債券市場長期債券占比少

資料來源：Wind 數據。

---

[1] 數據來源：Wind 數據。

[2] 2007 年 6 月，國家開發銀行在中國香港債務工具中央結算系統發行了 50 億元 2 年期的人民幣計價債券，標誌著中國香港離岸人民幣債券市場正式成立。

[3] 數據來源：Wind 數據。

券的期限結構以 3~5 年為主，占比為 41%；可轉債的期限結構以 3 年期為主，占比為 92.3%。從債券剩餘期限角度看，存量人民幣債券加權平均剩餘期限為 2.06 年，金融債平均剩餘期限為 4.86 年，企業債平均剩餘年限為 1.92 年，政府債券平均剩餘年限為 3.34 年。可見，債券的期限結構主要集中於短期，而長期債券在中國香港離岸人民幣債券市場中占比過低，無法對債券收益率曲線的構建形成數據支撐。

現階段，可以鼓勵政策性商業銀行、央企、國企在中國香港離岸市場發行中長期金融債和企業債，擴大在中國香港人民幣市場的滾動發債規模，形成期限分佈合理的債券結構，為中國香港人民幣離岸市場形成健全、完善的債券收益曲線奠定基礎。同時，隨著人民幣在中國香港流通規模的擴大，要積極提高中國香港市場的人民幣同業拆借利率，形成市場化定價機制的人民幣基準利率，以反應離岸市場的資金供需情況，從而為中國香港市場人民幣計價的金融產品奠定定價基礎，從而穩定並促進中國香港人民幣離岸市場的發展。

（3）債券評級體系不完善

由於中國香港離岸人民幣債券市場處於起步階段，離岸人民幣債券的評級體系尚未完全建立起來，體現為絕大部分「點心債」均無主要國際評級機構的信用評級。截至 2015 年 12 月，68% 的離岸人民幣債券尚未進行評級，其中 AAA 級債券占離岸人民幣債券的 8%，AA 級占 9%，A 級占 9%；BBB 級債券占 2%，BB 級債券占 1%，B 級債券占 3%，如圖 4.6 所示。

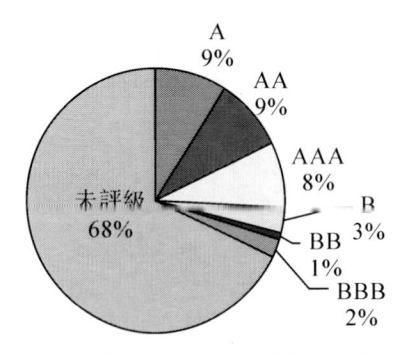

圖 4.6　2015 年中國香港離岸人民幣債券市場的評級情況

資料來源：Bloomberg 數據。

目前，由企業發行、沒有進行信用評級的「點心債」已成為離岸人民幣債券一、二級市場交易的主要部分。這種現象之所以存在，主要原因在於：首先，在人民幣升值的背景下，國際市場對人民幣計價的金融資產配置需求旺盛，加之中國香港的「點心債」體量較小，債券供應有限，發債主體的議價

能力較強，且投資人對債券評級並不敏感①；其次，人民幣債券發行主體信用級別較高，投資者較為認同。從債券存量規模比例來看，財政部發行的人民幣國債占比為21.6%，股份制商業銀行發行的債券占比為16.17%，因此便於投資者進行風險識別。

（4）二級市場債券交投不活躍

目前，中國香港「點心債」主要在中國香港債務工具中央結算系統（CMU）和香港聯合交易所掛牌交易。截至2016年1月，人民幣債券在中央結算系統（CMU）和香港聯合交易所的累計發行額分別為2,514.95億元和2,983.75億元②，其中，金融債、企業債在香港聯合交易所分別發行了46只和108只；金融債、企業債在中國香港債務工具中央結算系統（CMU）分別發行了155只和124只。但中國香港離岸人民幣債券市場的存量規模有限，一級市場的投資者大多將債券持有至到期，導致二級市場的交易、投資清淡。目前，二級市場流動性較好的債券品種是財政部發行的國債，其次是境內金融機構發行的金融債，其餘的債券品種報價均不活躍，成交量不高，債券二級市場的廣度與深度仍有待提高。

4.3 倫敦人民幣離岸業務發展現狀

4.3.1 倫敦人民幣離岸業務發展歷程

倫敦作為全球最大的外匯交易中心和第二大國際金融中心，匯集了全球眾多金融機構，無論在金融創新還是服務的多樣性上，均具有較強的競爭力。憑藉其優越的地理區位、時區優勢、成熟的法律體系、透明的監管體系、高度開放的金融市場、發達的金融基礎設施、專業的金融從業人員以及開放自由的營商環境，倫敦已成為歐洲最大的人民幣離岸金融市場和人民幣交易財資中心③，並於2016年4月超越新加坡成為全球第二大離岸人民幣清算中心④，人民幣貿易融資和外匯交易是倫敦人民幣離岸市場的主要優勢。

自2011年9月第四次「中英經濟財金對話」正式確立發展倫敦人民幣離

---

① 楊勤宇. 香港離岸人民幣債券市場的評級現狀 [J]. 中國金融，2011（20）：51-52.
② 數據來源：Wind 數據。
③ 數據來源：環球銀行金融電信協會2013年6月發布的《人民幣追蹤報告》。
④ 數據來源：環球銀行金融電信協會2016年4月發布的《人民幣追蹤報告》。

岸金融業務以來，倫敦人民幣離岸市場的流動性逐步提高，人民幣貿易融資和外匯交易業務取得了較快發展。倫敦離岸人民幣市場的快速發展，是市場自發形成和政府政策引導雙向結合的過程，包含著多方面的因素：首先，跨境貿易結算和對外直接投資的增長為倫敦離岸人民幣市場奠定了基礎；其次，中國人民銀行與英格蘭銀行簽署了 3,500 億元互換協議，為倫敦人民幣離岸市場發展提供了充足的流動性；再次，金融基礎設施進一步完善，目前中國建設銀行已作為人民幣清算行入駐倫敦，為人民幣的支付清算提供了便利；最後，RQFII 和「滬倫通」等回流機制正穩步推進，為境外投資者進入中國境內資本市場開闢了新的渠道，增強了境外投資者持有人民幣資產的信心。

總體而言，倫敦人民幣離岸金融業務主要經歷了兩大發展階段：初步形成階段（2011 年 9 月—2013 年 9 月）和快速發展階段（2013 年 10 月至今）。2011 年 9 月，第四次「中英經濟財金對話」確立了利用倫敦國際金融中心的地位推動人民幣離岸市場建設的合作意願，標誌著從國家層面正式啟動倫敦人民幣離岸金融業務發展的進程。2013 年 10 月，第五次「中英經濟財金對話」確定了中國人民銀行與倫敦金融城建立合作聯繫。表 4.3 總結了倫敦人民幣離岸金融市場發展過程中的一系列重大事件和重要政策。

表 4.3　倫敦人民幣離岸金融業務的發展歷程

發展階段	日期	重大進展
初步形成階段	2011 年 9 月	第四次「中英經濟財金對話」確立了發展倫敦人民幣離岸金融業務的計劃
	2011 年 12 月	倫敦金融城確立倫敦人民幣業務中心建設計劃
	2012 年 1 月	英國財政部和中國香港金融管理局宣布合作發展人民幣離岸業務
	2012 年 4 月	倫敦金融城正式推出人民幣業務中心計劃，旨在推動倫敦發展成為人民幣國際業務的「西方中心」，並進一步推動人民幣在國際貿易和投資中的使用
	2012 年 4 月	匯豐銀行在倫敦發行了首支離岸人民幣債券
	2012 年 5 月	「倫敦-香港」人民幣論壇第一次會議在中國香港召開，討論推進人民幣支付與清算基礎建設、產品和市場發展，提升人民幣流動性等
	2012 年 6 月	中國香港人民幣即時支付結算系統（RTGS）運行時間延長至 23：30（倫敦時間 15：30）
	2012 年 7 月	巴西銀行在倫敦發行 1.66 億元離岸人民幣債券
	2012 年 11 月	中國建設銀行在倫敦發行了 10 億元離岸人民幣債券
	2013 年 6 月	中國人民銀行與英格蘭銀行簽署了規模為 2,000 億元/200 億英鎊的中英雙邊本幣互換協議

表4.4(續)

發展階段	日期	重大進展
快速發展階段	2013年10月	第五次「中英經濟財金對話」達成的協議：①英國獲得800億元的RQFII額度；②雙方同意開展人民幣與英鎊的直接交易；③支持倫敦人民幣離岸金融中心擁有持續獲得足夠流動性的途徑
	2013年11月	中國工商銀行倫敦分行發行20億元計價的離岸債券
	2014年3月	中國人民銀行與英格蘭銀行簽署了在倫敦建立人民幣清算和結算諒備忘錄
	2014年6月	中國銀行與渣打銀行（中國）完成銀行間首筆人民幣對英鎊直接交易
	2014年6月	中國銀行倫敦分行與三菱日聯（中國香港）在倫敦外匯市場完成首筆即期英鎊兌離岸人民幣直接報價交易
	2014年6月	中國人民銀行授權中國外匯交易中心在銀行間外匯市場開展人民幣對英鎊直接交易，交通銀行和渣打銀行作為首批人民幣對英鎊直接交易做市商
	2014年6月	中國人民銀行宣布中國建設銀行（倫敦）有限公司擔任倫敦人民幣業務清算行
	2014年9月	國家開發銀行在倫敦發行首只20億元的準主權人民幣債券
	2014年10月	英國財政部發行了首只規模為30億元計價國債，債券發行收入將被納入英國外匯儲備
	2015年3月	中國建設銀行在倫敦證券交易所發行了首只人民幣合格境外機構投資者（RQFII）貨幣市場ETF基金
	2015年10月	中國人民銀行以簿記建檔方式發行50億元央行票據
	2015年10月	中國人民銀行與英格蘭銀行續簽雙邊本幣互換協議，並將互換規模提高至3,500億元/350億英鎊
	2016年6月	中國財政部首次在倫敦證券交易所發行30億國債

資料來源：中國人民銀行、倫敦金融城。

4.3.2 倫敦人民幣離岸業務產品類型

（1）外匯交易品種以可交割類外匯產品為主

倫敦人民幣離岸外匯交易品種以人民幣計價的可交割類外匯和無本金交割類外匯為主。人民幣資本項目尚未完全開放，導致倫敦人民幣離岸市場發展初期主要以人民幣無本金交割外匯產品為主，該交易品種打破了人民幣非自由兌換帶來的人民幣可交割交易流動性不足的局限性。但第五次「中英經濟財金對話」出拾的多項有利政策落地（包括開展人民幣與英鎊直接交易、支持倫

敦人民幣離岸金融市場獲得充足的人民幣流動性等），促進了倫敦人民幣離岸金融業務的快速發展。

從圖4.7可以看出，自2013年以來，可交割類外匯日均交易量開始超過無本金交割類外匯，本金交割類人民幣外匯產品的日均交易量呈現逐年增大的趨勢[①]，且這種格局一直延續至今，這反應了倫敦人民幣離岸金融市場上人民幣流動性顯著增強，從而提高了人民幣本金可交割合約的市場認可度，也促進了倫敦離岸人民幣匯率市場化定價機制的形成。

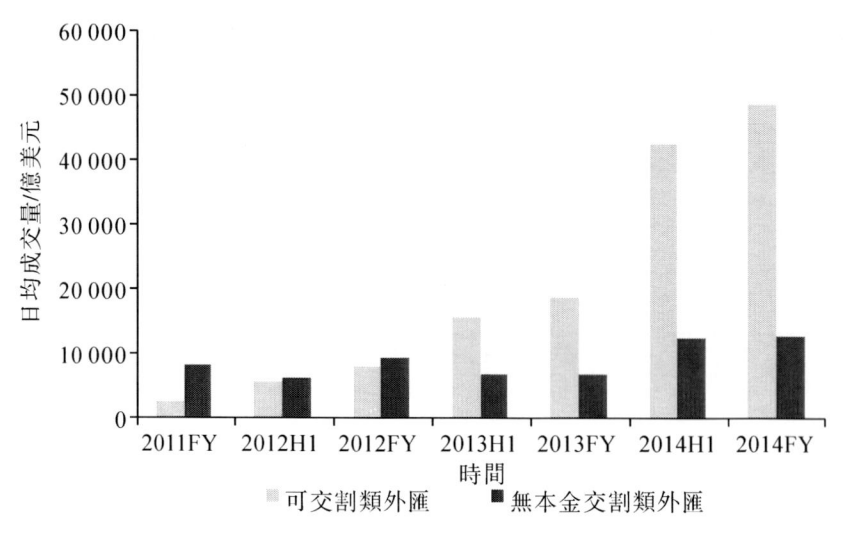

圖 4.7　倫敦人民幣外匯交易品種日均成交量

資料來源：倫敦金融城。

（2）可交割類外匯產品以即期和掉期為主

2014年，在倫敦離岸市場上交易的可交割類人民幣外匯產品中，即期外匯、遠期外匯、外匯掉期和外匯期權分別占比為37.5%、12.21%、37.87%和11.76%[①]，形成了即期外匯和掉期外匯產品占主導的局面。此外，外匯衍生品也開始交投活躍，2014年可交割類外匯衍生品日均成交額為305.39億美元，占全部可交割類外匯交易總額的62.46%，其中，人民幣利率互換和人民幣交叉貨幣互換的日均交易額分別為1億美元、2.97億美元。

從圖4.8可以看出，2011年至2014年，倫敦離岸人民幣外匯市場可交割類產品的即期、遠期、掉期和期權這四大類人民幣外匯產品日均交易量呈現逐

---

① 數據來源：倫敦金融城《2014年倫敦人民幣業務年報》。

年增長的態勢，尤其是進入 2013 年後，上述四類外匯產品的日均交易量更是出現爆發式增長。2014 年，這四類產品日均交易量分別為 183.5 億美元（同比增長 229%）、59.7 億美元（同比增長 155%）、185 億美元（同比增長 143%）和 57.5 億美元（同比增長 83.77%）。

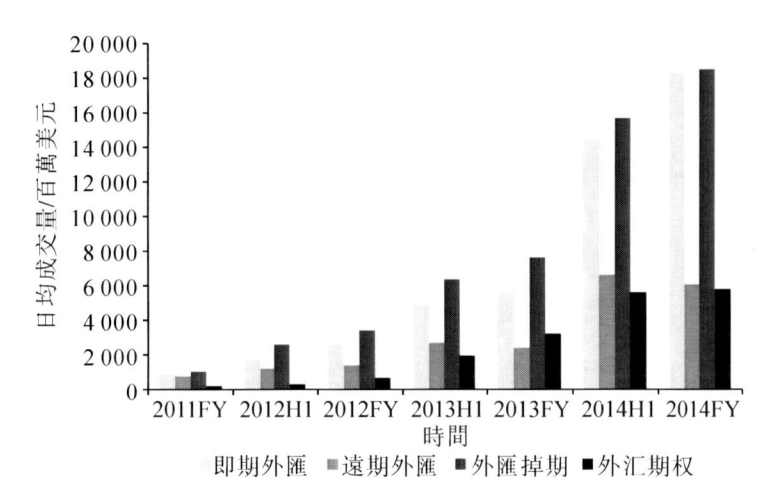

圖 4.8 倫敦人民幣外匯市場可交割類產品交易量

資料來源：倫敦金融城。

（3）進口融資占據貿易融資的主導地位

2014 年，倫敦市場的人民幣貿易融資總額為 352.66 億元，是 2011 年的 2.04 倍。從產品類型來看，貿易融資產品主要包括信用證、進口融資、出口融資三大類。如圖 4.9 所示，2014 年，進口融資在倫敦人民幣貿易融資中占據主導地位，規模為 237.15 億元，占全部人民幣貿易融資總額的 67.24%；占比第二大的是出口融資，規模為 96.86 億元，占比為 27.46%；2014 年，人民幣信用證簽發規模達 18.25 億元，是 2011 年的 4.93 倍，但增長勢頭呈下滑態勢，同比減少 56.67%，信用證目前對於貿易融資不具有較大的吸引力，市場佔有率正被一些傳統貿易信貸產品所取代。

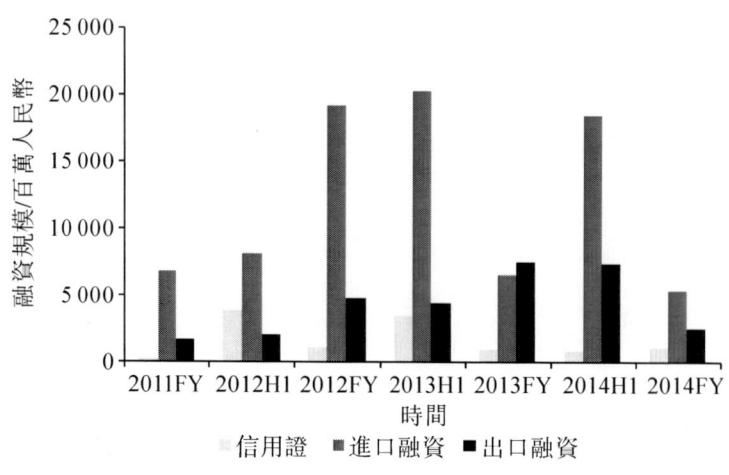

图 4.9　2011—2014 年倫敦人民幣貿易融資規模

資料來源：倫敦金融城。

4.4　倫敦人民幣離岸業務面臨的問題

倫敦離岸金融中心採用內外混合型的營運模式，居民和非居民可以同時經營在岸金融業務與離岸金融業務，且經營離岸業務所受的金融管制較少，營商環境較為自由。目前，倫敦人民幣離岸業務處於起步階段，但發展勢頭迅猛，倫敦現已具備完善的人民幣計價金融產品與服務，人民幣存款、貿易結算、外匯交易、人民幣計價的金融衍生品均取得長足發展，但依然面臨人民幣計價的金融產品供給規模有限、人民幣存款業務發展相對滯後等問題。

4.4.1　人民幣計價金融產品供給規模有限

倫敦人民幣離岸中心發展時間較短，導致市場上以人民幣計價的資金類產品、債券類產品、權益類產品以及金融衍生品、大宗商品等投融資產品的供給規模有限。儘管倫敦是全球最大的外匯交易中心，但人民幣債券在倫敦離岸金融市場的份額卻相對較小。根據 ASIFMA 的統計數據，2013 年，全球離岸市場的人民幣債券發行額總計為 1,106 億元，其中，倫敦人民幣離岸金融市場的人民幣債券發行量僅為 20 億元，占全球離岸市場人民幣債券發行量的 2%[①]（見圖 4.10）。

[①]　數據來源：亞洲證券業與金融市場協會《人民幣路線圖》。

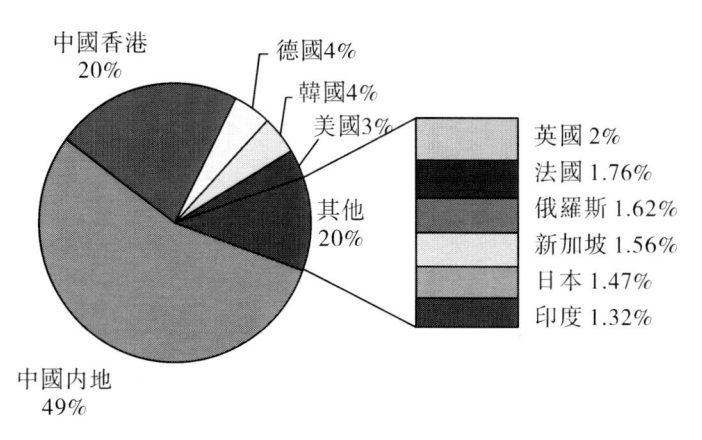

图 4.10 2013年离岸人民币债券发行人所在国家和地区

资料来源：亚洲证券业与金融市场协会。

本书认为造成伦敦人民币债券发行规模较小的局面，主要有三方面：①缺乏有效的基准利率。国际债券发行普遍采用在基准利率上加点的做法，但由于伦敦人民币离岸金融中心尚处于起步阶段，伦敦人民币拆借利率报价机制尚未形成，缺乏可供参考的债券收益率曲线。②人民币的贬值週期抑制了投资者申购的积极性。自2014年6月以来，人民币终止了单边升值的趋势，开始步入贬值週期，在一定程度上抑制了国际投资者申购人民币债券的投资热情。③二级市场的流动性不足。首先，欧洲的人民币债券市场还处于起步阶段，尤其在人民币汇率贬值阶段，投资者更缺乏对人民币债券的投资信心；其次，由于伦敦离岸人民币债券市场发行规模有限，一级市场投资者申购到债券后更倾向于持有至到期，导致二级市场上债券的交易、投资不活跃。

目前，相对于在岸市场而言，伦敦离岸人民币债券市场的债券发行利率较低。因此，伦敦离岸人民币债券的发行人主要以中国财政部和中国境内企业、金融机构为主，其发行规模占债券发行总额的75%以上，而伦敦本地商业主体发行的人民币债券规模则相对较小。从发行人所处的行业看，以金融机构和政府机构占据主导地位，两者合计占据了65%的发行份额，其次是企业，房地产、工业、能源行业各占7%[①]。

4.4.2 人民币存款业务发展相对滞后

伦敦人民币离岸存款业务主要由个人存款、银行同业存款和企业存款三大类构成。其中，个人人民币存款总额规模较小且出现递减的趋势，银行同业存

---

① 数据来源：亚洲证券业与金融市场协会。

款也呈現萎縮態勢，而企業存款總額雖然在 2011—2013 年基本維持在 20 億元左右，但在 2014 年企業存款規模卻呈現爆發式增長，截至 2014 年 12 月，企業存款為 82 億元，較 2013 年年末增加了 173%（見圖 4.11）。

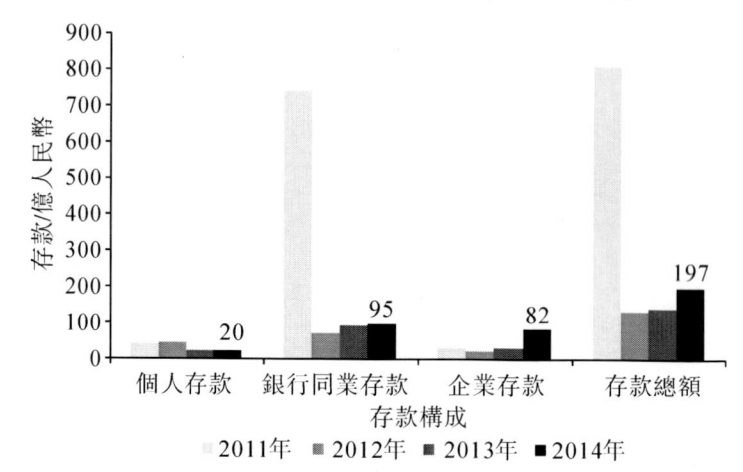

圖 4.11　2011—2014 年倫敦離岸人民幣存款構成
資料來源：倫敦金融城。

相對於中國香港、新加坡兩地人民幣存款規模而言，倫敦人民幣離岸存款業務發展較晚，存款規模較小，這在一定程度上制約了倫敦人民幣資金池功能的發揮。由於 2014 年中英雙邊貿易額僅為 800.7 億美元，且中國對英國順差為 335 億美元[1]，因此人民幣通過經常項目渠道流入倫敦人民幣離岸金融中心的貿易結算量有限。雖然倫敦的人民幣貿易融資近年來穩步增長，但主要是面向進口商發放的人民幣貸款，被進口商用於對外支付貨款而流出了倫敦人民幣離岸金融市場。截至 2014 年 12 月，倫敦的人民幣存款規模僅為 197 億元[2]，中國香港同期則達到了 10,035 億元，其存款規模僅為中國香港的 1.96%。

除了上述提到的通過經常項目的貿易結算流入倫敦市場的人民幣存量有限以外，人民幣存量資金在倫敦市場的投資渠道有限也制約了倫敦人民幣資金池規模的擴大。一方面，倫敦市場人民幣投資產品主要是人民幣債券，但債券的種類較少，且債券市場的廣度與深度還有待發展；另一方面，與其他幣種相比，人民幣貸款利率相對較高，這也抑制了人民幣貸款規模的增長。

倫敦人民幣離岸金融業務處於起步階段，其市場的廣度與深度有限，導致倫敦市場留存的人民幣流動性較少，在一定程度上制約了人民幣貿易融資和人民幣債券市場的進一步發展，不利於形成有效的價格發現機制。

---

[1]　數據來源：UN Comtrade International Trade Statistics Database。
[2]　資料來源：倫敦金融城《2014 年倫敦人民幣業務年報》。

4.5 新加坡人民幣離岸業務發展現狀

新加坡作為全球重要的貿易中心、航運中心和金融中心，在中國與東盟的對外貿易與金融合作中扮演了橋頭堡的角色。自 2009 年新加坡正式啟動離岸人民幣跨境貿易結算業務以來，新加坡目前已成為亞太地區除中國香港以外最大的人民幣離岸金融市場。

新加坡離岸金融市場具有較強的區域輻射力，在外匯市場成交量、金融體系發達程度、人民幣接受度等方面均具有得天獨厚的優勢，推動了新加坡離岸人民幣業務的快速發展，具體的優勢體現在以下幾方面。

（1）區域輻射力強

一方面，作為東盟重要的金融中心，新加坡在東盟與中國的經濟交往中發揮了重要作用。

首先，從中國與東盟的雙邊貿易量看，2015 年，中國與東盟的雙邊貿易額為 4,721.6 億美元，東盟成為中國的第三大貿易夥伴和第二大進口來源地。其中，中國與新加坡的雙邊貿易額為 797.41 億美元，占比為 16.88%。目前，新加坡是中國在東盟的第四大貿易夥伴，而中國是新加坡的第一大貿易夥伴。

其次，從對外直接投資看，2014 年中國和東盟累計雙向投資額為 1,300 億美元，東盟對中國投資超過 900 億美元。其中，2014 年新加坡在華累計投資金額為 723 億美元，連續兩年成為中國最大的外資來源國。此外，新加坡證券交易所也是中國企業海外融資的主要市場之一。中國公司在新加坡證券交易所的上市程序相對簡單，符合條件的擬上市公司一般基本可以在 1 年內實現掛牌交易，目前，在新加坡上市的中國公司有 126 家，僅次於中國香港和紐約上市公司的數量。

另一方面，作為全球具有重要影響力的資金集散中心，新加坡的全球輻射範圍除了包括東盟地區外，還包括南亞、西亞、澳大利亞、新西蘭甚至東非和北非。隨著中國「一帶一路」倡議的實施以及 RCEP 談判的推進，未來，新加坡作為中國與東盟經濟往來的「橋樑」作用將更加突出。以其作為人民幣重要的離岸交易中心，將有助於推動人民幣通過貿易渠道流入亞洲、非洲、大洋洲等地區，加速人民幣的國際化進程。

（2）外匯交易市場發達

新加坡毗鄰馬六甲海峽南口，既是航運要道，又是東盟的中心點，占據重

要的地緣優勢，具有開展全球外匯交易的先天條件。新加坡地處亞、非、歐三大洲的交通要道，可以實現全天候 24 小時的全球外匯市場交易，在時區上，新加坡可以和中國香港、東京、巴林、倫敦、蘇黎世、紐約等國際主要離岸金融中心進行銜接，保證了外匯交易的連續性。此外，新加坡的外匯交易系統與紐約的 CHIPS 系統和歐洲的 SWIFT 直接相連，資金清算交割十分便利。

根據 BIS Triennial Survey 2013 報告，新加坡日均外匯交易額為 3,830 億美元，全球占比為 5.7%，既是全球第三大外匯交易中心，也是亞洲最大的外匯交易中心。新加坡外匯交易市場的發達，提高了新加坡作為全球重要的大宗商品、全球私人銀行業務和財富管理中心的地位，使新加坡離岸市場可以更好地為金融機構和企業的投資和風險管理提供更多的金融產品與服務。

(3) 金融體系結構完善

新加坡金融體系具有金融機構結構相對平衡、金融市場國際化程度高、實行混業綜合監管等特點。

首先，新加坡實行混業綜合監管。新加坡的金融監管主體主要由貨幣發行局、金融管理局、投資局構成。其中，貨幣發行局主要的職能是貨幣發行；金融管理局的職能是金融監管和調控，是新加坡金融體系的核心監管機構，下轄監督政策署、銀行署、保險署、證券期貨署、監管法律服務署、市場體系與風險顧問署。

其次，金融機構的構成較為合理。新加坡的非銀行金融機構發展較為完備，主要由資本市場服務商、金融顧問公司、基金管理公司、信託公司、保險經紀公司、商人銀行、經營亞洲貨幣單位的銀行等構成，其中市場占比最大的三類非銀行機構分別為資本市場服務商、基金公司、保險經紀公司，合計占全部金融機構數量的 53.3%。

(4) 人民幣在新加坡的接受度較高

新加坡離岸金融市場通過設立獨立的簿記單位，即亞洲貨幣單位（ACU），從而將人民幣與新加坡元的帳目系統相分離。目前，新加坡的人民幣離岸金融業務在貨幣市場、債券市場以及證券市場均取得了長足的發展。

新加坡的人民幣個人業務主要集中於人民幣存款和匯款業務，人民幣公司業務主要集中於信用證、跨境貿易結算等領域。新加坡自 2009 年啟動人民幣跨境貿易結算業務以來，人民幣存款規模得到了顯著增長，截至 2015 年 12 月，新加坡的人民幣存款總額為 1,890 億元。

在離岸人民幣存款規模迅速增長的同時，新加坡的跨境貿易人民幣結算額也呈現明顯的增長勢頭。根據新加坡金融監管局統計數據，2015 年上半年，

新加坡與中國境內發生的跨境人民幣結算額為5,700億元，占全球人民幣離岸市場總額的10.1%。在人民幣貿易融資方面，截至2015年9月，新加坡離岸金融市場人民幣貿易融資餘額約為2,510億元。根據2014年SWIFT《人民幣追蹤報告》可知，新加坡的貿易融資總額目前除中國和香港以外地區總量的60%。

4.6　盧森堡人民幣離岸業務發展現狀

目前，盧森堡作為歐洲重要的離岸金融中心，正利用自身在投資基金管理、歐洲債券發行與承銷、私人銀行業務以及銀行間業務等方面的優勢，積極發展人民幣離岸金融業務，致力於成為歐洲人民幣離岸中心。盧森堡的離岸人民幣業務主要包括四個方面，即人民幣存貸款、人民幣債券、人民幣貿易融資和人民幣國際支付，其離岸人民幣市場的優勢主要體現在以下幾方面。

（1）盧森堡人民幣業務種類眾多、增長迅速

盧森堡作為歐洲最大的資金管理中心，擁有歐元區最大的人民幣資金池，在歐洲離岸人民幣中心的競爭中處於領先態勢。截至2014年第一季度，盧森堡人民幣存款總額為794億元，人民幣貸款總額為730億元。盧森堡的人民幣業務種類齊全，人民幣計價的金融產品較為豐富，提供的人民幣公司業務包括存款類業務、貸款類業務、貨幣兌換業務、跨境人民幣結算業務、現金管理類業務；人民幣資本市場與衍生工具包括離岸人民幣債券、證券結算、人民幣金融衍生工具（遠期、期權、掉期）；人民幣投資基金業務包括投資基金和交易所人民幣ETF基金等。近年來，其人民幣業務規模迅猛增長，根據環球銀行金融電信協會（SWIFT）2014年8月發布的《人民幣追蹤報告》顯示，目前歐洲已占全球人民幣支付價值的10%，其中，在人民幣十大支付價值國家（地區）中，盧森堡排名第9位。

（2）盧森堡擁有眾多中資銀行的歐洲總部

目前，中國銀行、中國工商銀行、中國建設銀行均將歐洲總部設在盧森堡。此外，招商銀行和中國農業銀行也準備籌劃在盧森堡設立歐洲總部。受益於中資銀行的歐洲總部聚集盧森堡，近年來盧森堡的人民幣業務發展較快。2014年5月19日，中國銀行在盧森堡發行了規模為15億元的「申根債」，這是首只在盧森堡發行的人民幣計價債券；2014年6月28日，中國人民銀行與盧森堡中央銀行簽署了人民幣清算安排備忘錄；2014年9月5日，中國人民銀

行授權中國工商銀行盧森堡分行擔任人民幣業務清算行,從而建立起了盧森堡人民幣清算機制,有利於促進人民幣資金在歐洲市場的運用,提高人民幣在全球範圍的劃撥效率和使用的便利性。

(3) 盧森堡在證券交易和債券發行方面具有優勢

盧森堡是歐洲最大的人民幣證券結算中心和主要的人民幣計價債券發行地,已經成為歐洲「點心債」發行中心,在歐洲債券發行方面佔有80%的市場份額。盧森堡在人民幣「點心債」發行方面也具有一定的競爭優勢,2011年至2015年,共有103只人民幣「點心債」在盧森堡離岸市場發行。其中,2015年新發行人民幣「點心債」31只,總規模為110億元。截至2016年1月,盧森堡發行的可上市交易的人民幣「點心債」共計59只。在所有人民幣計價債券發行人中,金融機構占65%,企業和國際組織分別占28%和7%。目前,盧森堡已成為除亞洲市場外最大的人民幣離岸債券市場,人民幣「點心債」發行量在亞洲之外地區的總體占比為43%。

(4) 盧森堡是歐洲唯一擁有人民幣計價共同基金的國家

盧森堡是僅次於美國的世界第二、歐洲第一投資基金管理中心,其基金市值超過2.6萬億歐元,同時,盧森堡還是世界最大的UCITS基金(可轉換證券集合投資計劃)註冊地。在人民幣投資基金領域,華夏基金於2010年5月在盧森堡發行了首只可變資本投資基金。截至2015年第三季度,盧森堡投資基金持有的人民幣計價金融資產規模總計為2,084億元,其中股權類資產規模為1,699億元,占比為81.52%;債券類資產規模為382億元,占比為18.3%。此外,在RQFII(人民幣合格境外投資者)基金方面,盧森堡是歐洲最大的RQFII基金註冊地,截至2015年11月,盧森堡的RQFII基金總體資產管理規模為6.32億歐元,占歐洲註冊的RQFII基金規模的79.4%。

綜上,近午來,中國企業「走出去」的步伐明顯加快,在歐洲的跨境投資也快速增長,人民幣離岸金融業務佈局在盧森堡離岸金融市場不僅有利於中歐貿易與投資的發展,而且也有利於人民幣金融交易網絡的形成與拓展,使人民幣國際化得到縱深發展。

4.7 本章小結

本章分析了人民幣業務在中國香港、倫敦、新加坡、盧森堡等全球主要離岸金融中心的發展現狀以及存在的問題與挑戰。通過分析其貨幣市場、債券市

場、外匯市場等微觀金融產品市場，本書發現人民幣業務在中國香港離岸市場存在存款與貸款比例失衡、貿易結算結構不平衡、人民幣債券市場缺乏有效的債券定價基準利率、「點心債」期限結構不合理、人民幣債券收益率曲線尚未形成、債券評級體系不完善、二級市場交投不活躍等發展障礙。通過研究人民幣業務在倫敦離岸市場的發展情況，本書發現倫敦人民幣離岸市場存在人民幣計價的金融產品供給規模有限、人民幣存款業務發展相對滯後、人民幣離岸資金池規模較小等不利因素。

5 人民幣在主要離岸金融中心的分佈研究

5.1 研究背景

人民幣國際化進程離不開人民幣離岸金融中心的發展，目前，人民幣離岸金融中心的建設尚處於起步階段。Jin（2012）指出人民幣離岸金融中心主要分佈於亞洲地區，但現階段由於資本項目尚未開放，以人民幣計價的金融資產在全球主要離岸金融中心的交易量還很小，在一定程度上制約了人民幣國際化的發展進程。在此背景下，如何量化研究人民幣在全球主要離岸金融中心的交易規模分佈情況，進而為人民幣離岸金融中心的區位選擇提供決策依據是亟待解決的現實問題。

Hartmann（1998）提出可通過國際貨幣在國際金融市場上的區位分佈來考察金融中心的地位，並指出國際貨幣具有交易媒介和價值儲藏的功能，因此市場交易主體會把國際貨幣視為金融資產持有。Tavlas（1998）認為國際貨幣是一國貨幣職能從國內延伸至國外，並在國際交易中充當計價單位、交換媒介和保值手段。IMF（2000）將國際貨幣定義為：在國際往來支付中被廣泛使用的以及在主要外匯市場上被廣泛交易的貨幣。Kenen（2011）界定了國際貨幣的兩條標準：第一，從貨幣職能角度來看，國際貨幣是國際市場上普遍接受和使用的貨幣，承擔國際結算的價值尺度、流通手段、支付手段和儲藏手段等貨幣職能的貨幣；第二，從貨幣流通範圍來看，國際貨幣會從一國貨幣的國內流通範圍擴展到貨幣發行國境外地區。

目前，中國香港、倫敦、蘇黎世、法蘭克福、新加坡、紐約等全球主要離岸金融中心均利用各自優勢，競相爭奪人民幣離岸金融業務，積極籌劃在本區

域建立人民幣離岸金融中心。通常，某一國主權貨幣成為國際貨幣後，會在全球各大金融市場行使支付結算、投融資、價值儲藏的貨幣職能，因此在全球的地理空間上有相應的區位分佈（白欽先，張志文，2011）。但是，學術界對於人民幣在全球離岸金融中心區位分佈問題的研究上還處於起步階段，尚未進行系統的量化研究。Cohen（1997）對國際貨幣在全球範圍內的地區分佈進行了定性研究，指出市場因素是影響貨幣區域分佈的主要因素。鐘陽（2013）、姜晶晶（2015）指出經濟規模、政治制度、地理方位、文化差異、貨幣慣性以及網絡外部性等因素都會對國際貨幣在全球的空間區位佈局產生影響。那麼，決定人民幣在全球範圍內空間分佈的因素有哪些？究竟是什麼機制會影響人民幣在全球離岸市場的區位分佈？如何根據人民幣的區位分佈，在既有的國際離岸金融中心進行區位選擇和構建人民幣離岸市場？回答以上問題不僅可以從理論上解釋國際貨幣在全球分佈上的地域差異，也對人民幣在國際離岸金融中心的區位佈局有積極的現實意義與指導作用。

5.2 理論分析與研究假設

5.2.1 理論分析

總體而言，在影響國際貨幣區位分佈的因素中，經濟規模、金融市場發展、地理因素、政治因素、文化因素和離岸市場建設是文獻中關注較多的幾類重要因素，下面我們結合相關研究文獻，分別就上述主要影響因素展開分析。

（1）經濟規模

國際貨幣是一種信用貨幣，體現的是國際社會對貨幣發行國經濟實力與該貨幣國際支付能力的信心（白欽先，2013）。Hartmann（1998）、Ewe-Ghee Lim（2006）、楊雪峰（2010）指出一國的經濟實力是支撐該國主權貨幣成為國際貨幣的首要因素，強大的經濟體量可以支撐本國貨幣購買力基礎和金融市場的發展，從而降低交易成本，產生規模收益遞增效應。Rey（2001）指出一國的國際貿易總量能顯著影響該國貨幣在全球的區位分佈，以美元的國際化為例，儘管在1870年，美國的經濟實力已超越英國，但是直到第二次世界大戰後，美國的進出口規模超越了英國，美元才逐漸替代英鎊成為國際貨幣。陳衛東、李建軍（2010）認為一國對外貿易規模的國際影響力決定著該國貨幣在世界經濟中的定價權。丁一兵、鐘陽（2013）指出貨幣需求國 i 與國際貨幣發行國 j 之間的進出口總量影響著貨幣需求量，若貨幣需求國 i 對國際貨幣發行

國j的進出口總額占i國對外貿易總量的比重較大，則j國貨幣對於i國而言具有很大的吸引力，j國貨幣在i國的區位分佈集中度就越高。Lothian（2003）、Mundell（1998，2003）建立實證模型得出國際貨幣取決於人們對該貨幣幣值穩定的信心，信心主要來自以下因素：貨幣發行國政策的穩定、資本項目管制較少、貨幣交易區域大、貨幣發行國的對外貿易體量較大，進而使得貨幣發行國的幣種成為國際貿易領域和金融市場的主要交易幣種。Lee（2008）研究了東亞主要國家2001—2003年雙邊金融資產持有量的影響因素，發現東亞國家間雙邊的進出口量顯著影響雙邊金融資產的流動。陳雨露（2014）指出從美元、英鎊等國際貨幣的發展歷程看，初期都經歷了對外貿易擴張階段，產生了巨額的經常項目順差，為本幣的對外輸出奠定了物質基礎。陳衛東（2010）以日元的國際化為案例，指出日本雖為貿易導向型發達國家，但是進出口企業定價談判能力較弱，又缺乏國際大宗商品市場的定價權以及高度發達而開放的國內金融市場，導致無法在全球範圍的區域空間上形成有影響力的日元流通與交易市場。因此，國際貿易量僅僅是決定該國貨幣成為國際貨幣的影響因素之一。

（2）金融市場發展

Cooper（1997）強調了金融市場對於推動貨幣國際化的重要性，認為一國金融市場的發展程度和開放程度是該國貨幣國際化進程的重要影響因素。Chinn、Frankel（2007），Truman（2010）等人的研究表明，歐元與日元興起後並沒有替代美元的國際貨幣地位，其主要原因在於美國擁有發達而開放的金融市場。此外，美元在國際儲備、進出口貿易、大宗商品交易、國際金融中的廣泛運用能夠帶來顯著的網絡外部性和在位優勢，促使美元的國際貨幣地位具有維持自我穩定的慣性。Chen、Khan（1997），Herrmann、Mihaljek（2010）指出當資本流入國的金融市場開放程度高且金融市場的廣度與深度發展水準較高時，有利於吸引國際資本的淨流入，擴大國際貨幣在貨幣流入國的使用範圍，從而降低其交易成本和匯兌成本。Forbes（2010，2012）分析了外國投資者偏好於投資美國資本市場的原因，指出由於美國債券市場和證券市場的流動性、開放程度以及金融發展水準較高、資本管制程度較低，因此與美國有緊密貿易聯繫的國家和地區都偏好於投資美國的金融產品。Wooldridge（2009）基於外國投資者持有的美元計價的債券與證券資產數據，運用均值—方差分析法，得出雖然歐元的崛起提升了歐元區資本市場的廣度與深度，但從金融市場規模、金融市場發展深度、市場流動性與多樣性、貨幣慣性等角度看，美元比歐元都更具競爭力。

因此，從美元、歐元、英鎊等國際貨幣的發展歷程來看，發達而完善的開放型金融市場可以滿足金融資產對於安全性、收益性與流動性的要求，可以提供多樣化的金融產品與服務，從而有利於發揮金融市場的資本定價和資源配置功能，滿足國內外市場主體不同風險偏好的需求，增強本國貨幣在國際市場的影響力和吸引力，從而有利於擴大該國貨幣在全球範圍的區位分佈。

(3) 地理因素

Cohen (1997) 指出貨幣關係的空間範圍主要由領土範圍、影響力範圍、交易範圍三個層次構成，貨幣的空間範圍對貨幣的網絡外部性與交易成本有重要的影響，進而影響國際貨幣的空間區域分佈。Ghosh、Wolf (2000) 指出，非洲大陸和西半球的國家地理區位不占優勢，導致這些國家相對於其他國家而言更難獲得國際資本的流入。Flandreau、Jobst (2009) 建立實證模型考察了英鎊的國際化進程，發現地理距離可以通過影響貨幣的信息摩擦與交易成本從而使國際貨幣在全球各區域呈現不同的使用範圍。

從國際金融資產交易的角度來看，地緣因素也會對貨幣交易信息的不對稱問題產生影響。French、Poterba (1991) 指出隨著金融全球化以及計算機網絡為代表的信息技術的發展，電子化的國際金融資產交易不像貨物貿易那樣產生大量的運輸成本，若按照傳統的資產組合理論，投資者應該會在全球範圍內多元化配置金融資產，但事實上投資者仍然偏好持有本國金融資產，即「金融資產本土偏好之謎」。Gehrig (1993)，Kang、Stulz (1997) 發現地緣因素的存在導致金融資產交易過程中會產生信息不對稱的問題，因此投資者為了規避信息不透明的風險，更青睞配置本土的金融資產，從而抑制了境內投資者使用國際貨幣的意願。Van Nieuwerburgh、Veldkamp (2009) 從信息摩擦和交易過程中信息不對稱的角度闡述了「金融資產本土偏好之謎」產生的原因。Tesar、Werner (1995) 指出國際金融資產交易過程中由於跨文化溝通、法律體系、社會制度、語言等存在差異，以及信息搜尋成本的存在，會導致交易過程中的信息不對稱。Portes、Rey (2005) 建立引力模型分析了 14 個經濟體權益類國際金融資產投資組合跨境流動情況，以地理距離的穩健性作為信息不對稱的代理變量，指出受制於交易過程中信息不對稱和交易技術的障礙，金融資產交易成本會增加，從而影響金融資產跨境流動的規模。此外，Coval、Moskowitz (1999) 指出地理因素所導致的諸如電話通信線路數、金融機構的分支網點數等問題加劇了貨幣交易過程中的信息不對稱問題。Rsito Laulajainen (1998) 指出紐約、倫敦、東京三大國際金融中心各自的時差區位保證了全球金融市場處於可連續交易狀態。

(4) 政治和文化因素

Rose（2007）、Posen（2008）等通過分析美元國際化的歷程，得出僅憑經濟規模或金融因素並不能完全解釋國際貨幣的發展邏輯，美國在政治安全性、營商環境、文化等方面在全球具有主導地位，這對於推動美元成為國際貨幣，加速美元在全球的區位分佈同樣起到了重要的作用。

Cohen（1997）指出兩國是否使用共同語言對於貨幣區域分佈有著十分顯著的影響。Hattari、Rajan（2011）認為相近的文化背景、價值觀、社會習俗、語言等社會人文因素能顯著增強兩國人民相互認同感，有利於國際貨幣在當地的使用。Blark（2000）基於歷史的角度，分析了19世紀中葉英鎊在全球空間區位上的演變歷程，指出社會制度與意識形態對於貨幣流入國的經濟環境作用日益凸顯。

此外，政治與社會制度等外部因素也影響著貨幣國際化的進程。Masciandaro（2006）通過研究220個國家和地區的樣本，發現一國或地區在歷史上的政治地位和經濟地位是綜合型離岸金融中心形成的重要因素。陳雨露（2014）指出貨幣國際化進程除了依靠經濟基礎與金融市場的發展外，還需要貨幣發行國在政治、意識形態、文化、軍事、科技等多角度予以支撐。Strange（1971）指出一國貨幣幣值穩定既來自經濟實力也來自軍事實力，如美國擁有世界上強大的軍事實力，為美元計價的金融資產提供了安全保障的基礎。Bergsten（1975）認為，一國貨幣要成為國際貨幣除了經濟方面因素支撐外，還需要政治高度穩定並能得到國際社會的支持與合作。

綜上，貨幣發行國具有穩定的國內政治制度與社會環境、完善而透明的法律體系、良好的國際合作空間、開放包容的文化傳統，則有利於該國貨幣融入國際貨幣體系，擴大該國貨幣在全球的區位分佈範圍。

(5) 離岸市場建設

陳雨露（2014）指出從貨幣國際化的發展歷程來看，一國主權貨幣成為國際貨幣，需要在該貨幣發行國境外滿足國際市場對該國貨幣的供給與需求，而離岸金融中心為該國貨幣在境外市場的供給與需求提供了交易平臺，推動了該國貨幣的國際化進程。Jayaraman（2010）指出離岸金融中心憑藉強大的貨幣流動性、高度而透明的市場環境、高效而安全的支付清算體系、多元化的金融產品與風險對沖工具，可以滿足非居民在境外對於該貨幣在貿易結算、融資與投資、財富管理等方面的金融需求，擴大該貨幣在國際上的體外循環的空間範圍，從而提高該貨幣的國際化程度。馬駿（2012）指出發達的離岸市場可以推動本幣國際化進程，不依靠離岸市場發展，而僅僅通過開放境內資本項目

管制和金融市場的中小型經濟體，其貨幣基本上沒有潛力成為國際儲備貨幣、結算貨幣和計價貨幣，如韓元、新臺幣、新加坡元。He、Mc Cauley（2010）認為一國貨幣要成為國際貨幣，需要在國際主要金融市場建立離岸金融中心予以配合。因此，人民幣離岸市場的建立可以滿足在跨境貿易、外匯兌換、跨境結算與支付、投融資等方面對人民幣的需求，增強國際進出口商與國際投資者對人民幣的接受度與認可度（張斌，2012）。

5.2.2 研究假設

根據前文所述的研究文獻，本書以貨幣網絡外部性理論與金融資產交易理論作為理論基礎，經上述文獻分析得出，經濟規模、金融市場發展、地域因素、政治制度、文化背景、離岸市場建設等因素會影響一國主權貨幣在全球地域空間上的分佈。鑒於此，本書提出以下研究假設。

H1：貨幣輸出國（或地區）和貨幣流入國（或地區）之間的雙邊貿易、雙邊股權與債券等金融資產投資額會擴大國際貨幣，特別是流出國（或地區）貨幣在貨幣流入國（或地區）的使用範圍，從而降低交易成本和轉換成本。

H2：貨幣流入國（或地區）金融市場的開放度越高、金融市場發展的廣度與深度越成熟，則國際貨幣在流入國（或地區）交易頻率越高。

H3：貨幣流入國（或地區）具有穩定的政治制度與社會環境、自由的營商環境、完善而透明的法律體系，會促進國際貨幣在流入國（或地區）交易頻率提高以及使用範圍擴大。

H4：貨幣輸出國（或地區）和貨幣流入國（或地區）之間的地理距離會阻礙國際貨幣，特別是貨幣輸出國（或地區）在貨幣流入國（或地區）的交易，而兩國（或地區）之間若有相近的歷史淵源、文化背景、語言、社會習俗等社會人文背景，則會減小交易摩擦阻力。

5.3　理論模型與變量選取

5.3.1　構建理論模型

Hartmann（1998）指出國際貨幣作為交換媒介和計價工具，可用於國際貿易和金融資產的交易，在價值儲藏方面可以充當外匯儲備，這會引發國外投資者、金融機構以及中央銀行將國際貨幣視為金融資產持有。因此，當國際貨幣作為一項金融資產時，其交易成本的高低與信息透明度是影響該國際貨幣在全

球範圍內交易與地域空間分佈的重要因素。Okawa、Wincoop（2012）指出市場微觀主體持有金融資產的目的主要是規避產生劇烈波動的風險，認為跨境金融資產交易引力模型可以估計市場的金融摩擦。鑒於此，本書理論模型主要基於 Coeurdacier、Gourinchas（2011）提出的國際金融資產區位選擇引力模型，通過將貨幣流入國市場的信息摩擦與金融市場因素加入該模型並予以推導，以充分體現交易成本、信息摩擦以及制度因素對國際貨幣在全球區位佈局的影響。

本書首先假定存在兩個國家 i 和 j，兩國的國民生產總值分別是 Y_i 與 Y_j，本國消費者對 i 國和 j 國生產的商品消費量為 C_i 與 C_j，國外消費者對 i 國和 j 國生產的商品消費量為 C_i^* 與 C_j^*。設 i 國為本國，即貨幣發行國，而 j 國為外國，即貨幣流入國。

那麼，以 i 國與 j 國為代表的風險規避型消費者會根據實現消費者效用最大化的原則來實施最優的消費決策。

假設消費者原始的消費量為 C_0，無風險資產（以債券為代表）的固定收益率為 r，風險資產的不確定性收益率為 y，其中，無風險資產和風險資產的收益率均以連續複利計算。同時，假設消費者將原始資產的一部分 w_0 投入風險資產中，則消費者的資產配置可以表示為：$\text{Max } w_0 E[U(C)]$。

期末的消費總量 C 可以由 $C = w_0 C_0 [\exp(y) - \exp(r) + C_0 \exp(r)]$ 來表示。理性人的假設條件要求投資者具有風險厭惡的效用函數，在 CRRA 效用函數（常相對風險厭惡效用函數）的偏好下，偏好關係只與各種金融資產收益率帶來的最終財富有關，同時，偏好關係還具有獨立性、完全性、傳遞性和連續性的特徵。此時，效用函數 EU 可表示為：

$$\text{EU} = E \frac{C^{1-\theta}}{1-\theta} \quad (\theta > 1) \tag{5-1}$$

式（5-1）中，U 為消費者的效用函數，C 為消費者對商品的消費量。θ 為相對風險厭惡系數，其中，$\theta > 1$ 表示消費者是風險規避型的，即 $U(C) > 1/2[U(C+\rho) + U(C-\rho)]$。因此當商品市場出現風險時，消費者有動機購買金融資產來規避市場波動對消費者收入帶來的衝擊。

假設本國可供交易型貿易商品的消費者指數由 i 國商品和 j 國商品構成，α 表示為 i 國所消費的本國市場的消費額占 i 國總消費量的份額。根據 Obstfeld、Rogoff（2007）將 $\alpha > 1/2$ 表示為消費者對本國商品消費的本土偏好，本書按照 Obstfeld、Rogoff（2007）的設定方法，設定 α 為貿易摩擦 φ_t 的單調遞增函數，表示一國消費者當面臨貿易摩擦程度加大時，會更加偏好於消費本土製造的商品。Obstfeld、Rogoff（2007）指出當貿易出口國與貿易進口國的貿易摩擦

增大時，兩國之間的貿易量會減少，從而消費者都偏好於消費本土製造的消費品。同時，本書設定 γ 為 i 國和 j 國商品之間的替代彈性：

$$C = \{\alpha(\varphi_t)^{1/\gamma}C_i^{(\gamma-1)/\gamma} + [1-\alpha(\varphi_t)]^{1/\gamma}C_j^{(\gamma-1)/\gamma}\}^{\gamma/(\gamma-1)} \quad \gamma > 1, \ 1 > \alpha > 1/2 \tag{5-2}$$

$$C^* = \{\alpha(\varphi_t)^{1/\gamma}C_j^{*(\gamma-1)/\gamma} + [1-\alpha(\varphi_t)]^{1/\gamma}C_i^{*(\gamma-1)/\gamma}\}^{\gamma/(\gamma-1)} \quad \gamma > 1, \ 1 > \alpha > 1/2 \tag{5-3}$$

設 i 國與 j 國的物價水準指數分別為 P_c 和 P_c^*：

$$P_c = \{\alpha(\varphi_t)P_i^{(1-\gamma)} + [1-\alpha(\varphi_t)]P_j^{(1-\gamma)}\}^{1/(1-\gamma)} \tag{5-4}$$

$$P_c^* = \{[1-\alpha(\varphi_t)]P_i^{(1-\gamma)} + \alpha(\varphi_t)P_j^{(1-\gamma)}\}^{1/(1-\gamma)} \tag{5-5}$$

當消費者在本國消費品與外國消費品之間進行消費決策時，會追求消費者效用最大化的最優目標，此時本國商品與外國商品的價格之比等於兩種商品的邊際效用之比：

$$\frac{\partial U/\partial C_i}{\partial U/\partial C_j} = \frac{P_i}{P_j} \tag{5-6}$$

$$\frac{\partial U^*/\partial C_i^*}{\partial U^*/\partial C_j^*} = \frac{P_i}{P_j} \tag{5-7}$$

求解式 (5-6)、式 (5-7)，可推出一階條件：

$$C_i/C_j = \{\alpha(\varphi_t)/[1-\alpha(\varphi_t)]\}(P_i/P_j)^{-\gamma} \tag{5-8}$$

$$C_i^*/C_j^* = \{[1-\alpha(\varphi_t)]/\alpha(\varphi_t)\}(P_i/P_j)^{-\gamma} \tag{5-9}$$

將式 (5-8)、式 (5-9) 分別帶入式 (5-2)、式 (5-3)，將會解出消費者在 i 國和 j 國的消費額占 i 國總消費額之間的關係：

$$\begin{aligned} C_j &= (1-\alpha)(P_j/P_c)^{-\gamma}C \\ C_i &= \alpha(P_i/P_c)^{-\gamma}C \\ C_j^* &= \alpha(P_j/P_c^*)^{-\gamma}C^* \\ C_i^* &= (1-\alpha)(P_i/P_c^*)^{-\gamma}C^* \end{aligned} \tag{5-10}$$

當市場達到均衡時：

$$\begin{aligned} Y_i &= C_i + C_i^* \\ Y_j &= C_j + C_j^* \end{aligned} \tag{5-11}$$

當市場出清時，i 國和 j 國的總產出之比為：

$$Y_i/Y_j = \frac{\alpha(P_i/P_c)^{-\gamma}C + (1-\alpha)(P_i/P_c^*)^{-\gamma}C^*}{(1-\alpha)(P_j/P_c)^{-\gamma}C + \alpha(P_j/P_c^*)^{-\gamma}C^*} \tag{5-12}$$

設 $\bar{x} = \log(x/x_0)$ 表示變量 x 對其均值 x_0 的對數的偏離值，設 $y = Y_i/Y_j$，對

式（5-12）進行對數線性化處理，構建 $\bar{y}$ 與貿易條件 q 之間的關係式（5-13）：

$$\bar{y} = -\eta\bar{q} \qquad \eta = [1-(2\alpha-1)^2] + (2\alpha-1)^2/\theta; \; q = P_i/P_j \qquad (5-13)$$

由於 $\dfrac{\partial U/\partial C}{\partial U^*/\partial C^*} = \dfrac{P}{P^*}$，得出 Backus、Smith（1993）的條件：

$$(C/C^*)^{-\theta} = (P_c/P_c^*) \qquad (5-14)$$

對式（5-14）進行對數線性化，可得：

$$-\theta(\bar{C}-\bar{C}^*) = \overline{P_c/P_c^*} = (2\alpha-1)\bar{q} \qquad (5-15)$$

實際有效匯率為：$\bar{E} = \overline{P_c/P_c^*} = \overline{P_c} - \overline{P_c^*} = (2\alpha-1)\bar{q}$。

在市場均衡條件下，可以得出家庭總支出與貿易條件的關係式：

$$\overline{PC} = (\bar{C}-\bar{C}^*) + (\overline{P_c}-\overline{P_c^*}) = (1-1/\theta)(2\alpha-1)\bar{q} \qquad (5-16)$$

此時，本書引入貨幣流入國市場的信息摩擦因素，假定每種經濟體由消費資本資產定價理論來表示，其中總產出的比例 μ 以股票紅利的方式分配給權益類投資者，$1-\mu$ 以工資收入的方式分配給家庭，上述兩類經濟體的 μ 相同，資產品價格為 P_s，國內家庭購買 i 國與 j 國資產的數量分別為 A_i 和 A_j，外國家庭購買 j 國和他國資產的數量分別為 A_j^* 和 A_i^*，假定貨幣流入國與貨幣流出國的市場間存在信息摩擦。Gertler、Rogoff（1990）將該種信息摩擦解釋為由於地緣因素導致的買賣雙方的信息不對稱，從而提高了交易成本，導致外國投資者的投資回報率要低於本國投資者。Okawa、Wincoop（2012）指出外國投資者由於信息不對稱導致的投資回報率的降低可以表現為購買該資產所付出的初始成本的提高，因此本書用 φ_a 來代表由於信息摩擦導致的購買海外金融資產價格的額外支出，那麼投資海外金融資產所需要支付的價格為 $(1+\varphi_a)P_A$。假設初始狀態時，每個家庭僅支持本國金融資產而不持任何國外金融資產，那麼 i 國的家庭面臨的預算約束為：

$$\begin{aligned} P_A A_i + (1+\varphi_a)P_A A_j &= P_A \\ P_A A_j^* + (1+\varphi_a)P_A A_i^* &= P_A \end{aligned} \qquad (5-17)$$

由於兩國都是對稱關係，兩國投資的海外金融資產均為 A，根據式（5-17）的預算約束方程，可以推出投資於本土市場的金融資產為 $1-(1+\varphi_a)A$。此時，工資收入、投資於海外金融市場的金融資產收益、投資於本土金融市場的金融資產收益共同組成了總收入，當市場出清時，總收入等於總支出，得出式（5-18）、式（5-19）：

$$P_c C = [1-(1+\varphi_a)A\mu P_i Y_i] + A\mu P_j Y_j + (1-\mu)P_i Y_i \qquad (5-18)$$

$$P_c^* C^* = [1-(1+\varphi_a)A\mu P_j Y_j] + A\mu P_i Y_i + (1-\mu)P_j Y_j \qquad (5-19)$$

式（5-18）減去式（5-19），可得：

$$P_C C - P_C^* C^* = [1 - (2 + \varphi_a)\mu A](P_i Y_i - P_j Y_j) \quad (5-20)$$

對式（5-20）進行對數線性化，並將式（5-13）帶入得出資本品市場均衡時家庭支出與貿易條件的關係式：

$$\overline{PC} = \overline{P_C C} - \overline{P_C^* C^*} = [1 - (2 + \varphi_a)\mu A](1 - \eta)\bar{q} \quad (5-21)$$

此時，將商品市場均衡時的式（5-16）與式（5-21）聯立，解出持有的國外金融資產為 A，則 A 的表達式為：

$$A = \frac{1 - (1 - 1/\theta)(2\alpha\varphi_t - 1)/(1 - \eta)}{\mu(2 + \varphi_a)} \quad (5-22)$$

由式（5-22）可以得出 A 是金融摩擦 φ_a 的減函數，貨幣流入國與流出國的進出口額對 A 的影響主要來自兩個方面：第一，從貿易摩擦的因素來看，貿易摩擦對持有的國外金融資產的影響依賴於參數 θ 與 γ 的設定，產生的是正向影響還是負向影響，目前還不確定；第二，當貨幣流入國與流出國的貿易規模增大，可以促進兩國間的信息溝通，進而可以減少信息不對稱帶來的交易成本的提高，因此可以減少雙方的信息摩擦，這對於雙邊持有的金融資產的影響效應為正。

此時，本書進一步引入金融市場開放度，以外匯管制為代表來考察金融市場的開放程度。首先，本書考察價格型的外匯管制，價格型的外匯管制是指由於資本管制因素導致的購買國外資產價格的成本上升，降低了持有的國外金融資產的收益率，本書設定貨幣流入國與貨幣流出國冰山成本之和為 φ_b，因此可以將一國對國外金融資產的投資 A^* 定義為：

$$A^* = \frac{1 - (1 - 1/\theta)(2\alpha\varphi_t - 1)/(1 - \eta\varphi_t)}{\mu(2 + \varphi_a\varphi_b)} \quad (5-23)$$

數量型的外匯管制是通過限定跨境資本的流入與流出數量來限制額度，目前，中國的 QFII 制度就屬於數量型外匯管制。因此，數量型資本管制 A^{**} 可以由貨幣流出國的外匯資本管制限額 A_i、貨幣流入國的外匯資本管制限額 A_j、當資本管制消失時應持有的國外金融資產 A 這三者的最小值來決定，資本管制的限額越低，表示資本管制的強度越大，如式（5-24）所示：

$$A^{**} = \min(A, A_i, A_j) \quad (5-24)$$

由式（5-23）、式（5-24）可以得出，一國持有的海外金融資產的規模會隨著兩國間外匯管制的力度增加而降低，可見兩國間的金融市場開放度與經濟自由度會影響國際貨幣的交易規模。

5.3.2 數據和變量

（1）樣本經濟體的選取

由於國際清算銀行（BIS）的 *Triennial central bank survey of foreign exchange and derivatives market activity* 數據從 1995 年才開始發布，1995 年的調查報告中包含了 26 個國家和地區。鑒於此，為了保持前後的樣本一致，本書選取這 26 個國家和地區作為考察對象。根據 2013 年 BIS 的 Triennial Central Bank Survey 數據，上述 26 個國家和地區交易的貨幣占據了全球貨幣交易總量的 87%，因此所選樣本經濟體具有高度的代表性。

根據 SWIFT 全球支付貨幣報告，本書選取了美元、歐元、英鎊、日元、瑞士法郎、加拿大元、澳元這七種主要的國際貨幣，上述七種主要國際貨幣既是全球主要的國際儲備貨幣，也是全球重要的國際支付與結算貨幣，占據全球支付結算量的 90.34%[①]，因此所選國際貨幣具有高度的代表性。

（2）變量選取與數據來源

1）國際貨幣在各地區分佈變量（$Share_{ijt}$）

為了研究國際貨幣在全球主要離岸金融中心的區位分佈，本書採用國際清算銀行（BIS）公布的世界主要國際貨幣在全球各地區的外匯交易量來進行度量。國際清算銀行（BIS）三年期央行外匯與衍生品市場活動調查報告，可以全面反應全球外匯交易市場和場外金融衍生品市場結構與規模的交易情況，是決策者與投資者參與國際離岸金融中心開展外匯交易的重要指標。

2）雙邊貿易（Trade）

由理論模型與文獻綜述可知，貿易量是國際貨幣跨境流動與區位分佈的重要影響因素，本書的 $Trade_{it}$ 代表在 t 年裡 i 國對 j 國的進出口額占 i 國進出口總額的比重，$Trade_{jt}$ 代表在 t 年裡 j 國對 i 國的進出口額占 j 國進出口總額的比重，本書的雙邊貿易額數據來自聯合國 UN Comtrade 數據庫。

3）雙邊投資額（$Investment_{ijt}$）

從上述文獻梳理中得出，如果貨幣流入國與貨幣流出國之間的雙邊投資關係越緊密，則貨幣流入國就越有可能使用貨幣流出國的貨幣進行支付與結算，同時，由於貨幣網絡外部性帶來的規模效益遞增導致交易成本下降，進一步促進了流出國貨幣在流入國的使用。本書中，$Investment_{ijt}$ 表示在 t 年 i 國和 j 國的雙邊權益類資產和債券類資產的總投資額，數據來自 IMF Coordinated Portfolio

---

[①] 數據來源：環球銀行金融電信協會於 2015 年 12 月發布的《人民幣追蹤報告》。

Investment Survey 數據庫。

4）人口（Pop）

本書 Pop_{it} 表示在 t 年裡 i 國人口總數；Pop_{jt} 表示在 t 年裡 j 國人口總數。如果貨幣流入國與貨幣流出國之間雙邊的人口規模較大，則相應的貿易量與金融資產交易量有堅實的消費群體和投資者群體作為支撐，從而會增加對貨幣流入國的貨幣使用頻率，有利於擴大貨幣在流入國的區位分佈範圍。本書人口數據來自 World Bank Group 世界經濟展望數據庫。

5）經濟規模（GDP）

Kindleberger（1967）、Hartmann（1998）、Ewe-Ghee Lim（2006）、楊雪峰（2010）指出一國的經濟實力是支撐該國主權貨幣成為國際貨幣的首要因素。Matsuyama、Kiyotaki、Matsui（1993）指出，貨幣流出國的經濟規模較大，則該國居民與外國居民進行經濟往來的交易頻率會相應增大，從而貨幣流出國的貨幣更可能成為交易媒介，行使計價單位與支付結算的功能。本書的 GDP_{it} 表示在 t 年裡 i 國的 GDP 規模；GDP_{jt} 表示在 t 年裡 j 國的 GDP 規模，其中，GDP 數據來自 World Bank Group 世界經濟展望數據庫。

6）經濟自由度（Efreedom）

錢學峰、熊平（2010）、舒杏（2015，2016）指出經濟自由度越大，意味著貿易自由化程度越高，越有利於降低貿易成本。一國金融市場的開放程度越高，資本管制程度越低，越能為國際貨幣持有者提供確定性的交易環境，可提高金融資產持有者的安全性與流動性，降低交易成本（Bergsten，1975）。本書的經濟自由度數據來自美國 Heritage Foundation，該變量涵蓋資本流動和外國投資、銀行業和金融業開放度、政府對經濟的干預度等 10 大類指標，可以較好地衡量金融市場的開放度。

7）政治穩定度（PS）

政治與社會制度等外部因素也影響著貨幣國際化的進程，當一國具有穩定的政治制度和完善而透明的法治環境，會促進國際貨幣在當地的交易與使用。因此，本書採用 Political Risk Service Group 編製的國家風險指數來衡量一國或地區的政治穩定度，該指數對全球 140 個國家和地區的政治、經濟及金融風險進行綜合評估，主要由政府穩定性、社會經濟穩定性、腐敗、宗教、種族、軍事衝突等 12 項指標構成，可以較好地反應一國或地區的整體社會環境的穩定程度。

8）地理距離（Dist）和時差（Time）

$Dist_{ij}$ 表示 i 國與 j 國之間的地理距離，根據前面的文獻可知地理距離影響著貨幣的交易成本和區位分佈，從而影響國際貨幣的流入。本書地理距離 Dist

來自 CEPII 數據庫。Lane、Milesi-Ferretti（2008）指出由於各大金融中心之間的時差不一致，造成了各國的金融資產交易和清算時差上的不一致，從而影響了金融資產交易的規模。本書時差數據來自 www.timedate.cn。

9) 共同語言（Lange）

本書將兩國間是否有共同語言設置為虛擬變量，如果貨幣流入國與貨幣流出國之間使用共同語言，則取值為 1，否則為零。本書的共同語言數據來自 CEPII 數據庫。

10) 離岸金融中心（Center）

本書將貨幣流入國（地區）j 是否是離岸金融中心設置為虛擬變量，若該地是離岸金融中心，則取值為 1，否則為零。本書中全球離岸金融中心的數據來源 2000 年 IMF 的 *Offshore Financial Centers Report*。

(3) 主要變量的描述性統計

本書的主要變量及其定義如表 5.1 所示。其中，i 國（地區）為貨幣流出國（地區），j 國（地區）為貨幣流入國（地區）。

表 5.1　主要變量的定義

變量	變量定義
$Share_{ijt}$	在 t 年裡，某一國際貨幣 i 在 j 地的交易量占該貨幣在該國境外（貨幣區外）總交易量的比重
$LnInvestment_{ijt}$	在 t 年裡，i、j 兩國（地區）雙邊股權和債券投資額的自然對數
$Trade_{it}$	在 t 年裡，i 國對 j 國貿易額占 i 國總貿易額的比重
$Trade_{jt}$	在 t 年裡，j 國對 i 國貿易額占 j 國總貿易額的比重
$LnPop_{it}$	在 t 年裡，i 國人口的自然對數
$LnPop_{jt}$	在 t 年內，j 國人口的自然對數
$LnGDP_{it}$	在 t 年裡，i 國人均 GDP 的自然對數
$LnGDP_{jt}$	在 t 年裡，j 國人均 GDP 的自然對數
$Center_j$	虛擬變量，如果 j 是離岸金融中心，取 1，否則取 0
$Civil_{it}$	虛擬變量，如果 i 國的法律體系為大陸法，取 1，否則取 0
$Civil_{jt}$	虛擬變量，如果 j 國的法律體系為大陸法，取 1，否則取 0
$Efreedom_{it}$	在 t 年裡，i 國的經濟自由度
$Efreedom_{jt}$	在 t 年裡，j 國的經濟自由度
PS_{it}	在 t 年裡，i 國的政治穩定程度
PS_{jt}	在 t 年裡，j 國的政治穩定程度

表5.1(續)

變量	變量定義
LnDist$_{ij}$	i、j兩國（地區）的距離的自然對數
Comlang$_{ij}$	虛擬變量，如果i、j兩國（地區）有共同的語言，取1，否則取0
Colony$_{ij}$	虛擬變量，如果i、j兩國（地區）有殖民地關係，取1，否則取0
Border$_{ij}$	虛擬變量，如果i、j兩國（地區）有共同邊境，取1，否則取0
Td$_{it}$	在t年裡，i國所在時區
Td$_{jt}$	在t年裡，j國所在時區

表5.2顯示了主要變量的描述性統計特徵，可以看出上述國際貨幣在全球不同國家和地區的交易比重差異化特徵明顯，最大值為0.535，是中位數的40.22倍；而i、j兩國（地區）雙邊股權和債券投資額的對數最大值為14.11，約為中位數的1.7倍，這說明全球各區域的經濟發展水準差異性較大。從雙邊貿易額與人口數來看，各國（區域）的經濟社會發展也存在較大的差異。此外，貨幣輸出國（或地區）的政治穩定性比貨幣流入國（或地區）波動較小，而貨幣流入國（或地區）中採用大陸法系的國家（或地區）比貨幣輸出國（或地區）的政治穩定性波動大。

表5.2 主要變量的描述性統計

變量	平均值	標準差	最小值	最大值	中位數
Share$_{ijt}$	0.052,8	0.106	0	0.535	0.013,3
LnInvestment$_{ijt}$	7.980	2.802	−2.303	14.11	8.336
Trade$_{it}$	0.024,4	0.063,0	0	0.871	0.007,0
Trade$_{jt}$	0.032,3	0.062,5	0	0.871	0.011,3
LnPop$_{it}$	3.223	1.443	−0.901	5.758	3.376
LnPop$_{jt}$	2.556	1.483	−0.901	5.758	2.181
LnGDP$_{it}$	10.44	0.44	9.371	11.65	10.49
LnGDP$_{jt}$	10.33	0.64	7.891	11.65	10.4
Center$_j$	0.889	0.314	0	1	1
Civil$_i$	0.318	0.466	0	1	0
Civil$_j$	0.473	0.499	0	1	0
Efreedom$_{jt}$	75.75	7.548	55.4	90.3	76
PS$_{it}$	8.429	1.492	4	11	8.5
PS$_{jt}$	8.428	1.605	4	11	8.542

表 5.2(續)

變量	平均值	標準差	最小值	最大值	中位數
LnDist$_{ij}$	7.948	1.14	5.215	9.42	8.28
Comlang$_{ij}$	0.168	0.374	0	1	0
Colony$_{ij}$	0.139	0.346	0	1	0
Border$_{ij}$	0.044	0.205	0	1	0
Td$_{it}$	1.365	4.162	−5	10	1
Td$_{ij}$	2.749	4.479	−5	12	1

表 5.3 統計了美元、歐元、日元、英鎊、瑞士法郎、加拿大元、澳大利亞元、港元這八種主要國際貨幣在全球 26 個國家（或地區）交易比重的區位分佈。由此可見，國際貨幣的交易主要集中於美國、西歐、英國、日本、中國香港、新加坡等國家和地區。然而，每一種國際貨幣在上述地區的交易比重分佈呈現出差異化的特點，例如，美元、歐元、日元在英國的交易比重分別為 50.956%、53.497%、50.854%，明顯高於上述三種國際貨幣在世界其他區域的分佈比重，體現了倫敦作為全球最大外匯交易中心對國際資本的吸引力。同時，英鎊在英聯邦國家的分佈比例明顯高於歐元、日元在英聯邦國家頒布的比例。

表 5.3 主要國際貨幣在 26 個國家和地區的區位分佈比例① 單位:%

流入國或地區	美元	歐元	日元	英鎊	瑞士法郎	加拿大元	澳大利亞元	港元
美國		20.962	24.291	38.834	21.615	39.582	21.205	14.823
英國	50.956	53.497	50.854		47.897	39.067	45.706	40.211
奧地利	0.232		0.067	0.305	0.785	0.051	0.026	0.032
比利時	0.387		0.098	1.028	0.444	0.119	0.221	0.212
丹麥	1.628	2.968	1.243	2.23	1.29	0.546	0.639	0.502
法國	3.447		1.952	8.012	5.124	2.36	2.201	2.44
德國	1.874		0.991	4.578	3.767	1.114	0.884	1.979
義大利	0.346		0.265	0.608	0.435	0.13	0.08	0.206
盧森堡	0.78		0.556	1.031	2.176	0.318	0.737	0.651
荷蘭	1.964		1.048	4.775	2.937	2.529	1.674	3.847
挪威	0.348	0.33	0.107	0.721	0.492	0.083	0.134	0.024

① 需要指出的是，由於本章研究的是國際貨幣在全球不同國家和地區交易比重分佈的影響因素，因此本書剔除了國際貨幣在該國境內（貨幣區內）的交易比重。

表5.3(續)

流入國或地區	美元	歐元	日元	英鎊	瑞士法郎	加拿大元	澳大利亞元	港元
瑞典	0.687	1.087	0.18	1.309	0.485	0.16	0.214	0.082
瑞士	3.858	5.126	2.031	6.624		2.149	2.028	1.739
加拿大	1.268	0.593	0.325	1.458	0.345		0.486	0.283
日本	6.318	3.886		6.662	1.903	2.27	7.053	2.903
芬蘭	0.176		0.033	0.39	0.878	0.061	0.044	0.037
希臘	0.033		0.011	0.029	0.141	0.025	0.047	0
愛爾蘭	0.184	0.399	0.072	0.836	0.174	0.208	0.097	0.151
葡萄牙	0.067		0.017	0.047	0.077	0.03	0.013	0.022
西班牙	0.773		0.143	0.793	0.366	0.177	0.285	0.368
澳大利亞	3.493	1.408	2.125	3.862	1.71	2.128		5.391
紐西蘭	0.226	0.051	0.046	0.1	0.02	0.052	0.329	0.048
南非	0.427	0.17	0.026	0.317	0.055	0.042	0.074	0.002
巴林	0.186	0.052	0.016	0.176	0.004	0.002	0.007	0.001
香港	5.611	2.018	4.098	4.809	1.37	2.389	4.904	
新加坡	7.452	4.086	7.889	8.329	4.517	3.615	9.317	18.681

資料來源：根據 BIS Triennial Survey 2013 報告計算整理。

5.4 計量方法與實證結果

為了研究國際貨幣在全球主要離岸金融中心的交易比重分佈的情況，本書借鑑 Rose、Spiegel（2007）的研究成果，採用引力模型對國際貨幣在全球地域空間的區位分佈進行研究。正如 Reinert（2012）所指出的，引力模型在國際經濟學中對於貿易流量和國際金融資產空間流動具有很強的解釋力。由於國際貿易和金融資產的跨境交易背後伴隨的是貨幣在全球地域空間的流動，因此基於引力模型來分析國際貨幣在全球地域空間的區位分佈具有現實的指導意義，有利於為建立合理的人民幣離岸金融中心提供一定的決策依據。

根據文獻梳理和理論總結，國際貨幣在貨幣流入國（地區）的交易比重主要受貨幣流入國與貨幣流出國之間的雙邊金融交易規模、雙邊貿易量、地理距離，以及貨幣流入國（地區）的經濟規模、金融市場的開放程度、社會穩定程度、法律體系以及語言文化因素的影響。鑑於此，本書將影響貨幣國際化

區位分佈的因素納入計量模型中，得到了實證模型的一般形式：

$$Share_{ijt} = \alpha_0 + \alpha_n C_i C_j + \sum_{n \geq 3} \alpha_n \lambda_{ij} \quad (5-25)$$

式（5-25）中，$Share_{ijt}$ 為因變量，由世界主要國際貨幣在全球各地區的外匯交易量來表示；C_i 和 C_j 為貨幣流入國（地區）與貨幣流出國（地區）的雙邊貿易量、雙邊股權和債券投資額、雙邊經濟規模等因素；λ_{ij} 表示一系列影響信息摩擦與金融市場交易成本的因素，體現了交易成本、金融開放度、政治因素、制度因素以及地理因素對國際貨幣在全球區位佈局的影響；α_0 為常數項。將上述變量帶入一般形式，展開可得：

$$Share_{ijt} = \alpha_0 + \alpha_1 LnGDP_{it} + \alpha_2 LnGDP_{jt} + \alpha_3 Trade_{it} + \alpha_4 Trade_{jt} +$$
$$\alpha_5 LnInvest_{ijt} + \alpha_6 LnPop_{it} + \alpha_7 LnPop_{jt} + \alpha_8 Efreedom_{jt} +$$
$$\alpha_9 PS_{it} + \alpha_{10} PS_{jt} + \alpha_{11} Center_j + \alpha_{12} ComLang_{ij} + \alpha_{13} LnDist_{ij} +$$
$$\alpha_{14} Civil_i + \alpha_{15} Civil_j + \varepsilon_{ijt} \quad (5-26)$$

5.4.1 面板迴歸分析

基準模型的固定效應面板迴歸結果見表 5.4。

表 5.4　基準模型的固定效應面板迴歸結果

變量	(1) $Share_{ijt}$	(2) $Share_{ijt}$	(3) $Share_{ijt}$	(4) $Share_{ijt}$
$LnInvest_{ijt}$	0.001,2***	0.001,2***	0.001,2***	0.000,5
	(0.000,4)	(0.000,4)	(0.000,4)	(0.000,3)
$Trade_{it}$	0.128,0***	0.128,0***	0.128,0***	0.095,1***
	(0.027,6)	(0.027,6)	(0.027,6)	(0.025,8)
$Trade_{jt}$	0.000,3	0.000,3	0.000,3	0.031,9*
	(0.013,4)	(0.013,4)	(0.013,4)	(0.016,7)
$LnPop_{it}$	0.135,1***	0.195,2***	1.028,0***	1.037,0***
	(0.017,8)	(0.025,3)	(0.112,5)	(0.110,3)
$LnPop_{jt}$	0.237,7***	0.237,7***	0.238,7***	0.232,9***
	(0.006,2)	(0.006,2)	(0.006,3)	(0.006,6)
$LnGDP_{it}$	0.830,6***	0.808,3***	0.158,6***	0.158,9***
	(0.108,9)	(0.106,1)	(0.031,5)	(0.031,4)
$LnGDP_{jt}$	0.468,5***	0.468,5***	0.288,1***	0.288,3***
	(0.056,8)	(0.056,8)	(0.023,6)	(0.023,1)
$Center_j$		0.128,4***	0.096,2***	0.097,7***
		(0.007,2)	(0.004,8)	(0.004,3)

表5.4(續)

變量	(1) $Share_{ijt}$	(2) $Share_{ijt}$	(3) $Share_{ijt}$	(4) $Share_{ijt}$
$Civil_i$		−0.127,5***	0.077,8***	0.074,1**
		(0.017,2)	(0.029,6)	(0.029,6)
$Civil_j$		0.557,1***	0.515,3***	0.512,5***
		(0.016,6)	(0.011,8)	(0.011,4)
PS_{it}			0.074,4***	0.073,9***
			(0.015,2)	(0.015,2)
PS_{jt}			0.037,1***	0.036,9***
			(0.007,4)	(0.007,4)
$LnDist_{ij}$				−0.009,9***
				(0.002,1)
$ComLang_{ij}$				0.001,8
				(0.003,6)
_cons	−4.900,9***	−5.214,7***	−3.549,6***	−3.483,6***
	(0.742,1)	(0.736,8)	(0.427,2)	(0.425,5)
N	2,199	2,199	2,199	2,199
adj. R^2	0.712,4	0.712,4	0.712,4	0.715,1

註：括號內數字為標準誤，***、**、*分別為1％、5％和10％水準上顯著。

實證模型（1）採用了固定效應面板迴歸法，對國際貨幣交易量在全球區位分佈的影響因素進行了實證檢驗。迴歸（1）表明了兩國（地區）雙邊股權和債券投資額、貿易額、人口、人均GDP對國際貨幣交易量在當地區位分佈有積極的正向影響，這也反應了若貨幣流入國（地區）的GDP和貿易規模較大，則該國居民與外國居民進行經濟往來時使用國際貨幣的頻率與交易需求會相應增大，從而貨幣流出國的貨幣（國際貨幣）更有可能成為交易媒介，發揮交易媒介與支付結算功能，從而增加貨幣的網絡外部性效應。迴歸（1）也說明了如果貨幣流出國 i 對貨幣流入國 j 的貿易規模佔 i 國總貿易量的比例越大，則 i 國貨幣在 j 國的貨幣交易量佔比也會相應增加。在現實經濟中，以美國、歐盟、日本為代表的發達經濟體在全球價值鏈的高端環節掌握了國際大宗商品的貨幣交易定價權，在與交易對手進行支付結算時，美元、歐元、日元充當計價單位與支付結算的頻率增多，導致貨幣流入國對國際貨幣的需求上升，從而國際貨幣在貨幣流入國的交易佔比會增加。

在迴歸模型（2）中，本書引入虛擬變量國際離岸金融中心，進一步考察貨幣流入國是否屬於國際離岸金融中心對國際貨幣交易量在當地區位分佈的影響。迴歸模型（2）的實證結果也說明了兩國（地區）雙邊股權和債券投資

額、貿易額、人口、人均GDP對國際貨幣交易量在當地區位分佈有積極的正向影響，這驗證了本書的假設H1的正確性。同時，本書也發現，當貨幣流入國屬於國際離岸金融中心時，會正向地影響國際貨幣在當地的交易規模，並在1%的水準上顯著。以歐元為例，從表5.3可知，歐元在國際離岸金融中心紐約、倫敦、東京、中國香港、新加坡這五地的交易量占據全球（除歐元區以外）交易量的84.4%。通常，離岸金融中心憑藉其寬鬆的金融監管、透明的法律制度、完善的金融基礎設施、優越的地理區位以及優惠的稅收政策，會加大國際貨幣在離岸金融中心的交易規模占比。同時，離岸金融中心的全球輻射力較強，可以強化國際貨幣的網絡外部性效應，從而擴大國際貨幣在當地市場的交易規模。這從側面也給我們以啟示，在人民幣國際化過程中，應大力發展人民幣離岸市場，以助推人民幣國際化戰略的實施。

迴歸模型（3）在迴歸模型（2）的基礎上，加入了政治穩定度、法律制度等制度因素解釋變量。迴歸模型（3）的實證結果表明，如果貨幣流出國i與貨幣流入國j的政治穩定度較高、兩國間的經濟社會穩定度較好，則能增加國際貨幣在貨幣流入國j的交易量。同時，迴歸模型（3）的結果表明若貨幣流入國j屬於英美法系，則會正向地影響國際貨幣在當地的交易量，並在1%的水準上顯著。一般而言，以美國、英國、新加坡、中國香港為代表的英美法系國家和地區，往往具備公平、透明、高效的法律體系，重視市場規則在經濟活動中的作用，同時，金融市場的開放度和自由度也較高，能吸引國際貨幣在當地離岸金融中心的流通與交易。可見，完善的制度設計是一國或地區離岸金融中心發展壯大的制度保障，法律法規、監管方式、稅收安排等制度因素是吸引國際貨幣流入的重要因素。

迴歸模型（4）在迴歸模型（3）的基礎上，加入了是否屬於共同語言、兩地間的地理距離等地理因素解釋變量。迴歸模型（4）的實證結果表明，兩地若有共同語言會正向影響國際貨幣在當地的交易量。Portes、Rey（2005），Hattari、Rajan（2011）指出相近的文化背景、價值觀、社會習俗、語言等社會人文因素能夠增強兩國人民的相互認同感，有利於國際貨幣在當地的流通與交易。例如，英鎊在中國香港、新加坡、澳大利亞、新西蘭、加拿大、美國等英語系地區的交易比重均高於日元在上述地區的交易比重，反應了共同語言能加速金融信息的傳遞，減少交易成本，從而對於貨幣的區域分佈有著較為顯著的影響。同時，地理距離也會積極地負向影響國際貨幣在當地的交易量，並在1%的水準上顯著，表明貨幣的地理距離對於貨幣的網絡外部性與交易成本有著重要的影響，兩地間的地理距離越遠，則信息搜尋成本越高，進而影響國際

貨幣的空間區域分佈，這也印證了H4關於地理距離可以通過影響貨幣的信息摩擦與交易成本從而使國際貨幣在全球各區域呈現不同分佈範圍的假設。

5.4.2 穩健性檢驗

為了驗證計量結果的可信度，本書通過設置不同樣本、替換虛擬變量以及控制數據中的特殊效應這三種方式來進行穩健性檢驗。

首先，本書將歐元數據剔除，通過減少樣本量對模型進行重新迴歸。這樣處理主要基於兩方面的考慮：第一，歐元1999年才誕生，這一因素可能對於本書的實證結果產生一定的擾動；第二，歐元是25個國家的超主權貨幣①，其貨幣的區位分佈因素可能存在自身的特殊性。穩健性Ⅰ檢驗（見表5.5）表明，當剔除歐元區數據後，迴歸結果沒有發生異常變化。因此，可以認為影響歐元在全球區位分佈的因素與其他國際貨幣基本是一致的。

表 5.5 穩健性檢驗Ⅰ（剔除歐元）

變量	(1) Share$_{ijt}$	(2) Share$_{ijt}$	(3) Share$_{ijt}$	(4) Share$_{ijt}$
LnInvest$_{ijt}$	0.001,1	0.001,1	0.001,1	0.000,8
	(0.000,9)	(0.000,9)	(0.000,9)	(0.000,9)
Trade$_{it}$	0.217,0**	0.217,0**	0.217,0**	0.211,9*
	(0.105,8)	(0.105,8)	(0.105,8)	(0.114,2)
Trade$_{jt}$	0.030,6	0.030,6	0.030,6	0.034,3
	(0.028,5)	(0.028,5)	(0.028,5)	(0.030,5)
LnPop$_{it}$	2.759,4***	2.759,4***	1.178,1***	1.178,2***
	(0.565,2)	(0.565,2)	(0.255,5)	(0.255,7)
LnPop$_{jt}$	0.244,8***	0.244,8***	0.246,2***	0.246,0***
	(0.003,3)	(0.003,3)	(0.003,3)	(0.005,0)
LnGDP$_{it}$	0.106,1***	0.106,1***	0.231,2***	0.231,3***
	(0.028,4)	(0.028,4)	(0.050,0)	(0.049,9)
LnGDP$_{jt}$	0.574,2***	0.574,2***	0.336,0***	0.335,9***
	(0.111,6)	(0.111,6)	(0.057,2)	(0.057,1)
Center$_j$		0.131,5***	0.089,0***	0.089,2***
		(0.010,8)	(0.008,4)	(0.008,5)
Civil$_i$		-5.060,4***	-2.280,9***	-2.285,9***
		(1.036,2)	(0.488,8)	(0.488,9)

---

① 歐元區除了有19個會員國使用歐元外，歐元也是非歐盟國家中摩納哥、聖馬力諾、梵蒂岡、黑山、科索沃、安道爾6個國家的貨幣。

表5.5(續)

變量	(1) $Share_{ijt}$	(2) $Share_{ijt}$	(3) $Share_{ijt}$	(4) $Share_{ijt}$
$Civil_j$		0.592,9***	0.537,7***	0.530,6***
		(0.012,3)	(0.009,1)	(0.008,4)
PS_{it}			0.101,1***	0.101,1***
			(0.020,7)	(0.020,6)
PS_{jt}			0.049,0***	0.048,9***
			(0.011,4)	(0.011,4)
$LnDist_{ij}$				-0.001,3
				(0.004,6)
$ComLang_{ij}$				0.010,5
				(0.007,1)
_cons	-7.001,1***	-2.402,2***	-1.993,1***	-1.977,7***
	(1.439,1)	(0.511,6)	(0.373,6)	(0.371,8)
N	555	555	555	555
adj. R^2	0.818,7	0.818,7	0.818,7	0.818,8

註：括號內數字為標準誤，***、**、*分別為在1%、5%和10%水準上顯著。

其次，本書還採用替換虛擬變量的方式來進行穩健性檢驗，通過加入貨幣流出國 i 與貨幣流入國 j 的制度因素、地理因素等虛擬變量作為控制變量（Portes & Rey，2005）。在制度因素層面，本書選用兩地是否有過殖民地關係作為虛擬變量；在地理因素層面，本書選用貨幣流出國與貨幣流入國之間是否邊境接壤作為虛擬變量（見表5.6）。

表5.6　穩健性檢驗Ⅱ（替換虛擬變量）

變量	(1) $Share_{ijt}$	(2) $Share_{ijt}$	(3) $Share_{ijt}$	(4) $Share_{ijt}$
$LnInvest_{ijt}$	0.001,0***	0.001,0***	0.001,0***	0.001,0***
	(0.000,4)	(0.000,4)	(0.000,4)	(0.000,4)
$Trade_{it}$	0.125,4***	0.125,3***	0.125,6***	0.125,7***
	(0.027,5)	(0.027,3)	(0.027,6)	(0.027,6)
$Trade_{jt}$	0.002,9	0.002,1	0.002,8	0.001,9
	(0.013,7)	(0.013,7)	(0.013,6)	(0.013,9)
$LnPop_{it}$	0.134,7***	0.134,6***	0.134,7***	0.134,6***
	(0.017,7)	(0.017,7)	(0.017,7)	(0.017,7)
$LnPop_{jt}$	0.238,1***	0.238,0***	0.238,1***	0.238,0***
	(0.006,3)	(0.006,3)	(0.006,3)	(0.006,3)

表5.6(續)

變量	(1) Share$_{ijt}$	(2) Share$_{ijt}$	(3) Share$_{ijt}$	(4) Share$_{ijt}$
LnGDP$_{it}$	0.830,3***	0.830,3***	0.830,3***	0.830,4***
	(0.108,8)	(0.108,9)	(0.108,9)	(0.109,0)
LnGDP$_{jt}$	0.468,2***	0.468,2***	0.468,2***	0.468,2***
	(0.056,7)	(0.056,8)	(0.056,8)	(0.056,8)
Center$_j$	0.128,3***	0.128,3***	0.128,3***	0.128,3***
	(0.007,1)	(0.007,1)	(0.007,1)	(0.007,1)
ComLang$_{ij}$	0.006,2*	0.005,0	0.006,3	0.005,0
	(0.003,4)	(0.003,4)	(0.004,1)	(0.003,6)
Colony$_{ij}$		0.001,7		0.001,7
		(0.003,4)		(0.003,7)
Border$_{ij}$			-0.000,1	-0.000,4
			(0.005,0)	(0.005,3)
_cons	-4.771,8***	-4.772,5***	-4.771,9***	-4.772,7***
	(0.737,6)	(0.737,9)	(0.738,4)	(0.738,8)
N	2,199	2,199	2,199	2,199
adj. R^2	0.712,8	0.712,7	0.712,7	0.712,7

註：括號內數字為標準誤，***、**、*分別為在1%、5%和10%水準上顯著。

在表5.6中，本書加入了貨幣流出國 i 與貨幣流入國 j 歷史上是否有殖民地關係，以及兩國邊境是否接壤等虛擬變量作為控制變量，來對模型進行穩健性檢驗。從表5.6的迴歸結果看，兩國（地區）在歷史上有殖民地關係會正向影響國際貨幣在當地的交易量，但在統計量上並不顯著。同時，穩健性檢驗Ⅱ（替換虛擬變量）對兩國（地區）雙邊股權和債券投資額、貿易額、人口、人均GDP以及是否屬於國際離岸金融中心、是否有共同語言等解釋變量沒有顯著性的變化。因此，穩健性檢驗Ⅱ的實證結果表明，在加入是否有殖民地關係、兩國是否邊境接壤等虛擬變量後，模型的迴歸結果依然具備穩健性。

最後，本書參照Portes、Rey（2005）的做法，通過加入制度效應和時差效應，來進行穩健性檢驗。一般而言，主要離岸金融中心的經濟自由度較高，具有較低的稅賦、高效的金融監管體系、寬鬆的營商環境、成熟的法律體系，且靠近主要經濟體，有較大的經濟腹地來吸引資金流入，此外，還具有豐富的專業金融人才儲備、發達的金融基礎設施等優勢。因此，相對於其他國家和地區的金融市場而言，更加具有競爭力，從而會對貨幣的交易與分佈產生一定影響。而檢驗貨幣的時差效應主要基於各離岸金融中心所在地區的時差存在差異，導致了各離岸金融中心在國際貨幣交易時間上不一致，當某離岸金融中心

處於正常交易時間段時，另一離岸金融中心可能處於非工作時間，若貨幣流出國 i 與貨幣流入國 j 的時差較大，投資者的交易過程中會存在信息摩擦，不能及時有效地觀測貨幣流出國的市場信息，從而影響了國際貨幣的交易量。

表 5.7 實證結果表明，控制任意一種效應，穩健性檢驗Ⅲ（檢驗兩種效應）對兩國（地區）雙邊股權和債券投資額、貿易額、人口、人均 GDP 以及是否有共同語言等解釋變量依然是顯著的，而且符號沒有發生改變。

表 5.7　穩健性檢驗Ⅲ（檢驗兩種效應）

變量	(1) $Share_{ijt}$	(2) $Share_{ijt}$	(3) $Share_{ijt}$	(4) $Share_{ijt}$
$LnInvest_{ijt}$	0.001,0***	0.001,0***	0.000,7*	0.000,7*
	(0.000,4)	(0.000,4)	(0.000,4)	(0.000,4)
$Trade_{it}$	0.125,4***	0.125,4***	0.106,0***	0.106,0***
	(0.027,5)	(0.027,5)	(0.023,7)	(0.023,7)
$Trade_{jt}$	0.002,9	0.002,9	0.028,8	0.028,8
	(0.013,7)	(0.013,7)	(0.018,6)	(0.018,6)
$LnPop_{it}$	1.028,6***	0.051,0***	1.032,8***	0.038,4***
	(0.112,5)	(0.005,9)	(0.111,3)	(0.004,3)
$LnPop_{jt}$	0.239,1***	0.341,4***	0.235,2***	0.342,9***
	(0.006,4)	(0.030,8)	(0.006,4)	(0.030,3)
$LnGDP_{it}$	0.158,5***	0.245,0***	0.158,7***	0.245,9***
	(0.031,5)	(0.037,0)	(0.031,5)	(0.037,0)
$LnGDP_{jt}$	0.288,1***	0.096,5***	0.288,5***	0.096,0***
	(0.023,5)	(0.008,5)	(0.023,2)	(0.008,2)
$Civil_i$	0.075,8**	0.009,3	0.077,4**	0.013,2
	(0.029,5)	(0.016,7)	(0.029,4)	(0.016,5)
$Civil_j$	0.514,2***	0.252,0***	0.516,3***	0.242,4***
	(0.011,9)	(0.062,5)	(0.012,1)	(0.061,7)
PS_{it}	0.074,2***	0.018,7**	0.074,0***	0.019,0**
	(0.015,2)	(0.008,3)	(0.015,2)	(0.008,3)
PS_{jt}	0.037,0***	0.023,9***	0.036,9***	0.023,9***
	(0.007,4)	(0.002,3)	(0.007,4)	(0.002,3)
$ComLang_{ij}$	0.006,2*	0.006,2*	0.005,6*	0.005,6*
	(0.003,4)	(0.003,4)	(0.003,0)	(0.003,0)
$Efreedom_j$		0.017,8***		0.018,6***
		(0.004,3)		(0.004,3)
Td			−0.002,6***	−0.002,6***
			(0.000,6)	(0.000,6)

表5.7(續)

變量	(1) $Share_{ijt}$	(2) $Share_{ijt}$	(3) $Share_{ijt}$	(4) $Share_{ijt}$
_cons	-3.647,9***	-3.952,8***	-3.640,0***	-3.960,9***
	(0.428,1)	(0.476,4)	(0.423,7)	(0.472,2)
N	2,199	2,199	2,199	2,199
adj. R^2	0.712,8	0.712,8	0.714,4	0.714,4

註：(1) 括號內數字為標準誤，***、**、*分別為在1%、5%和10%水準上顯著。

(2) Efreedomj 表示流入國制度環境，以檢驗制度效應。

5.5 人民幣在全球主要離岸金融中心交易分佈測算

在模型（4）的基礎上，本書測算了2015年人民幣在美國、英國、日本、德國、新加坡、中國香港這六大國際主要離岸金融中心交易比重的理論值。根據 BIS Triennial Survey 2013 報告可知，上述六大離岸金融中心的外匯交易量佔全球外匯交易量的70%①，因此選擇美國、英國、日本、德國、新加坡、中國香港這六大國際主要離岸金融中心來測算人民幣在上述地區的交易分佈具有高度的代表性。

本書根據模型（4）中的迴歸參數，將2015年中國內地與美國、英國、日本、德國、新加坡、中國香港這六個國家和地區的對外證券投資資產額、雙邊貿易額、人口、人均GDP等數據帶入模型中，預測人民幣在上述六大國際離岸金融中心的交易比重分佈。

將人民幣在美國、英國、日本、德國、新加坡、中國香港這六大國際主要離岸金融中心的交易比重視為一個整體，可知人民幣在全球的外匯交易逐漸向上述六大國際離岸金融中心聚集，同時也從側面反應了擴大人民幣在全球主要離岸金融中心的交易規模既有利於激發國際投資者持有人民幣的交易需求，也有助於提高人民幣在全球主要離岸金融中心的影響力。

圖5.1反應了2015年人民幣在全球主要離岸金融中心交易分佈預測值情況，從理論預測上看，人民幣在全球主要離岸金融中心的交易主要分佈於歐美離岸金融中心。其中，美國、英國等成熟型國際離岸金融中心的人民幣外匯交易預測值超越了中國香港。然而，現實經濟中，中國香港仍是人民幣第一大離

---

① 數據來源：國際清算銀行《2013年三年期央行外匯與衍生品市場活動調查報告》。

岸金融市場，共有 225 家人民幣參加行。截至 2015 年 12 月，中國香港離岸人民幣收付交易量約占全球人民幣離岸市場交易量的 70%，人民幣客戶存款及存款證總額為 11,580 億元，人民幣銀行貸款餘額為 1,880 億元①，經香港銀行處理的人民幣貿易結算額為 62,580 億元，人民幣債券發行總額為 1,970 億元，中國香港離岸人民幣市場的資金池規模占據全球人民幣離岸市場的 66%②。

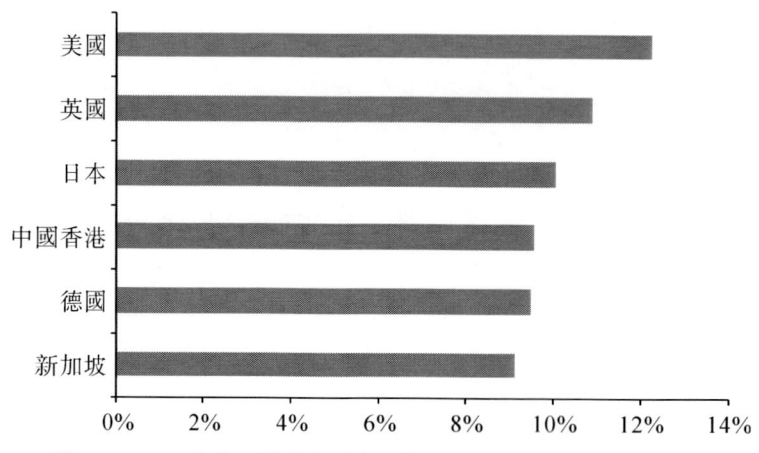

圖 5.1　2015 年人民幣在全球主要離岸金融中心交易分佈預測值

本書認為人民幣要真正成為國際貨幣，在全球範圍內發揮支付結算、投融資、價值儲藏的國際貨幣職能，需要在全球地域空間上有合理均衡的區位分佈。根據預測值，美國、英國分別位居第一、二位，理論上，人民幣的交易量在上述兩大國際離岸金融中心的交易值為 12.23% 和 10.89%。

從人民幣國際化的發展歷程上看，人民幣有必要在歐美發達的離岸金融中心進行合理佈局，在全球具有重大影響力的離岸金融中心建立人民幣離岸市場，滿足境外市場主體在人民幣跨境貿易、外匯兌換、跨境結算與支付、投融資、財富管理等方面對人民幣的需求，提高國際進出口商與國際投資者對人民幣的使用頻率和認可度，增強其持有人民幣計價資產的信心。人民幣離岸市場的發展可以為境外市場主體使用人民幣提供便利性，促進非居民之間使用人民幣進行交易與結算。從歐洲美元的發展歷程看，歐洲美元市場上大量的美元交易推動了更多的美元在美國境外循環和國際上的第三方非居民使用，與美國境內的經濟運行關聯度較低，更多體現為第三方非居民之間的貿易結算、投融資、財富管理以及外匯儲備等需求。因此，有必要在現階段優化人民幣離岸市

---

① 數據來源：Wind 數據。
② 數據來源：環球銀行金融電信協會於 2015 年 12 月發佈的《人民幣追蹤報告》。

場的合理佈局，拓展其在歐美市場外匯交易離岸中心的使用頻率，強化人民幣在離岸市場的清算支付功能，降低其交易成本。此外，人民幣離岸市場的發展可以降低人民幣清算結算的風險，增強境外市場參與主體持有人民幣資產的信心與意願。以歐洲美元市場為例，歐洲美元市場憑藉全天候 24 小時不間斷的外匯交易網絡以及 SWIFT 支付結算系統，滿足了全球主要美元離岸金融中心開展美元支付結算清算的流動性需求，從而降低了美元清算結算流動性不足的風險，增強了境外市場參與主體持有美元資產的信心。

從紐約、倫敦、新加坡等地人民幣離岸金融市場的發展歷程看，人民幣在上述國際離岸金融市場的發展速度仍顯滯後。事實上，2015 年，中國內地與美國、英國、中國香港的進出口總額分別為 5,613 億美元、785 億美元、3,470 億美元，而美國、英國兩國的人口規模和 GDP 均高於中國香港①。因此，從理論模型上看，人民幣在美國、英國的離岸市場應該有較高的人民幣交易比重。然而，現實經濟中，人民幣交易大多集中於中國香港，中國香港的 CNH 市場佔據全球人民幣離岸市場的主導地位。目前，制約紐約、倫敦人民幣離岸金融中心進一步發展的因素主要有以下幾點：

首先，從政策層面來說，中國境內的金融市場尚未完全開放，在資本項目下仍然存在外匯管制，人民幣境外向境內的回流機制尚未健全。

其次，離岸人民幣市場缺乏有效的人民幣計價的金融產品和金融服務供給，抑制了境外市場參與主體持有人民幣資產的積極性和需求。

再次，人民幣跨境支付結算網絡尚處於起步階段，人民幣跨境支付結算系統對人民幣跨境貨物貿易、服務貿易、境外投融資、跨境個人匯兌等業務的支撐有待加強。因此，需要進一步完善人民幣離岸市場金融產品的供給，豐富金融產品線，使之能夠滿足不同資金規模、不同風險偏好的境外投資群體的需求，同時，還應完善人民幣跨境支付系統對人民幣跨境和離岸資金的清算、結算的保障能力。

最後，語言文化是一國貨幣成為國際貨幣的「軟實力」。如前文所述，若貨幣流出地與貨幣流入地語言文化相近，兩國（或地區）的文化背景相似、同屬共同語言，那麼貨幣流入地對於貨幣流出地會有更高的文化認同感，產生「熟悉效應」。

鑒於此，未來在全球範圍內應積極傳播中華文化，推廣漢語的使用範圍，以塑造國際影響力的媒體和推廣孔子學院為重點，增強中華文化與漢語在世界

---

① 數據來源：UN Comtrade International Trade Statistics Database。

範圍的認知力與輻射力，以及境外市場參與主體對中華文化的認同感，從而助推人民幣國際化和人民幣離岸金融中心的發展。

5.6 本章小結

綜上所述，從國際貨幣的發展歷程看，國際貨幣存在網絡外部性和轉換成本，導致國際貨幣產生「慣性效應」。此外，從國際金融資產交易的角度來看，地緣因素和制度因素會引發貨幣交易的信息不對稱問題和交易成本上升，從而影響國際貨幣在全球地域空間的區位選擇。總體而言，國際貨幣在全球地域空間的區位佈局主要受貨幣流入國（地區）與貨幣流出國（地區）之間的雙邊金融交易規模、雙邊貿易量、地理距離，以及貨幣流入國（地區）的經濟規模、金融市場的開放程度、社會穩定程度、法律體系等因素的影響。具體而言，首先，貨幣流入國與貨幣流出國之間的雙邊金融交易規模、雙邊貿易量是國際貨幣在流入國（地區）區位分佈的重要影響因素，因為貨幣在全球地域空間範圍內的流動需要建立在經濟交易的基礎上，需要實體經濟與金融市場的配合，才能擴大國際貨幣在流入國（地區）的流通範圍和交易規模，從而產生規模經濟效應和貨幣網絡外部性效應。其次，貨幣流入國（地區）的人口基數和人均 GDP 水準高，則相應的貿易量與金融資產交易量有堅實的消費群體和投資群體作為支撐，會提升國際貨幣在貨幣流入國（地區）的交易規模和使用頻率，從而擴大國際貨幣在流入國（地區）的區位分佈比重。最後，地理因素和制度因素也會對國際貨幣的全球區位分佈產生影響，對於制度因素而言，若貨幣流入國（地區）擁有穩定的政治制度、自由的經濟營商環境、完善而透明的法律體系、良好的國際合作空間、開放包容的文化傳統，則可以通過影響國際貨幣在貨幣流入國（地區）的交易成本以及信息成本，從而間接地影響國際貨幣在全球的區位分佈；對於地理因素而言，貨幣流出國（地區）與貨幣流入國（地區）的歷史淵源、相似的文化背景以及兩地的時差和地理距離在一定程度上也會影響貨幣的信息搜尋成本和交易成本，從而影響貨幣在當地的交易規模和分佈。

從人民幣國際化的戰略佈局看，在穩定中國香港作為亞洲地區人民幣離岸金融市場主導地位的同時，應積極推動人民幣業務在歐美主要國際離岸金融中心落地生根，提升人民幣計價金融資產的廣度與深度，擴大人民幣資產在倫敦和紐約等國際主要離岸金融中心的交易規模。因此，未來應繼續致力於推動倫

敦離岸金融市場的發展，探索建設紐約人民幣離岸金融市場。

　　一方面，國內應做好人民幣離岸市場發展的制度設計和技術支持，完善人民幣回流機制的渠道與途徑，穩步推進人民幣資本項目下可兌換的時間表。現階段有必要完善 QFII、RQFII、人民幣 RFDI、人民幣合格境外有限合夥人 QFLP、人民幣貿易結算渠道、央行貨幣互換等回流機制，將人民幣跨境流動從經常項目渠道拓寬至資本項目渠道，創造條件讓境外人民幣回流至境內資本市場，從而逐步為境外人民幣回流提供可靠的制度性保障。

　　另一方面，需要完善人民幣跨境支付結算系統，形成覆蓋全球的人民幣清算網絡，建立起高效、安全的離岸人民幣跨境支付清算系統，減少人民幣在國際離岸金融中心的交易成本和信息成本。同時，增強中華文化在國際社會的競爭力與輻射力，提升中國的國家價值觀與文化影響力，增強境外市場參與主體對中國的歷史、文化、藝術、倫理道德、政治制度等諸多因素的價值肯定，消除市場參與主體對社會習俗、文化傳統、語言及宗教方面的誤解，從而提升對人民幣的認同感與接納度，增強其持有人民幣的積極性與信心，擴大人民幣在主要國際離岸金融中心的交易比重與規模，最終助推人民幣國際化戰略的實施。

6 基於複雜網絡視角的區位選擇研究

6.1 研究背景

網絡是社會經濟中普遍存在的客觀現象,很多經濟聯繫的基礎大多以網絡形式存在,尤其以複雜的網絡形式存在,社會本質上是一個開放演化的複雜網絡系統(範如國,2014)[①]。複雜網絡通常由大量的網絡節點構成,並且各節點之間通過邊進行交互。因此,複雜網絡分析中最重要的問題之一就是分析一個特殊頂點或邊在網絡系統中所具有的影響力。隨著經濟全球化和金融自由化的進程加快,金融資源在國際金融市場的跨境流動中會出現金融聚集現象。那麼,在全球眾多的離岸金融中心中,如何用網絡分析的方法來識別各離岸金融中心在全球金融網絡中節點的重要性?研究上述問題對於人民幣離岸金融中心的區位選擇至關重要。而複雜網絡理論可以從定量的視角來科學評價某個網絡節點相對於其他一個或多個網絡節點的重要性,從而為人民幣離岸金融中心的區位選擇提供新的研究視野和研究工具。鑒於此,本書基於複雜網絡分析法,依託國際貨幣基金組織協調證券投資調查數據庫(CPIS),從跨境證券投資流動視角,分析了2001年至2014年世界25個主要離岸金融中心在全球243個國家和地區的國際金融網絡結構中的重要性,並對其重要性進行排序,以期全面比較各大離岸金融中心在全球金融網絡中的地位,為人民幣離岸金融中心的區位選擇提供網絡數據支撐。

離岸金融中心憑藉較低的稅賦和寬鬆的監管環境,降低了市場參與主體的

[①] 範如國. 複雜網絡結構範型下的社會治理協同創新 [J]. 中國社會科學, 2014 (4): 98-120.

交易成本，吸引了全球資金在離岸市場的跨境流動，提升了全球資本市場的流動性，同時也對國際金融市場產生了較為深遠的影響。正如 Woodward（2006）指出的那樣，離岸金融中心與全球資本跨境流動密切相關，離岸金融中心通過降低交易成本，形成了有利於證券跨境流動的金融網絡，從而提高了全球經濟福利。鑒於此，本章著重對全球主要離岸金融中心在全球 243 個國家和地區跨境投資組合網絡結構的節點重要性進行分析。

6.2 研究方法與數據說明

6.2.1 數據來源與說明

Zorome（2000，2007）對全球離岸金融中心進行評估時，指出離岸金融中心主要為非居民提供國際金融服務，可以用金融業服務淨出口占該國國民生產總值的比重來衡量離岸金融中心的金融發達程度，若金融業服務淨出口占 GDP 的比重越大，則表明該離岸金融中心的金融服務競爭力越強[①]。但在現實經濟中，離岸金融中心對客戶金融資產高度保密的商業慣例會導致金融業服務淨出口數據的缺失，因此 IMF 從 1997 年開始籌建組織協調證券投資調查數據庫（CPIS），目的是收集有關經濟體跨境持有的股票和長短期債券投資信息以擴充投資組合資產方面的數據。

CPIS 數據庫反應了一個國家和地區持有的組合證券投資資產頭寸，以權益類資產、債券類資產等形式存在於各國或地區之間，包含總證券投資組合、權益和投資基金份額、總債券投資額、長期債券投資、短期債券投資五個統計子項，是一套從一方資產負債表到另一方資產負債表的詳細雙邊組合證券投資資產頭寸數據，反應了當資金從一國或地區流向另一國或地區時，引發相應國家和地區資產負債表頭寸的變動額，這些由於跨境交易所產生的組合證券投資資產頭寸就是 CPIS。由於離岸金融中心吸引了大量的銀行、證券、共同基金、對沖基金、保險公司等離岸金融機構，它們受非居民客戶委託，並持有和管理大量證券資產。因此，離岸金融中心的 CPIS 數額越高，可以反應該離岸金融中心的非居民金融服務量越大，離岸金融服務業的規模越大。

鑒於此，本書構建全球離岸金融中心跨境投資有向網絡，選取 25 個主要

---

① ZOROMÉ A. Concept of offshore financial centers: in search of an operational definition [J]. IMF Working Papers, 2007: 1-32.

國際離岸金融中心作為網絡節點，將節點之間發生的跨境權益投資和債券投資活動記為連接關係，將投資流入國（地區）與投資流出國（地區）之間的組合證券投資資產頭寸（權益證券投資和債權投資總額）作為邊的權重，分析 25 個離岸金融中心持有全球 243 個國家和地區證券投資組合頭寸的情況，數據來源於 IMF 的協調證券投資調查數據庫（CPIS）。

6.2.2 相關網絡指標說明

研究複雜網絡節點重要性主要有三大類指標：一種是網絡節點數、邊數及密度，另一種是節點的出（入）度、出（入）強度，第三種是刻畫網絡均勻性程度的網絡結構熵。本書將對上述三類網絡指標逐一進行分析。

（1）節點數、邊數及密度

網絡節點數（N）是指網絡中所容納的所有節點的個數。一個網絡體系中的節點個數越多，反應了該網絡規模越大。因此，如果一個網絡中的節點數量呈現增長態勢則表明該網絡系統正處於快速增長階段。國際金融網絡體系是由多個點（國家和地區）和各點之間的連線（代表國家和地區之間的金融關係）組成的集合，如果網絡節點數具有不斷遞增的趨勢，說明在經濟全球化和金融自由化的背景下，越來越多的國家和地區正融入全球金融資金循環體系中，開始與其他國家和地區建立資金流動渠道和跨境投融資的渠道。

將網絡的邊數本書設定為 M，表示網絡體系中所有連接的數量，對於有向網絡體系而言，其計算公式如下：

$$M = \sum_{i=1}^{N} \sum_{j=1}^{N} a_{ij} \tag{6-1}$$

式（6-1）中，a_{ij} 為網絡相應的無權鄰接矩陣中的元素，$a_{ij}=1$ 說明存在從節點 i 指向節點 j 的有向邊，$a_{ij}=0$ 表示從節點 i 指向節點 j 的有向邊為零。

密度是網絡結構的重要特徵，表明了網絡節點之間相互聯繫的緊密程度，網絡節點之間聯繫度越緊密，則網絡密度越大。網絡密度（Density）可以用網絡中實際存在的邊數除以理論上最多可能存在的邊數來表示。因此，對於有向網絡系統而言，網絡密度的計算公式如下：

$$D = M / [N(N-1)] \tag{6-2}$$

通常，網絡的邊數越多、密度越高，則表明該網絡體系中各個節點與節點之間的關係連接越密切。因此，若一個網絡體系的邊數和密度呈現逐漸增長的趨勢，則表明該網絡體系中的節點之間具有交叉建立連接關係的可能，從而節點之間的網絡關係呈現出更加稠密的特徵。

（2）出（入）度、出（入）強度

在有向網絡體系中，節點 i 的出度表明從有向網絡節點 i 指出的有向總邊數，入度表明有向網絡中指向節點的有向總邊數。因此，出度與入度的計算公式分別如下：

$$k_i^{out} = \sum_{j=1}^{N} a_{ij} \qquad (6-3)$$

$$k_i^{in} = \sum_{j=1}^{N} a_{ji} \qquad (6-4)$$

與此對應，在加權的有向網絡中，節點 i 的出強度表明從有向網絡中的節點 i 指出的所有有向邊的權重總和，節點 j 的出強度表明從有向網絡中的節點 j 指出的所有有向邊的權重總和；節點 i 的入強度表示有向網絡中指向節點 i 的有向邊的權之和，節點 j 的入強度表示有向網絡中指向節點 j 的有向邊的權重之和。因此，出強度與入強度的計算公式分別如下：

$$s_i^{out} = \sum_{j=1}^{N} w_{ij} \qquad (6-5)$$

$$s_i^{in} = \sum_{j=1}^{N} w_{ji} \qquad (6-6)$$

（3）網絡結構熵

網絡中，節點連接權重個體差異性較大，會導致網絡屬性產生異質性。因此，在複雜網絡分析中，有必要研究網絡異質性是呈現衰減特質還是強化特質。對於複雜網絡中的節點而言，一些節點可能會比其他節點擁有較多的連接，從而佔有較大的權重，而其他節點可能具有非常小的權重占比，這種異質性一般採用過度分佈或強度分佈來進行描述（Fagiolo, 2008；Li X, 2003）。若網絡節點的度分佈和強度分佈曲線是不規則的曲線，則會影響參數擬合值，學術界一般用網絡結構熵對網絡異質性及其演化格局進行研究。

1）出度熵和入度熵

本書用出度熵和入度熵來描述網絡體系的異質性程度。其中，出度熵和入度熵的計算公式分別如下：

$$E^{out} = -\sum_{i=1}^{N} I_i^{out} \mathrm{Ln} I_i^{out}, \quad I_i^{out} = k_i^{out} / \sum_{i=1}^{N} k_i^{out} = k_i^{out}/M \qquad (6-7)$$

$$E^{in} = -\sum_{i=1}^{N} I_i^{in} \mathrm{Ln} I_i^{in}, \quad I_i^{in} = k_i^{in} / \sum_{i=1}^{N} k_i^{in} = k_i^{in}/M \qquad (6-8)$$

式（6-7）、式（6-8）中，I_i^{out} 為節點 i 的出度占全體網絡所有總邊數的比例，當網絡體系中所有節點都具有完全一樣的出度時，即 $I_i^{out} = 1/N$ 時，E^{out} 的數值最大，此時網絡節點的出度完全呈均勻分佈；而當網絡體系中所有的有向

邊均來自同一個節點時，即 $I_i^{out}=1$ 且 $I_{i\neq 1}^{out}=0$ 時，E^{out} 的數值最小，整體網絡的節點出度都是最均匀的。因此，可以得出以下推導：

$$E_{\max}^{out}=\text{Ln}N, \qquad E_{\min}^{out}=0$$

由此可見，出度熵與網絡系統的節點數具有較强的聯繫時，可以通過對出度熵進行標準化處理，從而得到標準出度熵：

$$E_s^{out}=\frac{E_s^{out}-E_{\min}^{out}}{E_{\max}^{out}-E_{\min}^{out}}=\frac{E_s^{out}}{\text{Ln}N}$$

2）出强度結構熵和入强度結構熵

本書用出强度結構熵和入强度結構熵來分析網絡節點中出强度和入强度的異質性程度。其中，出强度結構熵的計算公式如下：

$$G_i^{out}=-\sum_{i=1}^{N}K_i^{out}\text{Ln}K_i^{out}, \qquad K_i^{out}=\frac{s_i^{out}}{\sum_{i=1}^{N}s_i^{out}}=\frac{s_i^{out}}{\sum_{i}^{N}\sum_{j}^{N}w_{ij}}$$

由以上定義可知，網絡强度熵描述了網絡節點强度的均匀性。G_i^{out} 表示節點 i 的出强度占網絡系統所有出强度的比，當網絡中所有節點具有完全一樣的出强度時，此時節點 i 的出强度為最大數值；而當網絡中所有節點的出强度均聚集於某一個節點時，E^{out} 的數值最小，可以得到：

$$G_{\max}^{out}=\text{Ln}N, \qquad G_{\min}^{out}=0$$

因此，網絡系統中出强度結構熵與該網絡系統中節點的數量密切相關，再對其進行標準化處理，可得標準出强度結構熵：

$$G_s^{out}=\frac{G_s^{out}-G_{\min}^{out}}{G_{\max}^{out}-G_{\min}^{out}}=\frac{G_s^{out}}{\text{Ln}N}$$

可見，當標準出强度結構熵接近零時，網絡系統中所有節點的出强度會聚集於某些個別節點上，從而網絡系統的少數節點在網絡邊權中占比較大，居於主導地位，而大多數節點居於從屬地位，占據網絡系統的少數資源。

3）網絡權重熵

本書用網絡權重熵來分析網絡系統中節點間連接權重的異質性程度，網絡權重熵的計算公式如下：

$$J=-\sum_{i=1}^{N}F_{ij}\text{Ln}F_{ij}, \qquad F_{ij}=\frac{w_{ij}}{\sum_{i=1}^{N}\sum_{j=1}^{N}w_{ij}}$$

其中，F_{ij} 為指節點 i 指向節點 j 的有向邊權重占網絡邊權總和的占比，如果網絡系統中所有節點的連接權重一樣，J 的取值最大。若網絡系統中所有節點的邊權都聚集於一條連接，J 的取值最小。由此可見，網絡權重熵的取值範圍與

網絡系統中的邊數具有關聯性，為了消除邊數對網絡權重熵的影響，可以通過標準化網絡權重熵的方式來進行處理，如下：

$$J = \frac{J - J_{\min}}{J_{\max} - J_{\min}} = \frac{J}{\text{Ln}M} \tag{6-9}$$

在式（6-9）中，當 J 取值接近於零時，該網絡系統中所有邊的權重將聚集於少數節點聯繫中，網絡中少數節點連接輻射了網絡系統的絕大多數邊權，從而這些少數網絡節點在整個網絡系統中居於高等級地位。

6.3 全球離岸金融中心網絡格局演進研究

6.3.1 全球離岸金融中心網絡描述性分析

在全球離岸金融中心有向網絡中，節點表示該網絡體系中的每個經濟體，反應該網絡規模的大小；邊數表示網絡體系中所有連接的數量；密度則表示網絡中實際存在邊數與理論上最多存在邊數的比值，可以反應雙邊貿易投資活動發生的頻繁程度。網絡中每個節點代表一個經濟體，如果經濟體 i 持有經濟體 j 的證券投資組合頭寸，則從節點 i 向節點 j 作一條有向邊 $i \rightarrow j$。

在全球離岸金融中心網絡中，節點 i 的出度是指與節點相連指向其他節點的有向線段的數量和，反應經濟體 i 與其他經濟體建立貿易投資關係的數量。節點 i 的入度是指與節點相連指向該節點的有向線段的數量和，反應經濟體 i 的證券組合資產被多少個其他經濟體所持有。節點 i 的出強度是指與節點相連的指向其他節點的有向線段的權重之和，反應經濟體 i 持有其他經濟體證券投資組合的頭寸之和。節點 i 的入強度是指與節點相連的指向該節點的有向線段的權重之和，反應經濟體 i 的證券投資組合被其他經濟體持有的頭寸之和。

圖6.1反應了2001—2014年全球離岸金融中心網絡的節點數與邊數。可以看出，離岸金融中心網絡節點數一直是243個，邊數則呈現長期增長的趨勢。2001—2007年，邊數由1,526逐漸上升至2,113，2008年，受美國「次貸危機」的衝擊，邊數降至2,063，經過兩年的緩慢復甦後，邊數又恢復至危機前的水準，隨後，年份均在2,100附近窄幅波動。邊數的顯著增加表明節點之間建立連接關係的可能性逐漸增強，即國際金融網絡中243個經濟體兩兩之間存在跨境投資關係的數量越來越多，全球金融網絡各節點之間的緊密度呈現上升的趨勢。

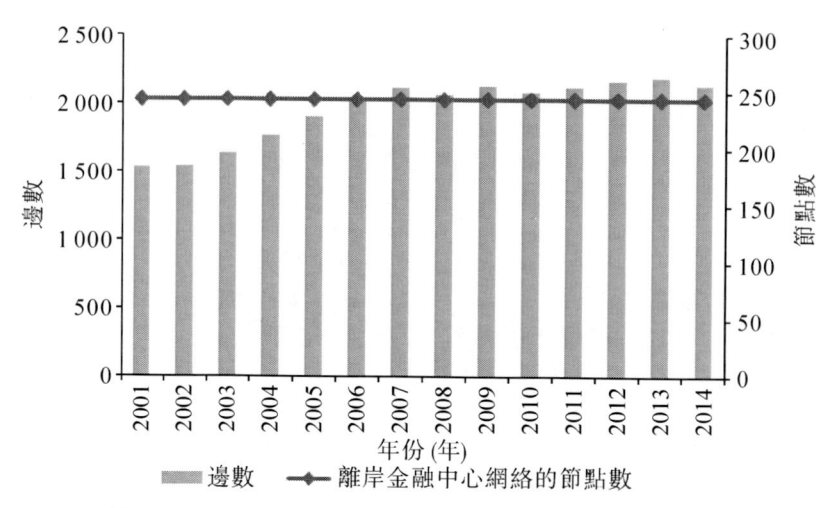

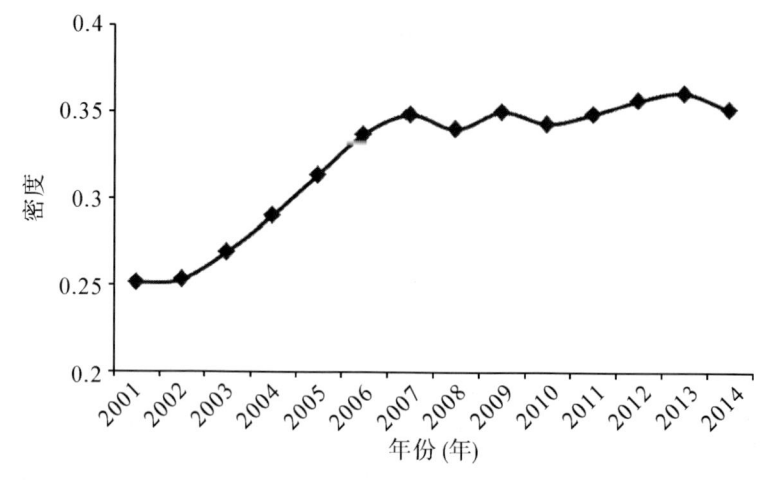

图 6.1 全球离岸金融中心网络节点数与边数 (2001—2014)
资料来源：经 IMF 组织协调证券投资调查数据计算整理。

进一步从全球离岸金融中心网络的密度来看，如图 6.2 所示，本书发现该网络体系的密度呈现长期增长的态势。2001 年至 2007 年，网络密度由 0.251 增加至 0.348，2008 年小幅下降至 0.339，随后一直在 0.35 附近窄幅波动。网络密度衡量了网络中有点位置在总位置中所占比重的情况，从一定程度上反应了边数的多寡。网络密度的逐渐增加，说明该网络体系中节点与节点之间的关系连接越来越密切，节点之间的网络关系呈现更稠密的发展趋势，这表明整个国际金融网络体系中 243 个经济体之间的跨境投资活动日益频繁且联系日益紧密。

图 6.2 全球离岸金融中心网路密度 (2001—2014)
数据来源：经 IMF 组织协调证券投资调查数据计算整理。

6.3.2 全球離岸金融中心網絡節點與度的演變

(1) 輸出節點與出度的空間分佈

表6.1反應了不同區域離岸金融中心的節點數與出度分佈情況。其中，節點數表示各大洲所包含的離岸金融中心數目，出度值表示各大洲持有多少個國家和地區的證券投資組合資產。從節點數來看，歐洲和美洲的節點數相對較多，其次為亞洲，而中東的節點數最少。這表明在國際金融體系中，歐洲和美洲地區分佈更多的離岸金融中心，且與其他國家和地區建立了更為廣泛的跨境投融資關係。從出度來看，2004年至2014年整體出度值呈現小幅上升的趨勢，由2004年的1,760上升至2014年的2,134。從分區域出度數據來看，歐洲地區是出度值最高的區域，長期保持在1,000以上，接下來依次為美洲和亞洲，而中東地區的出度值相對較低。進一步考察各區域出度值的變化趨勢，本書發現歐洲的出度值呈現長期遞增的態勢，從2004年的1,047上升至2011年的1,291，之後一直維持在1,300以上水準。美洲的出度值則呈現「倒U形」發展態勢，從2004年的411上升至2009年的534，之後便逐漸遞減至2014年的425。亞洲的出度值相對較穩定，長期位於300附近窄幅波動。中東的出度值一直處於較低水準，長期維持在100以內，但從2008年以後則表現出明顯的增長趨勢，從2008年的58增長至2014年的90。

表6.1 分區域離岸金融中心的節點數與出度　　　　　單位：個

區域	節點數	出度										
		2004年	2005年	2006年	2007年	2008年	2009年	2010年	2011年	2012年	2013年	2014年
美洲	7	411	463	489	535	495	534	463	463	472	484	425
亞洲	4	259	269	294	291	293	285	291	291	313	313	309
歐洲	13	1,047	1,136	1,223	1,228	1,217	1,245	1,291	1,291	1,303	1,325	1,310
中東	1	43	34	38	59	58	60	72	72	78	71	90
出度總和	25	1,760	1,902	2,044	2,113	2,063	2,124	2,117	2,117	2,166	2,193	2,134

資料來源：經IMF組織協調證券投資調查數據計算整理。

表6.2反應了不同區域離岸金融中心的節點數與出強度情況。出強度值表示各大洲持有其他國家和地區的證券投資組合頭寸的總和。從離岸金融中心整體出強度來看，受金融危機影響，除2008年有小幅回落外，其餘年份均表現出明顯的上升趨勢。出強度總和由2007年的27.74萬億美元下降至2008年的20.95萬億美元，但隨後年份呈現小幅上升態勢，2014年達到32.64萬億美

元。進一步考察各區域出強度的具體情況，可見歐洲為出強度最高的地區，接下來依次為美洲和亞洲，而中東地區的出強度值最低。2014年歐洲、美洲和亞洲離岸中心的出強度值分別為17.38萬億美元、10.06萬億美元與5.17萬億美元，而中東地區出強度值僅為0.029萬億美元。從長期發展趨勢來看，歐洲、美洲和亞洲的出強度值除2008年小幅下降外，其餘年份均表現出長期增長的勢頭，而中東地區的出強度值一直處於0.03萬億美元附近窄幅波動。

表6.2 分區域離岸金融中心出強度　　單位：十億美元

區域	節點數	出強度									
		2005年	2006年	2007年	2008年	2009年	2010年	2011年	2012年	2013年	2014年
美洲	7	5,143	6,648	8,002	4,869	6,683	7,447	7,367	8,427	9,602	10,057
亞洲	4	2,727	3,185	3,705	3,193	3,904	4,548	4,553	5,020	5,134	5,171
歐洲	13	10,350	13,817	15,988	12,854	15,014	15,217	14,079	15,569	17,403	17,380
中東	1	22	38	47	33	32	30	29	36	34	29
出強度總和	25	18,242	23,687	27,742	20,949	25,633	27,242	26,027	29,052	32,174	32,637

資料來源：經IMF組織協調證券投資調查數據計算整理。

上述分析表明，無論從節點、出度還是出強度來看，歐洲和美洲地區的離岸金融中心與其他243個經濟體之間的跨境投資活動更活躍，這凸顯了歐美地區離岸金融中心在全球金融網絡體系中具有重要戰略地位，相比之下，亞洲和中東地區在國際金融網絡體系中的重要性不甚明顯。

（2）出度與出強度的國別分佈與變化

表6.3反應了全球25個離岸金融中心出度的國別分佈情況。出度刻畫了每個離岸金融中心持有多少個其他國家和地區的證券投資組合資產，即與其他經濟體建立的跨境投資關係數。本書將2014年各離岸金融中心出度進行降序排列，可以看出，盧森堡和英國的出度值排名分別為第一、二位，出度值分別為169和159。位居前10位的國家和地區還包括愛爾蘭、法國、德國、瑞士、日本、百慕大、澤西島、美國等。相對而言，2014年中國香港的出度值僅為88，在25個離岸金融中心中處於中間地位。排名較後的國家和地區主要包括巴哈馬、荷屬安的列斯和馬恩島。就變化趨勢來看，多數國家的出度值呈長期增長的態勢，其中英國出度值的遞增趨勢最為明顯，由2004年的101逐漸增加至2014年的159。此外，遞增趨勢較為明顯的還包括百慕大、直布羅陀、盧森堡等國家和地區，而中國香港的出度值變化趨勢不明顯，2004—2014年一

直位於90附近小幅波動。從上述離岸金融中心出度值的分佈情況看，在國際金融網絡體系中，盧森堡、英國等國家與其他經濟體的聯繫較多，從側面反應了這些國家在國際跨境投資活動中的重要地位。

表6.3　全球離岸金融中心出度的地域分佈　　　　　單位：個

國家或地區	年份（年）										
	2004	2005	2006	2007	2008	2009	2010	2011	2012	2013	2014
盧森堡	133	142	144	109	139	141	161	161	160	165	169
英國	101	91	134	147	143	140	152	152	153	154	159
愛爾蘭	106	120	129	121	118	130	139	139	138	125	139
法國	105	113	115	125	123	121	127	127	133	132	137
德國	102	110	117	119	115	116	116	116	122	128	131
瑞士	103	111	111	118	115	118	114	114	123	133	131
日本	89	93	105	106	94	99	116	116	122	124	128
百慕達	73	78	79	86	84	81	85	85	98	85	124
澤西島	91	94	94	103	95	117	114	114	111	105	116
美國	114	114	118	120	127	128	136	136	139	143	104
模里西斯	67	53	73	90	89	103	82	82	90	92	93
比利時	92	94	109	105	100	94	96	96	89	95	93
巴林	43	34	38	59	58	60	72	72	78	71	90
香港	94	92	99	88	92	90	91	91	94	95	88
塞浦勒斯	83	87	90	87	94	89	89	89	85	81	86
直布羅陀	15	29	30	37	39	39	44	44	51	61	71
泰國	26	34	43	47	57	59	58	58	67	66	66
開曼群島	40	72	70	80	68	82	67	67	65	65	62
葡萄牙	35	67	72	70	58	53	52	52	52	59	58
巴貝多	31	42	48	48	34	46	57	57	53	65	42
新加坡	50	50	47	50	50	37	26	26	30	28	27
馬爾他	25	28	27	30	27	37	35	35	34	30	20
巴哈馬	42	42	42	48	36	31	36	36	27	34	0
荷屬安的列斯	44	62	59	63	57	63	0	0	0	0	0
馬恩島	56	50	51	57	51	50	52	52	52	57	0

資料來源：經IMF組織協調證券投資調查數據計算整理。

表6.4反應了2014年全球25個離岸金融中心出強度值排序情況，可以看出，美國、英國、盧森堡的出強度值位居前三位，分別為93,718億美元、36,435億美元和35,590億美元。以下依次為日本、德國、法國、愛爾蘭和瑞

士，而中國香港的出強度值位居第九位。排名最後的國家或地區主要包括巴哈馬、荷屬安的列斯和馬恩島，表明2014年這些避稅港型離岸金融中心與世界其他經濟體發生的貿易投資關係較弱。從變化趨勢來看，大多數國家的出強度值除2008年有小幅回落外，其餘年份均表現出遞增的發展趨勢。其中，美國、盧森堡和英國出強度的增長趨勢較為明顯，2004—2014年分別增加了56,294億美元、19,549億美元和16,449億美元，中國香港的出強度值在該期間也有明顯增長態勢，由3,964億美元增加至11,607億美元。而少數國家的出強度呈明顯的下降趨勢，例如2004年至2014年澤西島、馬恩島與荷屬安的列斯分別減少了1,024億美元、319億美元與146億美元。

表6.4 全球離岸金融中心出強度的地域分佈　　　　單位：億美元

國家或地區	年份（年）										
	2004	2005	2006	2007	2008	2009	2010	2011	2012	2013	2014
美國	37,424	45,662	59,689	71,139	42,345	58,909	66,662	67,464	78,123	89,804	93,718
英國	19,986	22,420	30,038	31,536	22,808	28,490	29,828	30,158	33,340	38,127	36,435
盧森堡	16,041	18,294	24,212	28,629	21,486	26,907	28,554	26,438	30,251	33,898	35,590
日本	18,926	20,172	22,465	24,257	22,710	27,243	31,723	32,668	34,004	33,215	32,695
德國	15,013	15,396	22,561	26,124	21,327	24,796	25,154	23,265	26,702	29,740	29,588
法國	17,283	18,523	24,400	29,377	25,193	28,333	27,592	23,086	24,991	28,041	26,647
愛爾蘭	10,455	11,714	16,081	19,479	17,319	18,913	18,573	17,792	19,576	20,831	23,173
瑞士	6,880	6,724	8,126	9,724	7,960	9,409	9,806	8,896	9,669	11,761	12,174
香港	3,964	4,345	5,770	7,767	5,536	8,012	9,191	8,173	9,808	11,150	11,607
新加坡	2,341	2,726	3,564	4,879	3,548	3,560	4,343	4,489	6,123	6,715	7,086
比利時	5,047	5,479	6,716	8,191	7,153	7,652	7,105	6,506	6,603	7,097	6,849
百慕達	3,069	3,899	4,450	5,688	3,911	4,670	5,479	4,493	4,307	4,371	5,099
澤西島	2,674	3,069	3,568	4,019	2,682	2,375	2,532	2,180	2,090	1,981	1,650
葡萄牙	1,226	1,338	1,574	1,889	1,750	2,083	1,931	1,460	1,410	1,487	1,406
模里西斯	385	548	815	1,546	1,311	1,816	1,464	953	1,008	1,009	1,247
開曼群島	575	721	851	900	500	564	594	510	522	470	419
泰國	16	30	46	149	131	230	221	202	269	262	324
巴林	214	222	380	469	333	316	302	286	361	342	293
塞浦勒斯	105	136	270	265	388	605	481	369	338	142	120
馬爾他	80	107	139	146	127	165	198	216	247	257	87
巴貝多	109	155	210	257	199	203	148	173	184	213	85
直布羅陀	5	13	10	17	22	31	23	23	79	44	81
巴哈馬	113	207	197	101	121	112	127	73	121	156	0
安的列斯	146	239	266	389	305	557	0	0	0	0	0
馬恩島	319	283	469	485	329	381	394	400	393	625	0

資料來源：經IMF組織協調證券投資調查數據計算整理。

上述分析進一步證實了美國、英國和盧森堡等國在國際金融體系中的重要地位，這些離岸金融中心持有更多其他國家和地區的證券資產組合。

6.3.3 節點中心性的比較分析

在網絡結構分析中，最基本的問題之一就是判斷一個特殊頂點或者邊在網絡系統中的重要性。而節點中心性指標可以幫助有效識別節點在網絡系統中所居地位的重要性，能量化分析某節點與其他節點聯繫的密切程度。通常，節點中心度反應了網絡系統中與某一節點有直接聯繫的其他節點數目，與該節點有直接聯繫的其他節點數目越多，則說明該節點的中心性越高，表明該節點在網絡系統中的重要性越強，以及該節點對於網絡資源流動控制力越強。

節點 i 相對於節點 j 和節點 k 的中間度是指節點 i 處於此點對的最短路徑上的能力。假設 g_{jk} 表示節點 j 到節點 k 所需要經過的最少節點路徑數，節點 i 相對於節點 j 和節點 k 的中間度用 $b_{jk}(i)$ 來表示，則 $b_{jk}(i) = g_{jk}(i)/g_{jk}$。

本書用節點中心度來測度某一節點在多大程度上控制其他點之間的關聯，即該節點處於此對點的捷徑的能力。若該數值為 0，意味著該節點不能控制其他任何節點，處於網絡邊緣地位；若該數值為 1，則表示該節點具有完全控制其他節點的能力，處於整個網絡中的核心地位。

表 6.5 反應了全球 25 個離岸金融中心節點中心性情況，可以看出中心度排名較前的國家和地區分別有美國、盧森堡和英國，排名較後的有荷屬安的列斯、馬恩島與巴哈馬。2014 年，美國的標準中心度高達 0.892，非常接近 1，這表明美國的證券資產在全球範圍內被更多的國家持有，同時該國也持有很多其他國家和地區的證券組合資產。2014 年，盧森堡和英國的標準中心度分別為 0.845 和 0.58，均處於全球金融網絡的核心地位。相比之下，荷屬安的列斯、馬恩島與巴哈馬的標準中心度均為 0，表明這些國家在整個網絡中的仲介能力較弱。從變動趨勢來看，英國的標準中心度呈倒「U」形發展趨勢，由 2004 年的 0.321 增加至 2008 年的 0.802，隨後逐年小幅下降。美國的標準中心度一直維持較高水準，多數年份位於 0.7~0.8 附近窄幅波動。而盧森堡的標準中心度呈小幅上升趨勢，由 2004 年的 0.684 上升至 2014 年的 0.845。值得注意的是，中國香港的標準中心度一直處於中等水準，因此從人民幣國際化戰略出發，不應將所有資源集中於發展中國香港人民幣離岸金融中心，在重點發展美國、英國與盧森堡離岸金融中心的同時，應實現全方位的均衡發展。

表 6.5　全球離岸金融中心的節點中心性

國家	年份（年）										
	2004	2005	2006	2007	2008	2009	2010	2011	2012	2013	2014
盧森堡	0.684	0.802	0.741	0.205	0.578	0.551	0.551	0.786	0.666	0.82	0.845
英國	0.321	0.161	0.411	0.763	0.802	0.746	0.746	0.662	0.619	0.695	0.58
法國	0.342	0.288	0.261	0.503	0.478	0.374	0.374	0.373	0.435	0.362	0.384
愛爾蘭	0.44	0.426	0.543	0.379	0.408	0.345	0.345	0.404	0.43	0.362	0.356
德國	0.309	0.282	0.341	0.298	0.227	0.184	0.184	0.203	0.214	0.249	0.264
瑞士	0.428	0.377	0.231	0.369	0.307	0.245	0.245	0.246	0.316	0.262	0.226
澤西島	0.166	0.147	0.133	0.418	0.222	0.53	0.53	0.448	0.342	0.126	0.211
美國	0.6	0.779	0.748	0.766	0.852	0.736	0.736	0.766	0.673	0.867	0.892
模里西斯	0.374	0.278	0.313	0.395	0.423	0.322	0.322	0.211	0.204	0.267	0.179
百慕達	0.111	0.101	0.167	0.272	0.272	0.24	0.24	0.101	0.147	0.14	0.178
日本	0.206	0.209	0.194	0.237	0.115	0.203	0.203	0.145	0.169	0.163	0.166
巴林	0.014	0.006	0.005	0.037	0.04	0.066	0.066	0.033	0.036	0.105	0.16
泰國	0.004	0.062	0.03	0.02	0.069	0.1	0.1	0.064	0.099	0.097	0.111
開曼群島	0.041	0.101	0.074	0.145	0.096	0.135	0.135	0.091	0.083	0.106	0.075
葡萄牙	0.01	0.126	0.109	0.1	0.11	0.079	0.079	0.124	0.109	0.085	0.074
直布羅陀	0	0.003	0.006	0	0.01	0	0	0.004	0.007	0.025	0.073
香港	0.355	0.154	0.19	0.103	0.144	0.098	0.098	0.08	0.119	0.135	0.158
比利時	0.398	0.372	0.401	0.156	0.154	0.126	0.126	0.097	0.097	0.092	0.056
塞浦勒斯	0.097	0.05	0.108	0.087	0.056	0.016	0.016	0.058	0.045	0.054	0.031
巴貝多	0.025	0.059	0.044	0.034	0.008	0.019	0.019	0.068	0.069	0.121	0.017
新加坡	0.066	0.064	0.024	0.024	0.019	0.01	0.01	0.011	0.009	0.008	0.008
馬爾他	0	0	0	0.001	0.001	0.003	0.003	0.005	0.003	0.003	0.001
荷屬安的列斯	0.054	0.058	0.029	0.041	0.045	0	0	0	0	0	0
馬恩島	0.092	0.03	0.06	0.032	0.021	0.024	0.024	0.039	0.035	0.046	0
巴哈馬	0.035	0.013	0.016	0.036	0.012	0.008	0.008	0.011	0.008	0.014	0

資料來源：經 IMF 組織協調證券投資調查數據計算整理。

6.3.4 離岸金融中心網絡均質性分析

(1) 離岸金融中心網絡結構熵與權重熵

本書對全球離岸金融中心網絡結構的度求熵值,並進行標準化處理,得到標準結構熵與標準權重熵。首先,需要界定以下概念:第一,標準出度(入度)熵越接近1,表示該網絡中所有節點出度(入度)越趨於相等,即所有節點的出度(入度)值差異較小,所有節點的地位趨同,中心性體現得不明顯。相反,當標準出度(入度)熵越接近0時,網絡中所有節點的出度集中於某幾個節點上,使得網絡中節點的中心性地位體現得非常明顯,即少數節點與其他節點構建起眾多的連接,在網絡中占據中心地位。第二,標準出強度(入強度)熵越接近1,表示該網絡中所有節點出強度(入強度)越趨於相等,網絡中各個節點所控制的資源趨於相同。相反,當標準出強度(入強度)熵越接近0時,網絡中所有節點的出強度集中於某幾個節點上,使得網絡中少數節點可以控制網絡中的絕大多數資源,從而占據特別重要的地位。第三,標準網絡權重熵越接近於1表示網絡中所有有向邊的權重越趨於相等。即每條連接關係的強度都基本一致。相反,標準網絡權重熵越接近於0表示網絡中所有有向邊的權重將集中到少數連接上,使得網絡中少數連接承載了絕大多數網絡資源。

表6.6反應了全球離岸金融中心網絡的熵值及權重分佈。首先,從標準出度熵和入度熵來看,2004—2014年兩者均位於0.9附近波動,說明出度與入度的均質性非常高。就具體數值而言,標準出度熵的值略大於標准入度熵,這表明25個離岸金融中心與其他經濟體建立貿易投資關係數量的有序性要高於其他經濟體與離岸金融中心之間貿易關係的有序性。其次,從標準出強度結構熵和入強度結構熵來看,2014年兩者的值分別為0.702和0.595,說明出強度的差異程度略低於入強度的差異程度,即25個離岸金融中心持有其他經濟體證券資產組合頭寸的有序性要高於其他經濟體持有離岸金融中心證券資產的有序性。進一步橫向比較發現,出度(入度)熵相對於出強度(入強度)熵更具有均質性。最後,對標準化網絡權重熵進行分析發現,2004—2014年該數值一直在0.68附近小幅波動,這表明整個網絡中所有邊的權重存在一定的差異性。就變化趨勢而言,2010年以後該數值逐年小幅下降,說明網絡格局表現出隨機網絡特性,具備向多元化發展的趨勢。這反應了全球243個國家和地區之間發生貿易投資關係頭寸的差異程度逐漸增強,使得絕大多數網絡資源集中於少數國家之間的聯繫中。

表 6.6 離岸金融中心網絡的出度熵、入度熵及權重分佈

年份（年）	2004	2005	2006	2007	2008	2009	2010	2011	2012	2013	2014
出度熵	3.102	3.127	3.125	3.146	3.130	3.131	3.080	3.080	3.078	3.084	2.996
入度熵	4.859	4.878	4.944	4.951	4.968	4.994	5.033	5.033	5.048	5.054	5.075
標準出度熵	0.964	0.971	0.971	0.977	0.972	0.973	0.957	0.957	0.956	0.958	0.931
標准入度熵	0.885	0.888	0.900	0.901	0.904	0.909	0.916	0.916	0.919	0.920	0.924
出強度結構熵	2.365	2.353	2.344	2.361	2.416	2.383	2.350	2.311	2.298	2.279	2.258
入強度結構熵	3.137	3.193	3.205	3.266	3.182	3.236	3.273	3.237	3.295	3.277	3.268
標準出強度結構熵	0.735	0.731	0.728	0.734	0.751	0.740	0.730	0.718	0.714	0.708	0.702
標准入強度結構熵	0.571	0.581	0.584	0.595	0.579	0.589	0.596	0.589	0.600	0.597	0.595
網絡權重熵	5.162	5.194	5.216	5.282	5.230	5.242	5.235	5.160	5.211	5.185	5.163
標準化的網絡權重熵	0.691	0.688	0.684	0.690	0.685	0.684	0.685	0.674	0.678	0.674	0.673

資料來源：經 IMF 組織協調證券投資調查數據計算整理。

（2）離岸金融中心網絡格局的拓撲模擬

為直觀表現全球離岸金融中心網絡格局的非均質性，本書採用複雜網絡分析方法，利用 Netdraw 繪圖軟件對離岸金融中心網絡格局進行了網絡模擬，以便全面刻畫離岸金融中心網絡格局的全貌。圖中每個節點代表全球 243 個經濟體中的一個（包括 25 個離岸金融中心），有向線段代表貿易投資關係，線段的粗細代表證券投資組合頭寸的多寡即權重。若通過某一節點的邊數越多，網絡關係越稠密，則表示該節點在國際金融網絡體系中的貿易投資活動越頻繁。由此可以看出全球離岸金融中心網絡格局的不均質性，部分節點之間高度連接，而有些節點之間的聯繫度較低，甚至無貿易投資聯繫。例如，在該網絡體系中，美國、英國、盧森堡、新加坡、荷蘭等國家與其他經濟體的聯繫較為密切。相較而言，巴巴多斯、塞浦路斯、百慕大、直布羅陀、葡萄牙、愛爾蘭等國家和地區與其他經濟體之間的貿易投資額較少。鑒於美國、英國和盧森堡等國在網絡拓撲結構中的重要地位，未來在大力發展中國香港人民幣離岸金融中心的同時，還應將這些國家和地區納入重點選擇範圍，根據自身的稟賦條件與面臨的政治經濟環境，有針對性地實施多元化發展戰略，進而選擇合適的人民幣離岸金融中心。

6.4 全球離岸金融中心網絡中心性研究

6.4.1 研究現狀

經濟學中網絡的運用越來越普及，其應用範圍包括早期研究的勞動經濟學（Shultz，1951；Rees，1970）、合作博弈理論（Myerson，1977；Slikker & Van den Nouweland，2001）、網絡形成的成本效益分析（Jackson & Wolinsky，1996）。複雜網絡對節點重要性的分析主要使用中心性度量，以反應該節點網絡重要性的程度。近年來，許多學者對網絡節點的重要性進行了研究，Freeman（1979）提出用接近度方法進行網絡節點重要性排序，指出一個節點距網絡中所有節點的最短路徑之和最小，則該節點的重要性最強。但該方法在星型網絡分析中較為適合，而對其他結構的網絡分析效果較差。進而，Freeman又提出採用介數中心性方法進行節點中心性研究，指出中心節點具有良好的交互性，全局最短路徑通過越多的那個節點重要性最強。但該方法忽略了邊權重，導致研究者無法評價邊界節點的網絡重要性。Newman（2005）根據隨機遊走過程，提出隨機遊走介數中心性算法，該方法可以有效識別連接邊密度較大區域的重要節點，從而量化分析此類節點對整個網絡流通性的作用。鑒於此，本書借鑒Newman（2005）、Blochl（2011）測算節點中心性的方法，將複雜網絡分析法與實證經濟學方法相結合，基於平均首次達到的時間視角，運用隨機遊走中心性算法來分析全球離岸金融中心網絡節點的中心性。

6.4.2 隨機遊走中心性模型設定

概率圖模型可以為多元變量提供一個直觀的圖形概括。設有一個N元的隨機變量，$X = (x_1, x_2, x_3, \cdots, x_n) \sim F_n$。本書用$G(V, E)$表示一張網絡圖形，$V = \{1, 2, \cdots, N\}$是節點集合，$E = V \times V$是鄰接矩陣，也可以被看作邊集合。每個頂點（$i$）代表一個國家或地區，每一個邊$V(i, j) \in E$設置為一個權重$a_{ij}$，這個權重是由來源於$i$國在$j$國進行的證券投資數量決定的。因此，可通過一個對稱鄰接矩陣A來表示該網絡。其中，元素e_{ij}的值表示了邊(i, j)的權重。鄰接矩陣A用時間處t的A_t表示，從而產生了一個三維數據集。矩陣中元素e_{ij}用於描述節點i和j的聯繫。如果不考慮權重，e_{ij}取0或1，0表示節點之間無聯繫，1表示節點之間有聯繫。若是無向圖，該鄰接矩陣是一個對稱矩陣，即$E = E^T$。當節點集合V與隨機變量X對應時，則邊集合表示連接的兩個變量之間的條件相關性。即當通過了馬爾可夫性質，圖形G描述了對於所有

$1 \leq i \leq j \leq N$，則有 $e_{ij} = 0 \Leftrightarrow X_i \perp X_j \mid X_{V \setminus \{i, j\}}$。或者，如果所有隨機變量都是連續的，$e_{ij}$ 可以表示變量 i 和變量 j 間的偏相關係數。

本書採用隨機遊走中心性測量法，該方法可以滿足經濟複雜網絡的分析需求，且充分考慮了網絡密集度概率。此外，同時可以考慮每個邊的方向，從而確保內向邊緣和外向邊緣在網絡中具有顯著不同的含義。由於隨機遊走中心性測量法基於隨機遊走理念，該測量法認為直接連接不是經濟網絡中信息流通的唯一途徑。因此，隨機遊走中心性測量法旨在回答離岸金融中心的證券投資可能通過哪些節點流向其他節點。設某一年 25 個離岸金融中心間投資數據（單位：百萬美元）生成的鄰接矩陣 $A_{25 \times 25}$，元素 a_{ij} 表示國家 i 在該年對國家 j 的投資金額。鑒於在全球金融網絡的馬爾科夫鏈上隨機遊走的轉移概率矩陣 $M(i, j)$ 會受到節點 j 的節點網絡重要性的影響，如果僅選用原始投資額做概率圖模型，經濟體量小的國家之間的金融往來關係會被削弱甚至被忽略，因此需要從矩陣 A 提取一個特徵值來幫助界定轉移概率矩陣 M。本書借鑒 Blochl（2011）的做法，將轉移概率矩陣 M 定義為 $M = K_{diag}^{-1} A$，其中 K 是每個網絡節點出度 k_i^{out} 構成的對角矩陣，即 $K_{diag}(i, i) = k_i^{out}$，而轉移概率矩陣 M 描述了在各國或地區間跨境資金流動的吸收隨機遊走過程中，選擇下一個鄰接節點作為路徑繼續遊走的概率。

關於隨機遊走中心性測度的一個重要指標是平均首次達到時間（Mean First Passage Time，MFPT），其含義是一個隨機遊走的粒子從網絡中一個節點出發，每個時間步，該粒子等概率地或遵循某個轉移概率向下一個鄰接節點進行隨機遊走，通過不斷反覆該過程直至到達目標節點的平均期望時間。作為隨機遊走過程所選擇的距離測度，從節點 s 到節點 t 的平均首次達到時間可從 $H(s, t)$ 得到，本書將平均首次達到時間（MFPT）記為 $H(s, t)$。其中，$H(s, t)$ 表示從節點 s 出發的粒子隨機遊走到節點 t 所需的期望步數，$H(s, t)$ 表達式如下：

$$H(s, t) = \sum_{r=1}^{\infty} r \cdot P(s \xrightarrow{r} t) \qquad (6\text{-}10)$$

在這裡，$r \geq 1$，因為當 $s = t$ 時，$P(s \xrightarrow{r} t) = 0$，從而 $H(t, t) = 0$。由於首次達到時間是非對稱的，這種特性決定了相對於其他路徑而言，邊緣節點必然有更高的概率選擇經過中心節點的路徑，而不是選擇其他的路徑。$P(s \xrightarrow{r} t)$ 表示了隨機遊走 s 達到 t 所需要 r 步的概率，根據隨機遊走的定義，當隨機遊走最終到達節點 t 時就不再離開，所以在進行下一次隨機遊走之前，必須將轉移矩陣 M 中的第 t 行和第 t 列刪除，形成新的轉移矩陣 M_{-t}，轉移矩陣 M_{-t} 為 $(n-1) \times (n-1)$ 的矩陣。

矩陣 $(M_{-t})^{r-1}$ 表示轉移矩陣 M_{-t} 的 $r-1$ 次冪得到的矩陣，其中每個元素 (s,i) 代表了隨機遊走在不經過節點 t 的情況下，從節點 s 達到節點 i 需要 $r-1$ 步的概率。因此，從節點 s 出發首次達到節點 t 共經過 r 步的概率可以由下式得到：

$$P(s \xrightarrow{r} t) = \sum_{i \neq t} [(M_{-t})^{r-1}]_{si} m_{it} \qquad (6-11)$$

式中，$[(M_{-t})^{r-1}]_{si}$ 為從節點 s 出發達到節點 i 共經過 $r-1$ 步的概率，m_{it} 為矩陣 M 第 i 行第 t 列元素。將該等式帶入 $H(s,t) = \sum_{r=1}^{\infty} r \cdot P(s \xrightarrow{r} t)$ 中，可得：

$$H(s,t) = \sum_{r=1}^{\infty} r \sum_{i \neq t} [(M_{-t})^{r-1}]_{si} m_{it} \qquad (6-12)$$

對所有達到節點 t 的隨機遊走路徑求和結果為：

$$\sum_{r=1}^{\infty} r(M_{-t})^{r-1} = (I - M_{-t})^{-2} \qquad (6-13)$$

這裡，I 是 $n-1$ 階的單位矩陣，對 I 求逆矩陣是因為之前已經在 M 中刪除了 t 對應的行和列。當存在吸收狀態時，$(I - M_{-t})$ 是可逆矩陣，進一步可得：

$$H(s,t) = \sum_{i \neq t} [(I - M_{-t})^{-2}]_{si} m_{it} \qquad (6-14)$$

為了便於計算，本書將轉移概率期望值 $H(s,t)$ 進一步轉化為向量的形式，以表示網絡中任何一個除節點 t 以外的節點隨機遊走到節點 t 的概率期望之和，計算公式為：

$$E(.,t) = (I - M_{-t})^{-2} m_{-t}, \qquad (6-15)$$

式（6-15）中，$m_{-t} = (m_{1t}, \cdots, m_{t-1,t}, m_{t+1,t}, \cdots, m_{nt})^T$。

m_{-t} 為矩陣 M 剔除元素 m_{tt} 後的第 t 列向量。為了定義 m_{-t}，本書引入 $n-1$ 維的向量 e，滿足 $m_{-t} = (I - M_{-t})e$，其中：

$$e_i = \begin{cases} +1, & i = s \\ -1, & i = t \\ 0, & \text{otherwise} \end{cases}$$

並將 m_{-t} 其帶入 $E(.,t) = (I - M_{-t})^{-2} m_{-t}$，可得：$E(.,t) = (I - M_{-t})^{-1} e$。

再對 $H(s,t)$ 進行向量化處理，並參考謝爾曼—莫里森公式，隨機遊走中心性的最終定義可以由以下表達式來確定：

$$C_{rw}(i) = \frac{n}{\sum_{j \in V} H(j,i)} \qquad (6-16)$$

可見，所有節點達到指定節點的首次平均達到時間越短，則隨機遊走中心性的值越高。

6.4.3 隨機遊走中心性分析結果

根據前文隨機遊走中心性算法，本書利用2001—2014年25個世界主要離岸金融中心對全球243個國家和地區持有的組合證券投資資產頭寸數據，計算了25個離岸金融中心14年間鄰接矩陣的均值，並測算隨機遊走中心值，從而對25個離岸金融中心在全球金融網絡節點的重要性進行從高到低的排序，為人民幣離岸金融中心區位選擇提供網絡數據支撐，結果如表6.7所示。

表6.7 隨機遊走中心性算法排名

國家或地區	2004	2005	2006	2007	2008	2009	2010	2011	2012	2013	2014	均值
愛爾蘭	9	9	9	9	9	9	9	9	9	9	9	8
巴貝多	24	23	25	24	25	22	23	22	21	21	18	23
巴哈馬	18	18	18	18	17	17	16	17	20	19	NA	18
巴林	25	24	23	23	23	24	24	24	24	23	22	25
百慕達	10	10	10	10	10	13	11	11	12	11	11	11
比利時	11	12	11	11	11	10	10	10	10	10	10	10
德國	5	5	5	4	5	5	4	6	4	6	6	3
法國	4	4	4	5	4	3	5	5	5	4	4	4
荷屬安地列斯	12	11	12	12	12	NA	NA	NA	NA	NA	NA	15
開曼群島	7	6	6	6	6	7	7	4	6	5	5	7
盧森堡	6	8	8	7	7	6	8	8	7	7	7	5
馬恩島	19	21	20	19	19	19	18	19	19	18	NA	21
馬耳他	23	25	24	25	24	25	21	23	17	22	20	24
模里西斯	22	22	22	22	21	20	19	20	18	17	17	19
美國	1	1	1	1	1	1	1	1	1	1	1	1
葡萄牙	13	14	13	13	13	11	13	12	11	12	13	13
日本	3	2	3	3	2	4	3	2	3	3	3	6
瑞士	8	7	7	8	8	8	6	7	8	8	8	9
塞浦勒斯	21	20	19	20	22	23	22	21	22	20	19	20
泰國	17	17	17	17	18	18	17	16	16	16	16	17
香港	15	15	15	14	15	14	12	13	13	13	12	12
新加坡	16	16	16	16	16	15	15	15	15	15	15	16
英國	2	3	2	2	3	2	2	3	2	2	2	2
澤西島	14	13	14	15	14	15	14	14	14	14	14	14
直布羅陀	20	19	21	21	20	21	20	18	23	24	21	22

資料來源：經IMF組織協調證券投資調查數據計算整理。

隨機遊走中心性實質上衡量了一個國家和地區融入全球金融市場的程度，一個高節點的隨機遊走性意味著該節點在全球金融網絡中的系統重要性地位較高。通過基於隨機遊走中心性算法，對25個離岸金融中心在全球金融網絡節點的重要性進行從高到低的排序，結果發現美國、英國、德國分別位列第一、二、三名，緊隨其後的是法國、盧森堡、日本。這基本與國際離岸金融市場的發展實際相符，現有國際離岸金融中心三大圈層的基本特徵是形成了以紐約為核心的北美圈層，以倫敦、法蘭克福、盧森堡為核心的西歐圈層，以日本、中國香港、新加坡為核心的亞太圈層。值得注意的是，中國香港在全球離岸金融網絡節點重要性的排名中，僅位居第12名，與全球一流離岸金融中心的差距還較大。

　　由圖6.3可以看出美國在全球離岸金融中心的網絡節點中處於系統性重要節點的地位，美國與該網絡的其他節點，諸如百慕大、巴哈馬、英國、新加坡的網絡連接性較強。由於該圖展示的是2001—2014年投資百分比均值鄰接矩陣，線條較多，為了便於進一步比較，本書按照三種情況分別展示其網絡圖，分別為：均值鄰接矩陣、每個國家投資組合中比例最高的3個國家、每個國家投資組合中比例最高的5個國家。

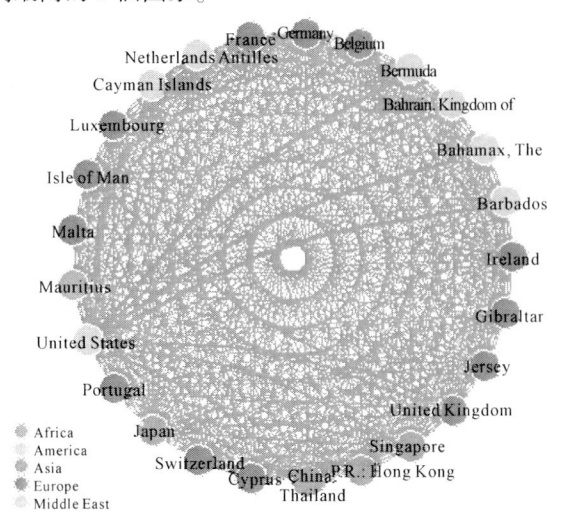

圖6.3　2001—2014年投資百分比均值的鄰接矩陣①

---

　　①　圖6.3中，Ireland（愛爾蘭）、Barbados（巴巴多斯）、Bahamas（巴哈馬）、Bahrain（巴林）、Bermuda（百慕大）、Belgium（比利時）、Germany（德國）、France（法國）、Netherlands Antilles（荷屬安地列斯）、Cayman Islands（開曼群島）、Luxembourg（盧森堡）、Isle of man（馬恩島）、Malta（馬耳他）、Mauritius（毛里求斯）、United States（美國）、Portugal（葡萄牙）、Japan（日本）、Switzerland（瑞士）、Cyprus（塞浦路斯）、Thailand（泰國）、Hong Kong（中國香港）、Singapore（新加坡）、UK（英國）、Jersey（澤西島）、Gibraltar（直布羅陀），類似地，圖6.4至圖6.6，如上翻譯。

圖 6.4 是根據均值鄰接矩陣生成的網絡圖，該均值鄰接矩陣 M_{ij} 每一個元素表示的是從 2001 年至 2014 年，i 國家（地區）對 j 國家（地區）的投資比例的均值。為了凸顯重要的投資關係，圖中忽略了投資比例小於 0.3 的有向邊。圖 6.5 展示了每個國家投資組合中比例最高的 3 個國家，從圖中可知，美國、英國和德國是各國投資的首選。圖 6.6 為了凸顯重要的投資關係，圖中畫出每個國家投資組合中比例最高的 5 個國家，由圖中可知，美國、英國、德國、法國、愛爾蘭、開曼群島、盧森堡是各國投資的主要目的地。

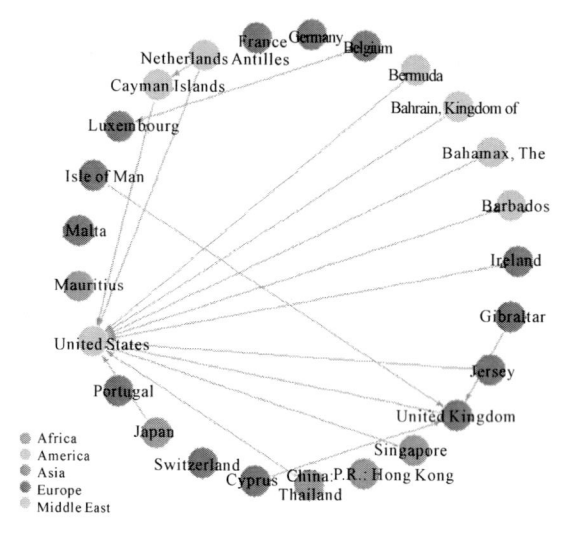

圖 6.4　均值鄰接矩陣網絡圖

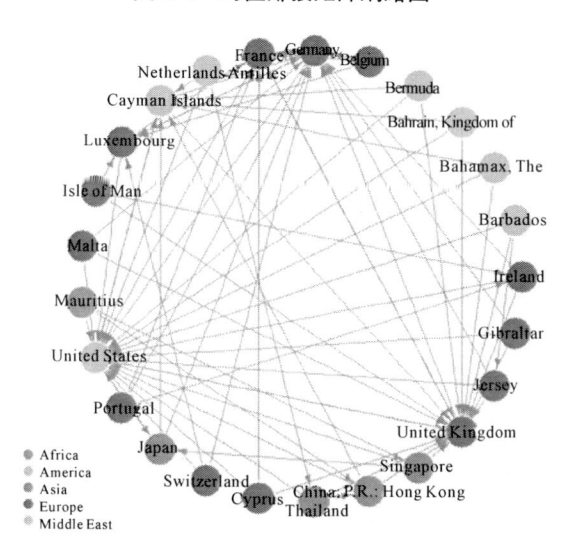

圖 6.5　每個國家投資組合中比例最高的 3 個國家

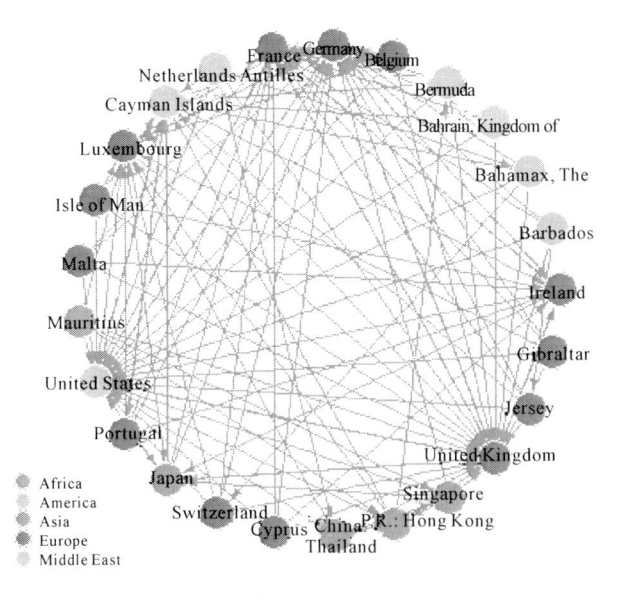

圖 6.6　每個國家投資組合中比例最高的 5 個國家

6.4.4　蒙特卡羅模擬模型設定

　　上文通過對 14 年的均值鄰接矩陣進行測算，分析了全球 25 個主要離岸金融中心隨機遊走中心性的排名，但這屬於靜態網絡圖形模型，其結果會忽略歷年數據浮動所帶來的影響。因此，本書進一步採取動態網絡圖形模型綜合考慮多年的數據以分析時間維度上的圖形變化，以剔除時間維度上的不確定性對結果的影響。鑒於此，為了分析各國或地區在投資組合時間上的浮動變化對於節點重要性排名的影響，本書採用蒙特卡羅模擬的方法對排名進行敏感性分析，通過建立一個描述網絡的概率生成模型來生成足夠多的大樣本（本書將其設定為 1,000 個）的鄰接矩陣，再為每一個隨機鄰接矩陣測算隨機遊走介數中心性，這樣經過多次抽樣模擬後，每個金融中心會被排名，本書通過研究排名的變化範圍和力度，可以剔除時間維度的不確定性對靜態排名的影響，以此彌補僅用均值鄰接矩陣排名的不足。

　　在概率生成模型中，本書將已有離岸金融中心網絡結構數據視為觀察變量，將未知數據視為潛在變量，將模型中的概率分佈所產生的未知參數視為模型參數。因此，概率生成模型主要通過概率分佈來刻畫觀察變量和潛在變量的

生成過程，以此對模型進行求解，計算出潛在變量的取值。

為了方便求解概率生成模型的參數，在概率生成模型中通常採用具有共軛先驗的概率分佈函數，即概率分佈 $p(x|\mu)$ 的未知參數 μ 存在一個先驗概率 $p(\mu)$，使得未知參數 μ 的後驗概率 $p(\mu|x)$ 與先驗概率 $p(\mu)$ 有相同的形式。此時，$p(\mu)$ 可被視為 $p(x|\mu)$ 的共軛先驗。Blei（2004）指出狄利克雷分佈是多項分佈的共軛先驗，可以使後驗與先驗具有相同的形式，同時也便於計算觀察變量的概率分佈。

設某一年25個離岸金融中心間投資數據（單位：百萬美元）生成的鄰接矩陣 $A_{25 \times 25}$，元素 a_{ij} 表示國家 i 在該年對國家 j 的投資金額，轉移概率矩陣 $M = K^{-1}A$，該矩陣的每一行 $m_{i,n} = (m_{i,1}, m_{i,2}, \cdots, m_{i,25})$。在概率生成模型中，常使用狄利克雷分佈作為多項分佈參數的先驗分佈，假設某國或地區的投資組合服從 Dirichlet Distribution（狄利克雷分佈），其參數可根據該國或地區14年間的投資組合數據進行推斷，然後將估計參數帶入分佈，用於模擬該國的投資組合。類似地，本書運用同樣的處理方法對25個全球主要離岸金融中心逐個進行模擬，就可以模擬生成一個鄰接矩陣。

m 表示一個隨機向量 $m = (m_1, m_2, \cdots, m_K)$，對於任意 m_i，存在 $0 \leqslant m_i \leqslant 1$，且 $\sum_i m_i = 1$。隨機向量 m_i 服從狄利克雷分佈，狄利克雷分佈是針對取值範圍在 [0, 1] 之間的連續型變量的概率分佈，該分佈的密度函數為：

$$p(m) \sim Dirichlet(\alpha_1, \alpha_2, \cdots, \alpha_k) = \frac{\Gamma(\sum_k \alpha_k)}{\prod_k \Gamma(\alpha_k)} \prod_k m_k^{\alpha_k - 1}$$

當給定數據 $D = \{m_1, m_2, \cdots, m_N\}$ 後，對數似然值可以寫成：

$$\log P(D|\alpha) = N\log\Gamma(\sum_k \alpha_k) - N\sum_k \log\Gamma(\alpha_k) + N\sum_k (\alpha_k - 1)\log(\overline{m_k})$$

其中，$\log(\overline{m_k}) = \sum_i \log(m_{ik})/N$，求解概率生成模型的未知參數是採用統計模擬解決實際問題的關鍵，本書主要通過牛頓迭代法求解觀察數據的最大似然函數。牛頓迭代法是方程求解中一種較為常用的迭代法，對於已知方程 $f(x) = 0$，用牛頓迭代法可以較為快捷地實現對方程的求解。

設有方程 $f(x) = 0$，先將其化為等價方程 $x = g(x)$，可得到如下表達式：

$g(x) = x + h(x)f(x)$，其中 $h(x) \neq 0$ 為待定函數。

$x = g(x)$ 與 $f(x) = 0$ 具有相同的解，設方程共同解為 s，利用條件 $g'(x) = 0$ 來確定 $h(x)$，對 $g(x)$ 求導可得下式：

$$g'(x) = 1 + h'(x)f(x) + h(x)f'(x) = 1 + h(x)f'(x) = 0$$

由此可以得出 $h(x)$ 滿足 $h(x) = -1/f'(x)$，顯然當 $h(x) = -1/f'(x)$ 成立時就有 $h(s) \neq 0$。於是 $g(s)$ 可以表示為：

$$g(s) = x - \frac{f(x)}{f'(x)}, \text{ 它滿足 } g'(s) = 0$$

由此可以推出如下迭代公式：

$$x_{n+1} = x_n - \frac{f(x_n)}{f'(x_n)}, \text{ 其中 } n = 0, 1, 2, \cdots$$

根據牛頓迭代公式，進一步可得：

$$g'(x) = -\frac{f(x)f''(x)}{[f'(x)]^2}$$

設 x^* 是 $f(x) = 0$ 的方程解，有 $f(x^*) = 0$，$f'(x^*) \neq 0$。

可得：$g'(x^*) = -\frac{f(x^*)f''(x^*)}{[f'(x^*)]^2} = 0$。

通過上述牛頓迭代法可以依次求出 $\log P(D|\alpha)$ 關於 α_k 的一階偏導並使其為零，從而得到 $\alpha = (\alpha_1, \alpha_2, \cdots \alpha_K)$ 的極大似然估計。

6.4.5 蒙特卡羅模擬分析結果

進行 1,000 次蒙特卡羅模擬後，每個國家和地區將有 1,000 次的排名機會，再計算每個國家和地區在 1,000 次模擬中得到第 1~25 名當中各個名次排名的頻率。如圖 6.7 所示，25 個離岸金融中心按照最頻繁得到的名次高低排序，顏色深淺與頻率成正比。美國和英國分別排名第一和第二，且在 1,000 次模擬中的地位非常穩定，分別以 99.4% 和 96.8% 的概率位居第一和第二。日本、法國、德國、開曼群島在 1,000 次模擬中，名次分別位居第 3~6 名，其中，日本在第三至第五名的概率分別為 49.2%、21%、20.7%，法國在第 3~5 名的概率分別為 20.6%、35%、29.9%，德國在第 3~5 名的概率分別為 20%、30.3%、31.2%。因此，全球離岸金融中心系統重要性前五名為美國、英國、日本、法國、德國。而避稅港型離岸金融中心，諸如巴巴多斯、毛里求斯、塞

浦路斯、馬恩島、馬耳他等排名的區間大致在第 16~25 名。值得注意的是，開曼群島在避稅港型離岸金融中心中重要性凸顯，排在第 5~7 名的概率分別為 16.3%、43.6%、14.3%。

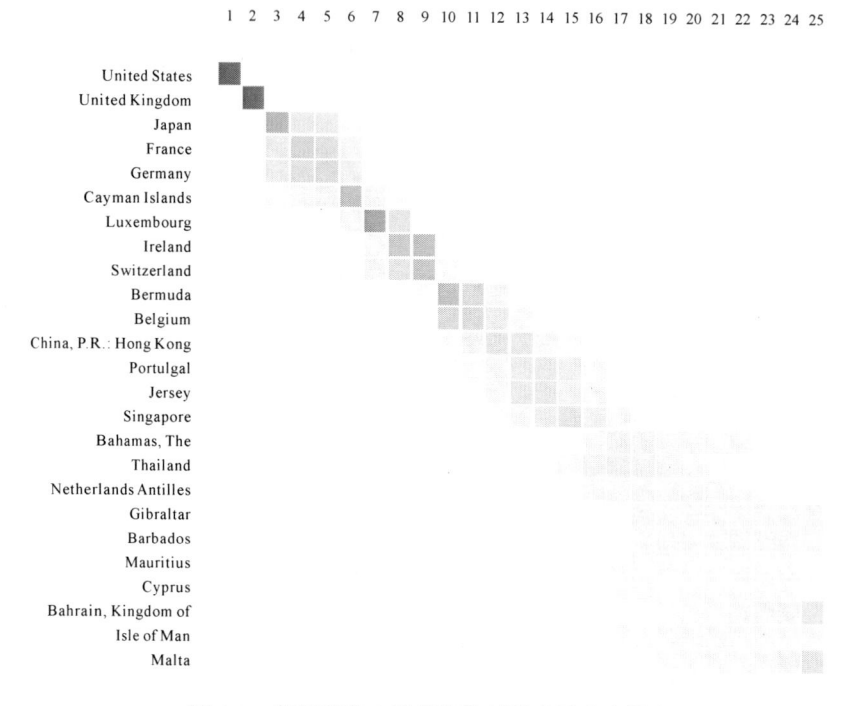

```
                         1  2  3  4  5  6  7  8  9  10 11 12 13 14 15 16 17 18 19 20 21 22 23 24 25
         United States
        United Kingdom
                 Japan
                France
               Germany
         Cayman Islands
            Luxembourg
               Ireland
           Switzerland
               Bermuda
               Belgium
   China, P.R.: Hong Kong
              Portulgal
                Jersey
             Singapore
          Bahamas, The
              Thailand
    Netherlands Antilles
             Gibraltar
              Barbados
             Mauritius
                Cyprus
    Bahrain, Kingdom of
            Isle of Man
                 Malta
```

圖 6.7　基於蒙特卡羅模擬的離岸金融中心排名

6.5　本章小結

本書採用複雜網絡分析法，構建了全球離岸金融中心跨境投資有向網絡，對全球離岸金融中心網絡結構進行了全面、系統的分析。首先，本書分別從網絡節點數、邊數及密度、出（入）度、出（入）強度、網絡結構熵等角度對全球離岸金融中心網絡結構進行了描述性分析；其次，本書對全球離岸金融中心網絡中心性進行了研究，在借鑑 Newman（2005）、Blochl（2011）測算節點中心性方法基礎上，基於平均首次達到時間視角，運用隨機遊走中心性算法分析了 2001 年至 2014 年世界 25 個主要離岸金融中心在全球 243 個國家和地區的

證券投資組合網絡結構中的重要性，並對其重要性進行排序；最後，為了剔除時間維度的不確定性對靜態排名的影響，本書運用蒙特卡羅模擬方法建立一個描述網絡的概率生成模型來生成足夠多大樣本的鄰接矩陣，再為每一個隨機鄰接矩陣測算隨機遊走介數中心性，經過反覆多次抽樣模擬後，對全球 25 個主要離岸金融中心隨機遊走中心性進行排名，以研究全球離岸金融中心網絡節點的系統重要性。

7 全球離岸金融中心網絡結構的影響效應研究
——基於 ERGM 模型

為了有效判斷全球離岸金融中心網絡的結構特徵，刻畫金融網絡結構的形成過程，本書採用指數隨機圖模型（Exponential Random Graph Models，ERGM）來量化研究各種社會人文關係網絡以及地理網絡對全球離岸金融中心網絡結構產生的影響，從而定量評估不同的網絡形成過程對網絡結構產生的影響差異，為人民幣離岸金融中心的區位選擇提供經驗數據支撐。

7.1 指數隨機圖模型的設立與估計方法

7.1.1 指數隨機圖模型簡介

學術界對網絡開展實證研究主要遵循三種方法：第一，使用描述性統計指標［如節點數、邊數、密度、出（入）度、出（入）強度、節點中心性、出度熵等］來分析網絡的結構特徵及演進趨勢，但該種方法由於缺少統計性推斷，不足以判斷網絡的結構特徵與形成過程，同時，也難以甄別網絡之間的關係。第二，通過對網絡數據實施多次採樣來剔除觀測值之間相互依存性（如QAP模型），該方法雖可以分析網絡之間的關聯性，但仍難以研究網絡的結構特徵與演進歷程。第三，通過生成模型來形成隨機網絡（如狄利克雷分佈模型、貝塔分佈模型），該方法通過仿真模擬來分析哪些外部因素和內部因素對網絡的形成與發展產生影響。

指數隨機圖模型（ERGM）是當前學術界在網絡實證研究中採用的一種較為前沿的關係數據計量模型（Lusher & Koskinen，2013），該模型不僅克服了

網絡描述性統計指標在研究網絡研究時無法判斷網絡結構特徵與形成過程的不足，也突破了塊模型和核心—邊緣模型僅局限於分析單一網絡結構的不足。並且，該模型可以同時考慮行為者屬性變量以及網絡協變量產生的影響（Robins, Pattison & Elliott, 2001）。Wasserman、Faust（2006）指出指數隨機圖模型（ERGM）是社會網絡科學領域進行實證研究最為有效的工具之一，經過Handcock（2008）以及Lusher、Koskinen、Robins（2013）對模型估計算法的優化並開發出效應的程序包，從而使ERGM模型在複雜網絡研究中得到了廣泛的應用。

ERGM模型與傳統計量經濟學模型的區別在於它更加強調網絡中的關係與關係之間的依存性，即某一關係出現與否將決定其他關係出現的概率。ERGM模型採用指數形式並利用網絡結構變量來測算當網絡中其他關係確定時，某一關係發生的條件概率，可以將網絡自組織效應、社會選擇行為效應、網絡嵌入效應等多層次的網絡結構變量納入模型中來考察網絡結構特徵與形成過程。因此，該模型可以將網絡局部生成過程與網絡全局生成過程相結合，實現網絡系統的模擬仿真過程，從而檢驗多個網絡局部過程的聚集是否可以形成網絡全局的特徵屬性。ERGM模型的基本分析框架如圖7.1所示。

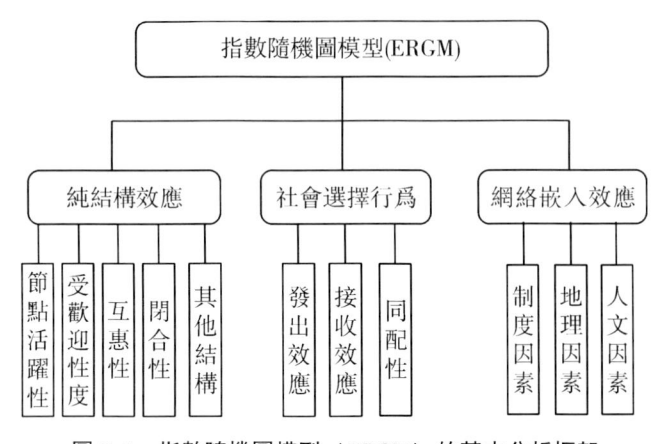

圖7.1　指數隨機圖模型（ERGM）的基本分析框架

由圖7.1可知，指數隨機圖模型（ERGM）可以分析網絡的連接關係發生的原因和方式，其被解釋變量為一個網絡關係出現的概率。ERGM模型通過找出影響網絡實現概率的結構，從而厘清網絡系統中重要網絡局部關係的形成過程。因此，ERGM模型的解釋變量是由網絡內生結構變量、行為者屬性變量、網絡協變量等網絡結構統計量構成的，具體包括以下內容：①網絡純結構效應，包括網絡的邊數、密度、節點活躍性、出（入）度和出（入）強度、節

點受歡迎程度、節點數、互惠性、閉合性等。②社會選擇行為，包括發出效應、接收效應、同配性等。③網絡嵌入效應，包括制度因素、人文因素、地理因素等。其中，網絡純結構效應屬於網絡內生結構變量，因為它們都是由網絡自組織本身來表示的局部網絡結構統計量；而社會選擇行為和網絡嵌入效應均屬於外生變量，它們是由網絡自組織本身之外的網絡結構統計量所表示的。綜合以上分析，指數隨機圖模型（ERGM）可以同時檢驗一系列的網絡理論或假設條件，也可以檢驗哪些因素影響了網絡的形成過程，從而可以明確判斷網絡關係是否決定其他關係、網絡關係程度是否會受社會選擇行為及網絡嵌入性的影響。

在金融全球化的背景下，國際離岸金融網絡在各大離岸金融中心的市場功能與定位不斷細分，導致各離岸金融中心內生地產生跨境資金流動關係，且相互的金融往來更多地表現為聚集性和活躍性，這些均屬於網絡的純結構效應。離岸金融中心的GDP、資源稟賦等因素會加強離岸金融中心之間相互吸引而引致更多的金融往來關係。同時，離岸金融中心也會受到社會選擇行為和網絡嵌入效應的影響，諸如人文關係網絡、地理空間網絡、制度關係網絡將會影響離岸金融中心網絡的構建與發展。上述局部網絡結構的形成與發展將可能同時對國際離岸金融網絡結構產生影響，換句話說，國際離岸金融網絡可能由以上多個資金往來關係構建過程的交叉與匯集而最終形成現有的網絡格局。而ERGM模型的分析框架可以實現上述構想，是系統分析人文關係網絡以及制度關係網絡如何影響國際離岸金融網絡形成的橋樑。因此，有必要採用指數隨機圖模型將網絡自組織行為、行為者屬性效應以及網絡嵌入效應對國際離岸金融網絡結構形成產生的影響置於統一的分析框架中進行檢驗，在控制網絡純結構效應和節點屬性效應的情況下，著重分析人文關係網絡、地理空間網絡、制度關係網絡對國際離岸金融網絡的結構特徵以及形成機制產生的影響。

7.1.2 指數隨機圖模型的構建

假設存在一個由N個節點構成的網絡G，將網絡中節點的集合記為V，$V = \{1,2,3,\cdots,n\}$，$i \in V$表示網絡節點i屬於集合V，$J = \{(i,j): 1, j \in V, i \neq j\}$表示為$J$是節點集合$V$中所有節點對可能出現的所有關係集合。對於一個實際網絡$G = (V, E)$，E表示網絡存在的邊，$E = \{e_1, e_2, \cdots, e_n\}$，且$E \in J$，即$E$是網絡各節點之間可能存在的關係集合中的一種情況。因此，可以構建一個隨機變量Y_{ij}來表示集合J的元素，如果$(i, j) \in E$，則$Y_{ij} = 1$，若$(i, j) \notin E$，則$Y_{ij} = 0$，從而可以構建隨機鄰接矩陣$Y = [Y_{ij}]$，全部的隨機鄰接矩陣組成了網

絡鄰接矩陣的可能集 Y，而 Y 中任何一個隨機鄰接矩陣的實現表示為 $y = [y_{ij}]$。據此，可以用 $P(Y = y \mid \theta)$ 來表示在條件 θ 下，隨機鄰接矩陣 y 在網絡鄰接矩陣的可行集 Y 中出現的條件概率，因此，指數隨機圖模型的一般形式為：

$$P(Y = y \mid \theta) = (\frac{1}{\kappa}) \exp\{\sum_H \theta_H^T g_H(y)\} \qquad (7-1)$$

若網絡隨機鄰接矩陣中某一隨機值 y_{ij} 從 0 變到 1 時，整個網絡結構將發生式(7 - 2)中的變化，y^c 表示剔除 y_{ij} 以後的其餘整體網絡，$\Delta[g(y)]_{ij}$ 表示網絡的變動量。可見，指數隨機圖模型更強調網絡中關係與關係的相互依存性，即網絡中某一關係的出現概率將會決定其他關係出現的概率，從而可以檢驗哪些因素影響了網絡的形成過程，如式(7 - 2)所示：

$$\log it \left[\frac{P(y_{ij} = 1 \mid y^c)}{P(y_{ij} = 0 \mid y^c)}\right] = \sum_H \theta_H^T \Delta[g(y)]_{ij} \qquad (7-2)$$

由於 $\kappa(\theta)$ 是一個標準化常量，H 表示任何一個形成網絡的影響因素，通常包括網絡純結構效應因素 α、社會選擇行為因素 β 和網絡嵌入效應因素 γ，並且 α、β、$\gamma \in H$。因此，指數隨機圖模型的形式可以進一步細化為：

$$P(Y = y \mid \theta) = (\frac{1}{\kappa}) \exp\{\theta_\alpha^T g_\alpha(y) + \theta_\beta^T g_\beta(y, x) + \theta_\gamma^T g_\gamma(y, \bar{g})\} \qquad (7-3)$$

其中，$g_\alpha(y)$ 表示任何可能影響網絡結構特徵以及形成機制的純網絡結構統計量；$g_\beta(y, x)$ 表示一系列與行為者屬性相關的網絡結構統計量；$g_\gamma(y, \bar{g})$ 則表示一系列與外部環境因素相關的網絡結構統計量；與之對應，θ_α、θ_β、θ_γ 分別表示為網絡純結構效應統計量的估計參數向量、社會選擇行為統計量的估計參數向量、網絡嵌入效應統計量的估計參數向量，這些估計參數若可以通過顯著性檢驗，表明該結構對網絡關係的形成過程和組織構建具有重要影響，若該參數的估計值為正值（負值），則表明在控制了網絡其他生成過程的基礎上，網絡系統中該網絡結構出現的概率比隨機預期更多（少）；而 $\kappa(\theta)$ 是一個分佈的標準化常量，$\kappa(\theta)$ 主要用於確保模型具有適當的概率分佈。

7.1.3 指數隨機圖模型的估計

由於指數隨機圖模型屬於生成模型，主要功能在於檢驗哪些變量會顯著影響網絡的形成，因此為了獲得較為理想的指數隨機圖模型，需要在選擇合適的網絡統計量的基礎上，經過估計、判斷、仿真、對比和優化等多個步驟，上述過程相當於多次對網絡的形成過程進行估計、模擬，使得通過模擬得到的網絡結構特徵更加逼近於真實網絡。

指數隨機圖模型的估計最初主要採用極大偽似然估計（MPLE），該方法首先將模型先轉換為 Logit 模型，然後再利用 Logistic 迴歸對其進行似然性擬合檢驗，但該方法的局限性在於它違背了關係型數據變量之間的相互依存假設，從而使得參數估計結果有偏差性（Lubbers & Snijders, 2007）。後期學術界開始借鑑蒙特卡羅模擬方法對模型參數進行檢驗估計，從而推動指數隨機圖模型的估計方法演變為馬爾可夫鏈蒙特卡羅極大似然估計法（MCMC 極大似然估計），該方法既是一種隨機抽樣的方法，也是一種提高模擬效率的方法，通過提高抽樣效率的途徑來減少抽樣模擬時間，加快收斂到平穩分佈的速度，從而實現提高模擬效率的目的（康崇祿，2015）。因此，馬爾可夫鏈蒙特卡羅極大似然估計法是利用馬爾可夫鏈蒙特卡羅抽樣方法對參數估計問題進行蒙特卡羅模擬的方法，本質上就是蒙特卡羅的綜合程序。MCMC 極大似然估計法的要義在於先模擬出一個給定起點的參數集合的隨機圖分佈，其次通過對比統計模擬得出的隨機圖與原始觀測圖的網絡統計量分佈來修正參數值，再多次對模型進行統計模擬和參數修正，直到馬爾可夫鏈收斂到平穩分佈以及模型參數的估計值最終趨於穩定為止。

現有指數隨機圖模型一般形式如下：

$$P(Y = y \mid \theta) = (\frac{1}{\kappa}) \exp\{\sum_H \theta_H^T g_H(y)\} \qquad (7-4)$$

馬爾可夫鏈蒙特卡羅極大似然估計法主要是求解獲得 $P(Y = y \mid \theta)$ 的最大值，即通過觀測網絡進行參數運算後得到的網絡模型與觀測網絡相等的概率最大。因此，MCMC 極大似然估計法計算的模型參數為：

$$L(\theta) = \exp[\theta^T g(y)] / \kappa(\theta) \qquad (7-5)$$

鑒於 $L(\theta)$ 與 $\log[L(\theta)]$ 的單調性相同，可以採用對數近似法對參數進行估計。首先選取一個初始值 θ_0，進行網絡仿真，得到初始網絡。在初始網絡的基礎上進行參數估計：

$$\log[\frac{L(\theta)}{L(\theta_0)}] = \log\{\frac{\exp[\theta^T g(y)]/\kappa(\theta)}{\exp[\theta_0^T g(y)]/\kappa(\theta_0)}\} = (\theta - \theta_0)^T g(y) - \log\frac{\kappa(\theta)}{\kappa(\theta_0)} \qquad (7-6)$$

此時，再採用馬爾可夫鏈蒙特卡羅極大似然估計法對 $\frac{\kappa(\theta)}{\kappa(\theta_0)}$ 進行積分，取一個盡可能大的迭代數 m，對公式 $L(\theta) = \exp[\theta^T g(y)]/\kappa(\theta)$ 進行近似計算：

$$\log[\frac{L(\theta)}{L(\theta_0)}] \approx (\theta - \theta_0)^T g(y) - \log\{\frac{1}{m}\sum_{i=1}^{m}[(\theta - \theta_0)^T g(Y_i)]\} \qquad (7-7)$$

通過上述公式可以得到極大似然函數，再通過牛頓迭代法求出 θ 的估計值，通過反覆迭代以上過程，直到估計值趨於穩定為止，從而求解出最優 θ 值。

估計完 ERGM 模型的參數估計值後，還需要進一步評估模型是否較好地擬合了原始網絡的結構特徵，一般採用測算擬合優度來進行檢驗，其主要實現過程是根據模型的參數估計來仿真生成隨機網絡，再將仿真模擬得出的隨機圖與原始觀測圖的結構特徵進行比較。Robins（2007）提出在 ERGM 模型中出現的參數變量 t 值小於 0.1，未在 ERGM 模型中出現的參數變量 t 值小於 2 的標準來衡量擬合優度。Hunter（2008）提出赤池信息準則（AIC）和貝葉斯信息準則（BIC）在評價 ERGM 模型擬合優度時兼具優良性和精確性。此外，對於 ERGM 模型參數估計值是否顯著為零，通常採用近似 Wald 檢驗，該統計量公式如下：

$$\left|\frac{\widehat{\theta_k} - \theta_{k,0}}{se(\widehat{\theta_k})}\right| = \left|\frac{\widehat{\theta_k}}{se(\widehat{\theta_k})}\right| > 2 \qquad (7-8)$$

近似 Wald 檢驗統計值若大於 2 或者小於 -2，則表明該參數顯著不為零。

此外，本書借鑑 Handcock（2008）的方法，採用 R 語言 Statnet 程序對指數隨機圖模型進行模型估計、模型評價、網絡仿真以及數據可視化分析。

7.2 離岸金融中心網絡影響因素的實證研究

前文基於貨幣視角和網絡視角分析了全球離岸金融中心網絡的分佈特徵、格局演變和隨機遊走中心性，接下來需要進一步研究哪些影響因素將決定全球離岸金融中心網絡格局的形成。通過逐步加入不同網絡效應，並進行 ERGM 模型的估計和選擇，可以確定最優的估計模型，並檢驗離岸金融中心所「嵌入」網絡對其的影響。

7.2.1 ERGM 變量說明

（1）純網絡結構變量

在當前的 ERGM 分析中，通常採用純網絡結構變量（也稱網絡內生結構變量），主要包括有向邊（Edges）、交互 k-2 路（Multiple2-paths）、交互 k 三角（Alternating k-stringles）和互惠性（Mutual）。其中，有向邊是指在控制其

他條件的情況下網絡關係所發生的概率，如果指數隨機圖模型的網絡結構統計量僅考慮有向邊，則這種模型是 Bernoulli Model。此時，有向邊參數估計值將接近於實際網絡的密度，從而估計參數會小於零。交互 k-2 路是針對有向網絡提出的新統計參數，用於反應網絡中節點的擴展關係能力或活躍程度。交互 k 三角則用來衡量網絡的局部閉合效應。互惠性是指國際金融網絡中節點之間的互惠關係，可論證專業分工等內生動力是否有助於加強國際金融往來關係。Nowicki（2001）和 Handcock（2008）相關研究指出，在聚集性較強的網絡中，若將三角結構變量加入 ERGM 模型估計中，可能導致估計系數的不收斂以及模型的衰減。此外，交互 k-2 路和交互 k 三角在一些實驗中的估計結果並不理想，鑒於上述原因和模型估計的可操作性，本書僅考慮包含有向邊的純網絡結構變量的估計結果（見表 7.1）。

表 7.1 有向網路 ERGM 迴歸變量的解釋及假設檢驗

網路結構變量	含義	示意圖	統計量計算公式	假設檢驗
Edges	有向邊		$\sum_{i,j} y_{ij}$	國家或地區之間的網路關係是否更為密集？
Multiple2-paths	交互 k-2 路		$MPK_\lambda(y)$	國家或地區是否存在聚集性和傳遞性的關係？
Alternating k-stringles	交互 k 三角		$ATK_\lambda(y)$	國家或地區是否具有聚集性和傳遞性的關係？
Mutual	互惠性		$\sum_{i,j} y_{ij} y_{ji}$	各國或地區之間是否存在互惠的經濟關係？
Absdiff(x)	連續屬性同配性		$\sum_{i,j} \|x_i - x_j\| y_{ij}$	具有與 x 較為相似屬性的國家之間是否更傾向於發生金融往來？
Nodematch(x)	二元屬性同配性		$\sum_{i,j} y_{ij} x_i x_j$	屬於同一類別 x 的國家之間是否更傾向於發生金融往來？
Nodeofactor(x)	發出效應		$\sum_{i,j} x_i y_{ij}$	具有 x 屬性的國家之間是否擁有更為活躍且數量較多的出連接？

表7.1(續)

網絡結構變量	含義	示意圖	統計量計算公式	假設檢驗
Nodeifactor(x)	接收效應	→●	$\sum_{i,j} x_j y_{ij}$	具有 x 屬性的國家之間是否擁有更為活躍且數量較多的入連接？
Covariate(δ)	點協變量	●←○	$\sum_{i,j} y_{ij}\delta_i$ 或 $\sum_{i,j} y_{ji}\delta_i$	是否 δ 屬性強的國家之間更傾向於發生金融往來？
Covariate net(g)	網絡協變量	○⇢○	$\sum_{i,j} y_{ij} g_{ij}$	存在某種關係 g 的國家和地區在網路中發生貿易關係的概率更大？

（2）行為者屬性變量

同配性（Homophily）主要用於檢驗網絡節點間的關係是否存在同性相吸、異性相斥的情況。網絡同配性具體包括二元屬性和連續屬性，但兩者的計算公式存在一定差異（見表7.1）。在二元屬性同配性（Nodematch）方面，為檢驗具有相同人均收入水準的國家之間是否更傾向於發生金融往來關係，本書將各國人均國民收入按世界銀行分類標準劃分為高收入 OECD（經濟合作與發展組織）國家、高收入非 OECD 國家、高收入國家、中高收入國家和低收入國家五類。類似地，將各國所屬大洲劃分為亞洲、歐洲、美洲、非洲和大洋洲五類，進一步考察隸屬相同大洲的國家之間發生金融往來關係的概率是否更高。針對行為者的連續屬性同配性（Absdiff），本書試圖檢驗具有相同經濟水準、人口與國土面積的國家是否更傾向於發生金融往來關係。其中，所屬大洲與國土面積的數據來源於引力模型數據庫 CEPII，各國 GDP 來源於 IMF 數據庫，人口規模與人均國民收入及其分類標準來源於世界銀行數據庫。

鑒於各國內部穩定性、制度質量和基礎設施狀況的差異可能對國際金融網絡關係的形成產生重要影響，並且許多學者在研究中考慮到制度因素對貿易關係的影響（邱斌，2014）。本書在 ERGM 模型中考察了各節點國家的政治穩定性（Stability）、社會經濟環境（Socioeco）、法律制度（Laworder）這三類制度屬性對金融網絡的影響，並進一步對國家基礎設施質量（Infrastructure）進行了估計。其中，政治穩定性和制度因素變量來源於美國紐約國際報告集團編製的國家風險國際指南（ICRG），該數據庫對相關指標賦予相應權重並進行綜合評估，得分越低的國家，其風險程度越高，反之亦然。基礎設施變量來源於物流績效指數調查，該調查是由世界銀行聯合學術機構、國際組織、私營企業以

及國際物流從業人員共同發起並完成，對受訪者提交的關於六大核心領域和八大市場的問卷調查進行評估，評分採取五分制，分值越接近5則表示運輸物流環境越好，其結果主要用於衡量貿易和運輸相關基礎設施（如港口、鐵路、公路、信息技術等）的質量。

發出效應（Nodeofactor）主要用於測度網絡中同類屬性的行為者相較於其他行為者是否更傾向於產生更多的貿易投資關係。接收效應（Nodeifactor）表示具有特定屬性的行為者接收更多關係的程度。發出效應與接收效應具體劃分為連續屬性與二元屬性，但兩種效應的計算公式基本一致（見表7.1）。針對行為者屬性的該類網絡效應，本書側重於探討在國際金融網絡體系中，經濟實力、人口規模以及國土面積大的國家是否更受歡迎。在拓展研究部分，進一步考察不同制度因素和基礎設施較優越的國家在網絡中是否更為活躍，其中，對制度因素與基礎設施的解釋說明和數據來源與前文相一致。

（3）網絡協變量

網絡協變量效應（也稱網絡嵌入效應），主要用於測度在控制網絡節點其他關係生成的條件下，外部環境網絡對網絡中關係建立的推動作用與解釋力。在網絡協變量方面，為考察全球離岸金融中心網絡格局中宗教文化、貿易與貨幣關係、共同邊界等國際人文網絡因素對國際金融網絡形成的綜合影響，本書試圖對是否擁有共同口語、是否至少有25%的居民共同信奉宗教、是否是殖民地、是否具有貨幣關係、是否簽訂區域貿易協定以及是否接壤等變量進行迴歸估計，以檢驗網絡協變量對國際金融網絡「嵌入」的影響效應。其中，共同口語關係網絡、歷史殖民地關係網絡、至少25%的居民存在共同宗教信仰的關係網絡、區域貿易協定關係網絡、共同貨幣關係網絡以及共同接壤關係網絡等數據均來自引力模型數據庫CEPII。

7.2.2　全球離岸金融中心網絡的ERGM估計結果

（1）模型選擇與估計結果分析

基於對國際金融網絡的結構剖析與ERGM模型變量的選取，本書以2010年為例，首先考察只包括純結構效應的基準迴歸模型［表7.2模型（1）］。其中，有向邊（Edges）估計系數在1%水準上顯著為負，該項系數類似於線性迴歸模型中的截距項效應，且在大多數ERGM模型中的估計結果均為負值。模型（2）在模型（1）的基礎上考慮了行為者屬性的發出效應和接收效應，具體包括國家或地區GDP、人口規模與國土面積等屬性。結果發現，國家或

地區 GDP 的發出效應在 1%的水準上顯著為負，而接收效應在 1%的水準上顯著為正，這表明經濟水準較高的國家更傾向於吸引其他國家的資金流入而非進行對外投資。相反，人口規模的發出效應在 1%水準上顯著為正，而接收效應顯著為負且數值較大，這表明人口規模較大的國家更傾向於對外進行證券組合投資。此外，國土面積的接收效應在 1%水準上顯著為負，而其發出效應幾乎為零且不顯著，這說明國土面積越大的離岸金融中心越容易對外進行證券投資，而國土面積較大的其他國家從事證券投資的傾向卻不明顯。從模型選擇來看，模型（2）的 AIC 與 BIC 值要明顯低於模型（1），表明模型（2）有了極大的改進。表 7.2 模型（3）是在模型（2）的基礎上，進一步考慮了國家或地區 GDP、人口規模與國土面積的連續屬性同配性。估計結果發現，經濟水準同配性的估計系數為正值但並不顯著，人口規模同配性的估計系數在 1%水準上顯著為負，而國土面積同配性的系數在 1%水準顯著為正。這表明在控制純結構效應、發出效應和接收效應的情況下，國土面積相似的國家之間同配性較明顯，更傾向於建立金融往來關係，而人口規模相似的國家之間的金融往來關係表現出異配性特徵。此外，具有相同經濟水準國家之間的同配性並不顯著，在金融往來關係上表現為微弱的相互吸引力。在控制上述網絡效應後，模型（3）的 AIC 與 BIC 值有所降低。

模型（4）在模型（3）的基礎上新納入協變量網絡效應，進一步考察共同口語關係網絡、至少 25%的居民共同信奉宗教的關係網絡、歷史殖民地關係網絡、區域貿易協定關係網絡、共同貨幣關係網絡 5 種人文關係網絡以及共同接壤網絡對國際金融網絡結構的影響，如表 7.2 模型（4）所示。估計結果顯示，在控制純結構效應、行為者屬性效應（發出效應、接收效應）和連續屬性同配性後，共同口語關係、歷史殖民地關係、區域貿易協定關係和共同貨幣關係的系數估計值均在 1%水準上顯著為正，而共同接壤關係的系數估計值在 1%水準上顯著為負，居民共同信奉宗教的估計系數為正值但不顯著。上述分析表明，在控制其他外部關係網絡後，擁有共同口語關係、存在歷史殖民關係以及簽訂區域貿易協定的國家之間更可能發生金融往來聯繫。至少 25%的居民信奉共同宗教的國家或地區間建立金融往來關係的傾向不明顯，說明共同的宗教信仰並非是國際金融網絡形成的主導因素。相比之下，具有共同邊界的國家間更難發生金融往來聯繫，其原因在於，隨著計算機技術和通信網絡的迅猛發展，投資者憑藉金融終端在異地可以即時進行金融交易，從而使得全球金融服務地理聚集的現象被弱化。從影響效應大小來看，歷史殖民地關係、區域貿易協

定關係與共同邊界關係對網絡的影響比其他因素更大。由於模型（4）的 AIC 和 BIC 值最小，該模型相比其他模型更加簡潔有效，因此在之後的分析中，以模型（4）作為基準迴歸。

表 7.2　全球離岸金融中心網絡的 ERGM 選定及其估計結果（2010 年）

網路效應	（1）	（2）	（3）	（4）
純結構效應				
Edges	-3.036***	-2.367***	-2.366***	-2.698***
	(0.028)	(0.035)	(0.035)	(0.044)
行為者屬性				
Nodeocov.gdp		-0.010***	-0.016**	-0.018***
		(0.003)	(0.007)	(0.007)
Nodeocov.pop		0.080***	1.000***	0.974***
		(0.019)	(0.203)	(0.202)
Nodeocov.area		-0.000,05	-0.009***	-0.007**
		(0.000,2)	(0.003)	(0.003)
Nodeicov.gdp		0.315***	0.315***	0.311***
		(0.020)	(0.021)	(0.021)
Nodeicov.pop		-11.695***	-11.270***	-11.228***
		(0.902)	(0.906)	(0.931)
Nodeicov.area		-0.028***	-0.032***	-0.029***
		(0.003)	(0.003)	(0.003)
連續屬性同配性				
Absdiff.gdp			0.006	0.006
			(0.007)	(0.007)
Absdiff.pop			-0.925***	-0.909***
			(0.204)	(0.202)
Absdiff.area			0.009***	0.007**
			(0.003)	(0.003)
協變量網路效應				
Edgecov.gcomlang				0.368***
				(0.074)
Edgecov.gcomrgn				0.027
				(0.073)
Edgecov.gcolony				1.174***
				(0.158)

表7.2(續)

網路效應	(1)	(2)	(3)	(4)
Edgecov.grta				1.036***
				(0.069)
Edgecov.gcomcur				0.722***
				(0.144)
Edgecov.gcontig				-1.035***
				(0.246)
Akaike Inf.Crit.	11,205.470	9,801.689	9,781.039	9,404.460
Bayesian Inf. Crit.	11,213.780	9,859.876	9,864.163	9,537.458

註：***、**、*分別表示係數的估計值在1%、5%和10%水準上顯著；括號內的值為標準誤。

上述研究表明模型（4）是分析國際金融網絡結構特徵的最優ERGM。基於此，本書綜合考慮了純結構效應、行為者屬性（發出效應和接收效應）、連續屬性同配性與協變量網絡效應對網絡關係形成與地位構成的影響。接下來，本書以模型（4）為標準，給出了2001—2010年國際金融網絡的ERGM估計結果，進而分析具體網絡效應對國際金融網絡關係的影響程度及其發展變化趨勢（見表7.3）。

從純結構效應來看，Edges的估計係數一直為負值且在1%水準上高度顯著，這與多數ERGM模型的估計結果一致。

從行為者屬性來看，多數年份，其他國家或地區GDP的發出效應顯著為負，而離岸金融中心GDP的接收效應顯著為正。與此同時，其他國家或地區人口規模的發出效應顯著為正，而離岸金融中心人口規模的接收效應顯著為負，這表明經濟發展水準較高的國家或地區更傾向於吸引資金流入，而人口規模較大的國家或地區更可能對外進行證券組合投資。國土面積的發出效應在多數年份中不顯著，說明國土面積較大的國家或地區對外進行證券投資的傾向不明顯。就具體數值而言，人口規模接收效應的估計係數明顯大於其發出效應，同時還大於國家或地區GDP的估計係數。這反應了人口規模在網絡體系中所具有的對外吸收能力要強於對外擴展能力，同時，人口規模相比經濟水準在網絡結構中的表現更為活躍，對推動一國成為國際金融網絡中心地位的作用更加突出。

從連續屬性同配性來看，一國或地區GDP同配性特徵在部分年份顯著，而人口規模表現出異配性特徵，並在統計上逐漸顯著，說明人口規模較大的國家或地區不傾向於建立金融往來關係。從協變量網絡效應來看，共同口語關係、

表 7.3 全球離岸金融中心網路的 ERGM 選定及其估計結果 (2001—2010 年)

網絡效應	2001 年	2002 年	2003 年	2004 年	2005 年
純結構效應					
Edges	-2.692***	-3.196***	-2.473***	-2.751***	-2.590***
	(0.054)	(0.057)	(0.053)	(0.051)	(0.048)
行為者屬性					
Nodeocov.gdp	0.022	-0.001	-0.015	-0.022**	-0.034***
	(0.018)	(0.010)	(0.015)	(0.010)	(0.011)
Nodeocov.pop	-0.719*	0.155	0.231	0.255	0.225
	(0.427)	(0.193)	(0.311)	(0.211)	(0.208)
Nodeocov.area	0.002	-0.003	-0.009**	0.001	0.001
	(0.004)	(0.002)	(0.004)	(0.003)	(0.003)
Nodeicov.gdp	0.204***	0.288***	0.658***	0.540***	0.620***
	(0.027)	(0.026)	(0.047)	(0.039)	(0.039)
Nodeicov.pop	-3.863***	-5.664***	-19.918***	-17.512***	-20.409***
	(0.811)	(0.778)	(1.537)	(1.386)	(1.368)
Nodeicov.area	-0.053***	-0.024***	-0.036***	-0.023***	-0.024***
	(0.006)	(0.003)	(0.005)	(0.003)	(0.003)
連續屬性同配性					
Absdiff.gdp	-0.048***	-0.007	-0.010	-0.003	0.004
	(0.019)	(0.010)	(0.016)	(0.011)	(0.012)
Absdiff.pop	0.677	-0.176	-0.317	-0.263	-0.337
	(0.428)	(0.195)	(0.312)	(0.212)	(0.210)
Absdiff.area	-0.002	0.003	0.009**	-0.001	-0.000,2
	(0.004)	(0.002)	(0.004)	(0.003)	(0.003)
協變量網路效應					
Edgecov.gcomlang	0.246***	0.137	-0.045	0.271***	0.250***
	(0.088)	(0.089)	(0.083)	(0.079)	(0.077)
Edgecov.gcomrgn	0.244***	0.362***	-0.045	0.118	0.119
	(0.084)	(0.083)	(0.080)	(0.079)	(0.075)
Edgecov.gcolony	1.055***	0.434**	1.045***	0.959***	0.953***
	(0.179)	(0.218)	(0.175)	(0.182)	(0.174)
Edgecov.grta	1.148***	1.214***	1.049***	1.157***	0.967***
	(0.078)	(0.079)	(0.075)	(0.073)	(0.071)
Edgecov.gcomcur	0.653***	0.874***	0.808***	0.707***	0.673***
	(0.149)	(0.152)	(0.146)	(0.148)	(0.146)
Edgecov.gcontig	-1.309***	-1.081***	-0.917***	-1.131***	-1.173***
	(0.284)	(0.277)	(0.277)	(0.273)	(0.265)
Akaike Inf.Crit.	6,721.965	6,732.202	7,138.537	7,627.891	8,118.664
Bayesian Inf. Crit.	6,850.411	6,861.900	7,268.842	7,758.196	8,249.170

註：***、**、* 分別表示係數的估計值在 1%、5% 和 10% 水準上顯著；括號內的值為標準誤。

表7.3(續)

網路效應	2006年	2007年	2008年	2009年	2010年
純結構效應					
Edges	−2.711***	−2.857***	−2.718***	−2.666***	−2.698***
	(0.044)	(0.046)	(0.046)	(0.043)	(0.044)
行為者屬性					
Nodeocov.gdp	−0.039***	−0.025***	−0.045***	−0.018**	−0.018***
	(0.010)	(0.007)	(0.009)	(0.008)	(0.007)
Nodeocov.pop	0.583***	0.513**	0.470**	0.370*	0.974***
	(0.201)	(0.217)	(0.227)	(0.193)	(0.202)
Nodeocov.area	−0.004	−0.001	−0.000,3	−0.001	−0.007**
	(0.003)	(0.003)	(0.003)	(0.002)	(0.003)
Nodeicov.gdp	0.637***	0.367***	0.656***	0.684***	0.311***
	(0.032)	(0.018)	(0.029)	(0.031)	(0.021)
Nodeicov.pop	−21.276***	−12.276***	−25.190***	−25.495***	−11.228***
	(1.121)	(0.748)	(1.204)	(1.238)	(0.931)
Nodeicov.area	−0.033***	−0.035***	−0.048***	−0.023***	−0.029***
	(0.003)	(0.004)	(0.004)	(0.003)	(0.003)
連續屬性同配性					
Absdiff.gdp	0.031***	0.017**	0.021**	0.007	0.006
	(0.010)	(0.008)	(0.009)	(0.008)	(0.007)
Absdiff.pop	−0.607***	−0.501**	−0.354	−0.397**	−0.909***
	(0.202)	(0.218)	(0.228)	(0.194)	(0.202)
Absdiff.area	0.004	0.002	0.000,4	0.001	0.007**
	(0.003)	(0.003)	(0.003)	(0.002)	(0.003)
協變量網路效應					
Edgecov.gcomlang	0.181**	0.212***	0.229***	0.308***	0.368***
	(0.076)	(0.073)	(0.076)	(0.073)	(0.074)
Edgecov.gcomrgn	0.109	0.029	0.086	0.045	0.027
	(0.073)	(0.073)	(0.075)	(0.071)	(0.073)
Edgecov.gcolony	1.184***	1.304***	1.369***	1.175***	1.174***
	(0.160)	(0.156)	(0.167)	(0.162)	(0.158)
Edgecov.grta	1.110***	1.338***	1.047***	1.094***	1.036***
	(0.069)	(0.069)	(0.071)	(0.069)	(0.069)
Edgecov.gcomcur	0.532***	0.508***	0.717***	0.632***	0.722***
	(0.144)	(0.146)	(0.149)	(0.144)	(0.144)
Edgecov.gcontig	−0.978***	−1.238***	−1.189***	−1.214***	−1.035***
	(0.260)	(0.276)	(0.267)	(0.259)	(0.246)
Akaike Inf. Crit.	8,692.205	8,979.944	8,462.672	8,930.756	9,404.460
Bayesian Inf. Crit.	8,824.645	9,112.757	8,595.669	9,063.383	9,537.458

註：***、**、*分別表示系數的估計值在1%、5%和10%水準上顯著；括號內的值為標準誤。

歷史殖民地關係、區域貿易協定關係以及共同貨幣關係網絡在1%水準上顯著為正，而共同邊界關係網絡在1%水準上顯著為負，至少25%的居民存在共同宗教信仰的影響不顯著。

從時間維度變化來看，2001—2010年純結構效應的估計系數一直為負，並位於-2.7附近小幅波動。國家或地區GDP發出效應與接收效應的估計系數呈上升趨勢，但2009年和2010年有所回落，同時，人口規模發出效應和接收效應的估計系數也表現出長期的增長趨勢，這表明一國的經濟實力與人口規模是提升該國在國際金融網絡中地位的主要推動力。然而，國土面積的發出效應與接收效應對金融網絡影響較小且變動趨勢不明顯。進一步從網絡協變量的變動來看，歷史殖民地關係對國際金融網絡的正向效應呈先降後升的趨勢。

此外，共同邊界關係對國際金融網絡影響的效應為負，且2007—2010年逐年遞減，這驗證了前文所闡述的全球金融聚集弱化的趨勢。

(2) 進一步的拓展研究

在基準迴歸模型中進一步加入制度因素（行為者屬性II），考察各種制度因素以及基礎設施狀況可能對國際金融網絡關係形成的影響。以2010年為例，從表7.4可以看出，模型(2)是在模型(1)的基礎上考慮政治穩定性、社會經濟環境、法律制度以及基礎設施的發出效應、接收效應與連續屬性同配性效應。

表7.4　考慮制度因素和二元屬性同配性的ERGM估計（2010年）

網路效應	(1) 基準迴歸	(2) 制度效應	(3) 同配性效應
純結構效應			
Edges	-2.698***	-5.147***	-5.236***
	(0.044)	(0.398)	(0.402)
行為者屬性I			
Nodeocov.gdp	-0.018***	-0.023***	-0.023***
	(0.007)	(0.007)	(0.007)
Nodeocov.pop	0.974***	0.791***	0.804***
	(0.202)	(0.183)	(0.184)
Nodeocov.area	-0.007**	-0.000,02	-0.000,1
	(0.003)	(0.002)	(0.002)
Nodeicov.gdp	0.311***	0.408***	0.409***
	(0.021)	(0.026)	(0.026)
Nodeicov.pop	-11.228***	-15.447***	-15.470***
	(0.931)	(1.061)	(1.058)

表7.4(續)

網路效應	(1) 基準迴歸	(2) 制度效應	(3) 同配性效應
Nodeicov.area	−0.029***	−0.014***	−0.014***
	(0.003)	(0.002)	(0.002)
連續屬性同配性			
Absdiff.gdp	0.006	0.007	0.007
	(0.007)	(0.007)	(0.007)
Absdiff.pop	−0.909***	−0.710***	−0.714***
	(0.202)	(0.184)	(0.185)
Absdiff.area	0.007***	0.000,1	0.000,2
	(0.003)	(0.002)	(0.002)
行為者屬性 II			
Nodeocov.stability		0.032	0.031
		(0.024)	(0.025)
Nodeocov.socioeco		0.085***	0.088***
		(0.028)	(0.028)
Nodeocov.laworder		−0.101**	−0.083*
		(0.046)	(0.046)
Nodeocov.infrastr		−0.016	−0.015
		(0.049)	(0.049)
Nodeicov.stability		−0.473***	−0.484***
		(0.029)	(0.029)
Nodeicov.socioeco		0.737***	0.744***
		(0.033)	(0.033)
Nodeicov.laworder		−0.040	−0.027
		(0.045)	(0.046)
Nodeicov.infrastr		0.283***	0.269***
		(0.048)	(0.048)
Absdiff.stability		0.069**	0.066**
		(0.030)	(0.030)
Absdiff.socioeco		−0.083***	−0.092***
		(0.028)	(0.029)
Absdiff.laworder		0.064	0.082*
		(0.043)	(0.043)
Absdiff.infrastr		−0.052	−0.063
		(0.058)	(0.058)

表7.4(續)

網路效應	（1）基準迴歸	（2）制度效應	（3）同配性效應
二元屬性同配性			
Nodematch.income			-0.370***
			(0.095)
Nodematch.continent			0.572***
			(0.079)
協變量網路效應			
Edgecov.gcomlang	0.368***	0.627***	0.592***
	(0.074)	(0.080)	(0.080)
Edgecov.gcomrgn	0.027	-0.058	-0.071
	(0.073)	(0.079)	(0.079)
Edgecov.gcolony	1.174***	0.867***	0.944***
	(0.158)	(0.172)	(0.173)
Edgecov.grta	1.036***	0.702***	0.516***
	(0.069)	(0.078)	(0.083)
Edgecov.gcomcur	0.722***	0.408***	0.200
	(0.144)	(0.157)	(0.161)
Edgecov.gcontig	-1.035***	-0.842***	-0.906***
	(0.246)	(0.272)	(0.272)
Akaike Inf.Crit.	9,404.460	7,630.161	7,570.706
Bayesian Inf. Crit.	9,537.458	7,862.906	7,820.077

註：***、**、*分別表示系數的估計值在1%、5%和10%水準上顯著；括號內的值為標準誤。

總體來看，與基準模型相比，模型（2）的AIC與BIC值明顯下降，說明模型（2）的擬合優度進一步提高。

從行為者屬性I來看，經濟水準的發出效應在1%水準上顯著為負，而接收效應在1%水準上顯著為正。相反，人口規模的發出效應在1%的水準上顯著為正，而接收效應顯著為負。國土面積的發出效應不顯著，但接收效應在1%的水準上顯著為負。上述分析表明經濟規模較大的國家或地區更容易吸引資金流入，而人口規模較大的國家或地區以及國土面積較大的離岸金融中心更傾向於對外從事證券組合投資。從連續屬性同配性來看，僅人口規模同配性的估計系數顯著為負，而其餘變量的估計系數不顯著，這說明人口規模相似國家間的金融往來關係表現出異配性特徵，經濟水準和國土面積相似國家間的相互吸引力並不明顯。

從協變量網絡效應來看，共同口語關係、歷史殖民地關係、區域貿易協定關係以及共同貨幣關係的估計系數在1%的水準顯著為正，而共同邊界關係的估計系數顯著為負，至少25%的居民共同信奉宗教的系數雖為負值但不顯著。上述分析表明，擁有共同口語關係、歷史殖民地關係、共同貨幣關係以及簽訂區域貿易協定的國家之間較可能發生金融往來聯繫，而具有共同邊界的國家間發生金融往來聯繫的概率更低，至少25%的居民擁有共同宗教信仰對金融網絡不產生顯著影響。

研究者考察行為者屬性 II（包括制度因素和基礎設施），結果發現政治穩定性的發出效應不顯著，而接收效應在1%的水準上顯著為負；社會經濟環境的發出效應與接收效應均通過了1%的顯著性檢驗；法律制度的接收效應不顯著，而發出效應在5%的水準上顯著為負；相反，基礎設施的發出效應不顯著，而接收效應在1%的水準上顯著為正。上述分析表明，政治穩定性高的離岸金融中心更傾向於對外進行證券組合投資，而社會經濟環境優越、基礎設施狀況較好的離岸金融中心更傾向於吸引資金的流入。相較而言，社會經濟環境較好的其他國家或地區更容易對外進行證券組合投資，而法律制度較完善的其他國家或地區更傾向於吸引資金的流入。

進一步分析同配性效應發現，政治穩定性同配性的估計系數在5%的水準上顯著為正，社會經濟環境同配性的係數在1%的水準上顯著為負，而法律制度同配性和基礎設施同配性的估計係數不顯著。這表明政治穩定程度相同的經濟體之間的同配性較明顯，更容易建立金融往來關係，而法律制度環境相似的經濟體之間的金融往來聯繫表現出異配性特徵，基礎設施狀況相似的經濟體之間的同配性特徵不明顯。

表 7.5 模型（3）綜合考慮了所有網絡效應，具體包括純結構效應、行為者屬性（發出效應和接收效應）、連續屬性同配性、二元屬性同配性以及協變量網絡效應。總體來看，該模型的 AIC 和 BIC 值有所下降，說明 ERGM 估計的擬合程度提高了。模型（3）在模型（2）的基礎上加入二元屬性同配性，結果發現，收入同配性的估計系數在1%的水準上顯著為負，而所屬大洲同配性的估計系數在1%的水準上顯著為正。這表明，在控制純結構效應、連續屬性同配性、發出效應、接收效應和網絡協變量效應的情況下，隸屬相同收入類別的經濟體在金融往來關係中表現出明顯的異配性特徵，而所屬大洲相同的經濟體其金融往來關係的同配性較強，在國際金融網絡中相互間具有較強的吸引力。從模型其他變量來看，純結構效應、行為者屬性 I 和連續屬性同配性變量與前面的估計結果大致相同。行為者屬性 II 中法律制度發出效應的估計系數

值較之前有了小幅增加，並且顯著性有所下降，通過了10%的顯著性檢驗。法律制度同配性的系數由之前的不顯著變為在10%水準上顯著為正，這表明法律制度環境相似的經濟體之間的金融往來聯繫由微弱逐漸變為顯著，表現較明顯的同配性特徵。從協變量網絡效應來看，共同口語關係和區域貿易協定關係的系數估計值在1%的水準上顯著為正但有所下降，而殖民地關係、至少25%的居民信奉共同宗教以及共同邊界關係的系數估計值呈小幅上升。值得注意的是，共同貨幣關係的系數由1%水準上顯著為正變為不顯著，這表明擁有共同貨幣關係對經濟體之間金融往來關係的促進作用在逐漸減弱，可能是因為建立在共同貨幣關係上的國際金融網絡關係已趨於飽和。

上述分析表明，模型（3）是分析國際金融網絡結構特徵的最優ERGM，鑒於此，本書綜合考察了純結構效應、行為者屬性（發出效應和接收效應）、同配性效應（連續屬性和二元屬性）以及協變量網絡效應對金融網絡關係構建的影響。下文中，研究者將以模型（3）為基準，列出2001—2010年國際金融網絡的ERGM估計結果，進而探討具體網絡效應對國際金融網絡關係的影響程度及其發展變化趨勢（見表7.5）。

從時間維度變化來看，2001—2010年純結構效應（Edge）的估計系數一直為負並通過1%的顯著性檢驗，這與多數ERGM模型的估計結果相一致。

從行為者屬性I來看，自2003年以來，其他國家或地區GDP的發出效應顯著為負，而離岸金融中心GDP的接收效應始終顯著為正。與此同時，人口規模的發出效應自2003年以來表現出正向作用，而離岸金融中心人口規模的接收效應顯著為負，這表明經濟發展水準較高的國家或地區更傾向於吸引資金流入，而人口規模較大的國家或地區更可能對外進行證券組合投資。就具體數值而言，人口規模接收效應的估計系數明顯大於其發出效應，並且還大於國家或地區GDP的估計系數。這表明人口規模在網絡體系中所具有的對外吸收能力遠大於對外擴展能力，同時人口規模相比經濟水準在網絡結構中的表現更為活躍，對推動一國成為國際金融網絡中心的作用更突出。

從協變量網絡效應來看，共同邊界關係的系數在1%的水準上始終為負，至少25%的居民存在共同宗教信仰的影響幾乎不顯著，而共同口語關係、歷史殖民地關係、區域貿易協定關係以及共同貨幣關係的影響為在多數年份裡通過1%顯著性檢驗。

從連續屬性同配性來看，一國或地區GDP同配性特徵僅在少數年份中顯著為正，而人口規模的異配性特徵自2005年以來在統計上逐漸顯著，說明人口規模相似的國家或地區之間不傾向於建立金融往來聯繫。

表 7.5　考慮制度因素和二元屬性同配性的 ERGM 估計（2001—2010 年）

網路效應	2001 年	2002 年	2003 年	2004 年	2005 年
純結構效應					
Edges	-6.599***	-6.530***	-6.971***	-9.283***	-7.535***
	(0.453)	(0.463)	(0.480)	(0.483)	(0.447)
行為者屬性 I					
Nodeocov.gdp	0.008	-0.007	-0.033*	-0.036***	-0.051***
	(0.020)	(0.010)	(0.018)	(0.011)	(0.012)
Nodeocov.pop	-0.566	0.047	0.209	0.202	0.361
	(0.409)	(0.197)	(0.311)	(0.220)	(0.224)
Nodeocov.area	0.002	0.001	-0.006	0.005*	0.001
	(0.004)	(0.002)	(0.004)	(0.003)	(0.003)
Nodeicov.gdp	0.276***	0.355***	0.791***	1.235***	0.625***
	(0.032)	(0.027)	(0.055)	(0.063)	(0.052)
Nodeicov.pop	-5.016***	-8.083***	-23.385***	-40.499***	-19.907***
	(0.897)	(0.743)	(1.744)	(2.186)	(1.819)
Nodeicov.area	-0.054***	-0.015***	-0.026***	-0.032***	-0.034***
	(0.006)	(0.002)	(0.004)	(0.003)	(0.004)
連續屬性同配性					
Absdiff.gdp	-0.040**	-0.003	-0.002	0.001	0.011
	(0.020)	(0.011)	(0.018)	(0.012)	(0.012)
Absdiff.pop	0.554	-0.069	-0.277	-0.227	-0.470**
	(0.410)	(0.199)	(0.312)	(0.221)	(0.227)
Absdiff.area	-0.003	-0.001	0.006	-0.004	-0.000,3
	(0.004)	(0.002)	(0.004)	(0.003)	(0.003)
行為者屬性 II					
Nodeocov.stability	-0.019	-0.097***	-0.053*	-0.043	-0.021
	(0.030)	(0.029)	(0.029)	(0.029)	(0.027)
Nodeocov.socioeco	0.129***	0.131***	0.140***	0.167***	0.162***
	(0.033)	(0.034)	(0.034)	(0.034)	(0.031)
Nodeocov.laworder	-0.187***	-0.154***	-0.149***	-0.163***	-0.083*
	(0.056)	(0.056)	(0.055)	(0.057)	(0.050)
Nodeocov.infrastr	-0.034	0.028	-0.033	0.041	-0.088*
	(0.057)	(0.059)	(0.056)	(0.057)	(0.053)
Nodeicov.stability	-0.141***	-0.181***	-0.217***	-0.378***	-0.361***
	(0.032)	(0.032)	(0.033)	(0.034)	(0.029)
Nodeicov.socioeco	0.585***	0.734***	0.716***	1.005***	0.638***
	(0.035)	(0.040)	(0.041)	(0.042)	(0.033)
Nodeicov.laworder	0.217***	-0.020	0.098	0.248***	0.319***
	(0.058)	(0.058)	(0.061)	(0.063)	(0.050)

表7.5(續)

網路效應	2001 年	2002 年	2003 年	2004 年	2005 年
Nodeicov.infrastr	0.131**	0.147***	0.279***	0.414***	0.483***
	(0.060)	(0.059)	(0.058)	(0.064)	(0.055)
Absdiff.stability	-0.077**	0.008	0.076**	-0.037	-0.001
	(0.035)	(0.034)	(0.035)	(0.034)	(0.031)
Absdiff.socioeco	-0.135***	-0.082**	-0.128***	-0.112***	-0.079***
	(0.033)	(0.035)	(0.034)	(0.034)	(0.030)
Absdiff.laworder	0.068	-0.004	0.071	0.106**	0.157***
	(0.052)	(0.052)	(0.052)	(0.052)	(0.047)
Absdiff.infrastr	-0.004	-0.115*	-0.071	0.099	0.046
	(0.069)	(0.070)	(0.067)	(0.070)	(0.064)
二元屬性同配性					
Nodematch.income	-0.395***	-0.452***	-0.438***	-0.385***	-0.397***
	(0.106)	(0.110)	(0.107)	(0.110)	(0.099)
Nodematch.continent	0.473***	0.328***	0.535***	0.847***	0.674***
	(0.094)	(0.096)	(0.090)	(0.095)	(0.084)
協變量網路效應					
Edgecov.gcomlang	0.441***	0.260***	0.208**	0.449***	0.565***
	(0.095)	(0.098)	(0.091)	(0.093)	(0.087)
Edgecov.gcomrgn	0.042	0.246***	-0.017	-0.045	-0.041
	(0.091)	(0.090)	(0.087)	(0.091)	(0.083)
Edgecov.gcolony	0.856***	0.115	0.692***	0.387*	0.375*
	(0.193)	(0.231)	(0.193)	(0.207)	(0.195)
Edgecov.grta	0.614***	0.729***	0.558***	0.545***	0.400***
	(0.096)	(0.096)	(0.091)	(0.095)	(0.087)
Edgecov.gcomcur	0.320*	0.455***	0.303*	-0.141	0.117
	(0.170)	(0.175)	(0.168)	(0.184)	(0.169)
Edgecov.gcontig	-1.285***	-0.859***	-0.926***	-1.191***	-1.037***
	(0.305)	(0.308)	(0.302)	(0.318)	(0.295)
Akaike Inf.Crit.	5,608.781	5,562.275	5,828.934	5,249.742	6,388.067
Bayesian Inf. Crit.	5,849.619	5,805.459	6,073.256	5,494.065	6,632.765
網路效應	2006 年	2007 年	2008 年	2009 年	2010 年
純結構效應					
Edges	-6.736***	-4.853***	-7.287***	-6.798***	-5.236***
	(0.422)	(0.402)	(0.455)	(0.422)	(0.402)
行為者屬性 I					
Nodeocov.gdp	-0.051***	-0.028***	-0.059***	-0.026***	-0.023***
	(0.011)	(0.008)	(0.009)	(0.008)	(0.007)

表7.5(續)

網路效應	2006年	2007年	2008年	2009年	2010年
Nodeocov.pop	0.611***	0.445*	0.761***	0.422**	0.804***
	(0.223)	(0.248)	(0.261)	(0.204)	(0.184)
Nodeocov.area	0.001	0.002	0.004	0.002	-0.000,1
	(0.002)	(0.003)	(0.003)	(0.001)	(0.002)
Nodeicov.gdp	1.020***	0.544***	0.893***	1.020***	0.409***
	(0.049)	(0.027)	(0.048)	(0.050)	(0.026)
Nodeicov.pop	-35.192***	-20.679***	-36.703***	-38.774***	-15.470***
	(1.714)	(1.188)	(2.135)	(1.933)	(1.058)
Nodeicov.area	-0.038***	-0.022***	-0.027***	-0.024***	-0.014***
	(0.002)	(0.005)	(0.005)	(0.002)	(0.002)
連續屬性同配性					
absdiff.gdp	0.037***	0.015*	0.020**	0.009	0.007
	(0.011)	(0.008)	(0.009)	(0.008)	(0.007)
absdiff.pop	-0.601***	-0.424*	-0.588**	-0.410**	-0.714***
	(0.224)	(0.249)	(0.262)	(0.205)	(0.185)
absdiff.area	-0.001	-0.001	-0.003	-0.002	0.000,2
	(0.002)	(0.003)	(0.003)	(0.001)	(0.002)
行為者屬性Ⅱ					
Nodeocov.stability	-0.010	0.014	0.025	0.031	0.031
	(0.026)	(0.026)	(0.026)	(0.026)	(0.025)
Nodeocov.socioeco	0.171***	0.125***	0.182***	0.122***	0.088***
	(0.030)	(0.030)	(0.031)	(0.029)	(0.028)
Nodeocov.laworder	-0.086*	-0.049	-0.103**	-0.087*	-0.083*
	(0.050)	(0.049)	(0.050)	(0.048)	(0.046)
Nodeocov.infrastr	-0.027	-0.086*	-0.074	-0.077	-0.015
	(0.053)	(0.051)	(0.052)	(0.051)	(0.049)
Nodeicov.stability	-0.552***	-0.660***	-0.505***	-0.532***	-0.484***
	(0.031)	(0.030)	(0.029)	(0.031)	(0.029)
Nodeicov.socioeco	1.059***	0.853***	0.734***	0.796***	0.744***
	(0.040)	(0.038)	(0.038)	(0.036)	(0.033)
Nodeicov.laworder	-0.311***	-0.025	0.229***	0.157***	-0.027
	(0.052)	(0.052)	(0.052)	(0.048)	(0.046)
Nodeicov.infrastr	0.587***	0.347***	0.487***	0.476***	0.269***
	(0.052)	(0.052)	(0.053)	(0.050)	(0.048)
Absdiff.stability	0.061**	-0.092***	-0.009	0.004	0.066**
	(0.030)	(0.029)	(0.031)	(0.031)	(0.030)

表7.5(續)

網路效應	2006年	2007年	2008年	2009年	2010年
Absdiff.socioeco	-0.060**	-0.070**	-0.062***	-0.062**	-0.092***
	(0.030)	(0.029)	(0.030)	(0.030)	(0.029)
Absdiff.laworder	0.051	0.089*	0.171***	0.136***	0.082*
	(0.046)	(0.046)	(0.046)	(0.044)	(0.043)
Absdiff.infrastr	-0.052	0.094	0.095	0.038	-0.063
	(0.061)	(0.060)	(0.062)	(0.060)	(0.058)
同配性效應					
Nodematch.income	-0.464***	-0.319***	-0.269***	-0.189***	-0.370***
	(0.102)	(0.097)	(0.100)	(0.096)	(0.095)
Nodematch.continent	0.503***	0.482***	0.575***	0.656***	0.572***
	(0.085)	(0.081)	(0.083)	(0.083)	(0.079)
協變量網路效應					
Edgecov.gcomlang	0.358***	0.523***	0.438***	0.661***	0.592***
	(0.086)	(0.082)	(0.084)	(0.082)	(0.080)
Edgecov.gcomrgn	0.122	-0.121	-0.105	-0.180**	-0.071
	(0.082)	(0.081)	(0.083)	(0.080)	(0.079)
Edgecov.gcolony	0.853***	0.788***	0.832***	0.674***	0.944***
	(0.182)	(0.172)	(0.183)	(0.180)	(0.173)
Edgecov.grta	0.615***	0.770***	0.551***	0.514***	0.516***
	(0.087)	(0.085)	(0.087)	(0.086)	(0.083)
Edgecov.gcomcur	-0.013	0.018	0.157	-0.026	0.200
	(0.168)	(0.167)	(0.172)	(0.165)	(0.161)
Edgecov.gcontig	-0.894***	-1.189***	-1.089***	-1.101***	-0.906***
	(0.302)	(0.309)	(0.296)	(0.294)	(0.272)
Akaike Inf.Crit.	6,465.482	7,035.901	6,588.418	6,810.221	7,570.706
Bayesian Inf. Crit.	6,713.806	7,284.923	6,837.788	7,058.896	7,820.077

註：***、**、*分別表示係數的估計值在1%、5%和10%水準上顯著；括號內的值為標準誤。

　　從行為者屬性II來看，2001—2010年政治穩定性的發出效應幾乎不顯著，而接收效應自2005年以來在統計上顯著為負；社會經濟環境的發出效應與接收效應均通過1%的顯著性檢驗，其中發出效應以2006年為拐點表現出先升後降的趨勢，接收效應整體上呈小幅上升；法律制度的發出效應在2001—2005年顯著為負，而接收效應在多數年份中顯著為正；此外，基礎設施的發出效應在觀察年份中幾乎不顯著，而接收效應一直在1%的水準上顯著為正。

上述分析表明，政治穩定性高的離岸金融中心更傾向於對外進行證券組合投資，而社會經濟環境較好的其他國家或地區對外投資的傾向近年來呈下降趨勢，相較而言，社會經濟環境更優越的離岸金融中心吸引外資的傾向在逐漸上升。此外，法律制度較完善的其他國家或地區以及基礎設施狀況較好的離岸金融中心更容易吸引資金的流入。

進一步分析同配性效應發現，2001—2010 年政治穩定性同配性的特徵不明顯，經濟環境同配性的系數一直在 1% 水準上顯著為負，法律制度同配性自 2008 年開始逐漸表現出顯著正效應，而基礎設施同配性的估計系數幾乎不顯著。這表明政治穩定性程度相同的經濟體之間建立金融往來關係的傾向不明顯，法律制度環境相似的經濟體之間的金融往來關係的同配性特徵於近年才開始顯現，而基礎設施狀況相似的經濟體之間進行相互證券組合投資的現象不明顯，即相近的基礎設施條件不構成國際金融網路形成的主要推動力。

7.3 本章小結

本書採用指數隨機圖模型（ERGM）來實證檢驗社會人文關係網路以及地理網路對全球離岸金融中心網路結構的影響效應，通過逐步控制行為者屬性、連續屬性同配性、二元屬性同配性、協變量網路效應等不同網路效應並進行 ERGM 模型的選擇，以確定最優的估計模型並檢驗離岸金融中心所「嵌入」網路對其影響的差異程度。

國際金融網路由多個金融往來關係形成過程的滲透與聚集演化而成，除具備內生的有向邊和互惠性等純網路結構效應外，國家或地區的經濟水準、人口規模、國土面積等也使得兩國間相互吸引而產生金融往來關係，而宗教文化、貿易與貨幣關係、共同邊界等社會人文網路因素也將影響國際金融網路的構建，並使其表現出一定特徵。此外，本書還考察了制度因素和基礎設施狀況對國際金融網路的影響效應。通過 ERGM 方法將上述變量和網路效應綜合到同一分析框架下進行實證檢驗，既是對複雜網路理論及其推論的有力論證，也有助於全面瞭解人民幣離岸金融中心網路格局的影響效應。

8 研究結論與政策建議

在經濟全球化和金融自由化的背景下，離岸金融作為現代金融業金融創新模式的實踐，自誕生以來在全球範圍內得到快速發展，已成為國際金融市場的重要組成部分。人民幣國際化戰略離不開人民幣離岸金融中心的建設與發展，本書基於人民幣國際化的戰略背景，系統梳理和回顧了離岸金融中心區位選擇的理論基礎及相關文獻，厘清了國際離岸金融中心的發展模式與區位分佈規律，分析了人民幣業務在全球主要離岸金融中心的發展現狀與面臨的問題，透過引力模型研究了人民幣在全球主要離岸金融中心的交易規模分佈，透過複雜網路理論對全球主要離岸金融中心的網路結構重要性進行排序，透過 ERGM 模型（指數隨機圖模型）量化研究各種社會人文關係網絡以及地理網絡對全球離岸金融中心網路結構產生的影響，從而在理論上和實證上為人民幣離岸金融中心區位選擇提供理論支撐與實踐指導。

8.1 主要研究結論

（1）本書運用文獻研究法對人民幣離岸金融中心區位選擇的理論基礎及相關文獻進行了全面梳理與回顧。基於區位選擇理論、金融地理學理論、貨幣地理學理論、網路科學理論，嘗試對人民幣離岸金融中心區位選擇的理論機制進行深入研究，系統評述了國內外關於離岸金融中心區位選擇的研究成果及相關文獻，著重厘清了交易成本、信息因素、經濟因素、政治因素、文化因素、制度因素、地理因素以及網路因素對離岸金融中心區位選擇的影響機制，在充分借鑑已有相關研究成果的基礎上，構建了理論分析框架，為後續進行實證研究奠定了理論基礎。

（2）本書採用比較研究與邏輯研究相結合的研究方法，對國際離岸金融

中心的基本屬性與特徵、發展模式與區位分佈規律進行了深入研究。

第一，根據離岸金融中心的功能演進和發展路徑將離岸金融中心分為內外一體型、內外分離型、分離滲透型、避稅港型四種類型，並對每種離岸金融中心分別從發展模式、監管制度、稅收制度、法律制度、區位分佈等方面進行了深入研究，得出如下結論：離岸金融中心形成與發展的根本推動力是市場機制的自發演進與市場的內生需求，而政府在離岸市場發展過程中可以發揮政策推動作用，如健全法律法規制度、完善金融監管方式、優化稅收安排等制度要素，以此創造公開透明的營商環境、協同高效的監管環境、優惠的稅收制度，從而實現離岸金融中心的穩健發展。

第二，離岸金融中心的區位分佈是金融市場在政治、經濟、制度、地理、人文等綜合因素的基礎上進行的地域流動、資源配置、組合的時空變化過程，是經濟地域運動理論在區域經濟發展的時空規律的體現。具體而言，國際離岸金融中心區位佈局具有明顯的沿海性，大多位於大洲交界的沿海地帶，具有優越的地理位置。同時，全球離岸金融中心的集群性、圈層性發展趨勢明顯，表現為從傳統金融大都市的點式佈局轉變為以全球離岸金融中心為核心的圈層式佈局，目前已經形成四大金融圈層：倫敦金融圈層、紐約金融圈層、迪拜金融圈層、東亞金融圈層。此外，從影響國際離岸金融中心發展的因素看，地理區位、交通條件、金融基礎設施、網路通信技術、金融生態、制度因素以及人文環境對於離岸金融中心的發展具有重要的影響。

（3）本書採用描述性統計與經驗歸納相結合的研究方法，鑒於人民幣業務主要分佈於中國香港、倫敦、新加坡、盧森堡等離岸市場的客觀事實，分析了人民幣業務在全球主要離岸金融中心的發展現狀以及存在的問題與挑戰。具體而言，通過分析其貨幣市場、債券市場、外匯市場等微觀金融產品市場，本書發現人民幣業務在中國香港離岸市場存在存款與貸款比例失衡、貿易結算結構不平衡、人民幣債券市場缺乏有效的債券定價基準利率、「點心債」期限結構不合理、人民幣債券收益率曲線尚未形成、債券評級體系不完善、二級市場交投不活躍等發展障礙；而通過研究人民幣業務在倫敦離岸市場的發展情況，本書發現倫敦人民幣離岸市場存在人民幣計價的金融產品供給規模有限、人民幣存款業務發展相對滯後、離岸資金池規模較小等不利因素。

（4）鑒於國際離岸金融中心競爭力評價的內容一般涉及金融市場收益、金融市場成本、基礎設施、制度因素等方面內容，本書基於金融中心區位選擇理論，以成本—收益為研究視角，通過構建 AHP（層次分析法）層次結構模型，定量評價國際主要離岸金融中心的競爭力。具體而言，本書根據金融市場

收益（以金融市場規模及開放度、經濟規模、社會財富為衡量指標）、金融市場成本（以交易成本、融資成本為衡量指標）、基礎設施（以交通及物流基礎設施、金融基礎設施為衡量指標）、制度因素（以營商便利度、法律成熟度、勞動參與度為衡量指標）等因素構建競爭力評價體系，得出美國、英國、盧森堡在全球離岸金融中心具有較強的綜合競爭力，從而為人民幣在全球離岸金融中心的區位選擇提供決策依據。

（5）本書採用規範研究與實證研究相結合的研究方法，研究了人民幣在全球主要離岸金融中心的交易規模分佈情況。

首先，從理論模型推導看，本書對影響國際貨幣區位分佈的影響因素進行了理論分析，分別就經濟規模、金融市場發展、地理因素、政治因素、制度因素、文化因素等主要影響因素展開研究，在上述文獻梳理的基礎上提出研究假設，並在 Coeurdacier、Gourinchas（2011）的國際金融資產區位選擇引力模型的基礎上，將貨幣流入國市場的信息摩擦與金融市場因素加入該模型並予以推導，本書構建的理論模型發現：交易成本、信息摩擦以及制度因素會影響國際貨幣在全球區位的交易分佈，同時兩國間的金融市場開放度與經濟自由度也會影響國際貨幣的交易規模。

其次，從實證建模層面看，本書將影響人民幣在全球範圍內空間分佈的因素，諸如經濟規模、政治制度、地理因素、文化差異、貨幣慣性以及網路外部性等變量納入引力模型進行實證，結果表明：第一，貨幣流入國與貨幣流出國之間的雙邊金融交易規模、雙邊貿易量是國際貨幣在流入國（地區）區位分佈的重要影響因素；第二，貨幣流入國（地區）的人口基數和人均 GDP 水準高，會擴大國際貨幣在貨幣流入國（地區）的交易規模，增加其使用頻率，從而增加國際貨幣在流入國的區位分佈比重；第三，若貨幣流入國（地區）擁有穩定的政治制度、自由的經濟營商環境、完善而透明的法律體系，則會影響國際貨幣在貨幣流入國（地區）的交易成本以及信息成本，從而間接地影響國際貨幣的全球區位分佈。此外，貨幣流出國與貨幣流入國的歷史淵源、相似的文化背景，以及兩地的時差和地理距離在一定程度上也會影響貨幣的信息搜尋成本和交易成本，從而影響貨幣在當地的交易規模和分佈。

最後，在迴歸模型的基礎上，本書測算了 2015 年人民幣在美國、英國、日本、德國、新加坡、中國香港這六大國際主要離岸金融中心交易比重的理論值，結果顯示紐約、倫敦、中國香港分別位居第一、第二、第四位。雖然目前中國香港仍是人民幣業務最大的離岸市場，但倫敦、紐約的潛力較大，後發優勢明顯，這也啟示我們人民幣有必要在歐美發達的離岸金融中心進行合理均衡

的佈局，以滿足境外市場主體在人民幣跨境貿易、外匯兌換、跨境結算、投融資、財富管理等方面對人民幣的需求。

（6）本書採用複雜網絡分析法，構建了全球離岸金融中心跨境投資有向網路，對全球離岸金融中心網路結構進行了全面、系統的分析。

首先，本書分別從網路節點數、邊數及密度、出（入）度、出（入）強度、網路結構熵等角度對全球離岸金融中心網路結構進行了描述性分析，研究發現：從邊數情況看，全球離岸金融中心網路的邊數呈現長期增長的趨勢，表明國際金融網路中經濟體之間的跨境投資關係數呈現上升趨勢；從網絡密度看，網絡密度具有逐漸增加的態勢，反應了全球金融網絡中節點與節點之間的關係連接日益緊密；從節點數看，歐洲和美洲的節點數相對較多，表明在國際金融體系中，歐洲和美洲地區分佈著更多的離岸金融中心，且與其他國家和地區建立了更為廣泛的跨境投融資關係；從離岸金融中心整體出強度看，歐洲和美洲地區的離岸金融中心與其他經濟體之間的跨境投資活動更活躍，顯示了歐美地區離岸金融中心在全球金融網絡體系中具有重要的戰略地位；從出度與出強度的國別分佈與變化看，盧森堡、英國、美國、德國、瑞士的出度值排名較為靠前，表明了這些國家與全球其他經濟體的聯繫較多，反應了這些國家在國際跨境投資活動中居於重要地位；從節點中心度情況看，美國、盧森堡和英國排名靠前，表明這些國家的節點具有完全控制其他節點的能力，在全球金融網絡中居於核心地位。

其次，本書對全球離岸金融中心網絡中心性進行了研究，在借鑑 Newman（2005）、Blochl（2011）測算節點中心性方法的基礎上，基於平均首次達到的時間視角，運用隨機遊走中心性算法分析了 2001 年至 2014 年世界 25 個主要離岸金融中心在全球 243 個國家和地區的證券投資組合網絡結構中的重要性，並對其重要性進行排序，研究發現，美國、英國、德國分別位列第一、二、三名，緊隨其後的是法國、盧森堡、日本。研究者通過進一步分析 2001—2014 年投資百分比均值的鄰接矩陣，得出美國在全球離岸金融中心的網絡節點中處於系統性重要節點的地位，美國與該網絡的其他節點，諸如百慕大、巴哈馬、英國、新加坡的網絡連接性較強。從每個國家投資組合中比例最高的 3 個國家形成的網絡結構圖看，美國、英國和德國是各國投資的首選，而從每個國家投資組合中比例最高的 5 個國家形成的網絡結構圖看，美國、英國、德國、法國、愛爾蘭、開曼群島、盧森堡是各國投資的主要目的地。

最後，為了剔除時間維度的不確定性對靜態排名的影響，本書運用蒙特卡羅模擬方法建立一個描述網絡的概率生成模型來生成具有大樣本的鄰接矩陣，

再測算每一個隨機鄰接矩陣的隨機遊走介數中心性,經過多次抽樣模擬後,對全球 25 個主要離岸金融中心隨機遊走中心性進行排名。研究發現,美國和英國分別排名第一和第二,且在 1,000 次模擬中的地位非常穩定,分別以 99.4% 和 96.8% 的概率位居第一位和第二位。日本、法國、德國、開曼群島在 1,000 次模擬中,名次分別位居第三至第六名,其中,日本在第三至第五名的概率分別為 49.2%、21%、20.7%,法國在第三至第五名的概率分別為 20.6%、35%、29.9%,德國在第三至第五名的概率分別為 20%、30.3%、31.2%。因此,全球離岸金融中心系統重要性排名前五的為美國、英國、日本、法國、德國。

(7) 本章採用指數隨機圖模型(ERGM)來量化研究各種社會人文關係網絡以及地理網絡對全球離岸金融中心網絡結構產生的影響。通過逐步控制不同網絡效應並進行 ERGM 模型的選擇,以確定最優的估計模型並檢驗離岸金融中心所「嵌入」網絡對其影響的差異程度。在綜合考慮了純結構效應、行為者屬性(發出效應和接收效應)、連續屬性同配性、二元屬性同配性和協變量網絡效應後,篩選出最優的估計模型,並得到如下的研究結論。

從行為者屬性來看,經濟水準較高的國家或地區更傾向於吸引資金流入,而人口規模較大的國家或地區更可能對外進行證券組合投資,國土面積大小對國家或地區間證券投資的影響效應不明顯。就效應大小而言,人口規模在網絡體系中所具有的對外吸收能力要大於對外擴展能力。同時,人口規模相比經濟水準在網絡結構中的表現更為活躍,對推動一國成為國際金融網絡中心地位的作用更加突出。引入制度因素和基礎設施變量後發現,政治穩定性高的離岸金融中心更傾向於對外進行證券組合投資,而社會經濟環境更優越、基礎設施狀況較好的離岸金融中心更傾向於吸引資金的流入。相較而言,社會經濟環境較好的其他國家或地區更容易對外進行證券組合投資,而法律制度較完善的其他國家或地區更傾向於吸引資金的流入。

從連續屬性同配性來看,政治穩定程度相同的經濟體之間同配性較明顯,更容易建立金融往來關係,而人口規模相同或法律制度環境相似的經濟體之間的金融往來聯繫表現出異配性特徵。此外,基礎設施狀況相似的經濟體之間不具備顯著的同配性特徵,且經濟水準和國土面積相似國家間的相互吸引力並不明顯。

從二元屬性同配性來看,隸屬相同收入類別的經濟體在金融往來關係中表現出明顯的異配性特徵,而所屬大洲相同的經濟體其金融往來關係的同配性較強,在國際金融網絡中相互間具有較強的吸引力。

從協變量網絡效應來看,擁有共同口語關係、存在歷史殖民關係以及簽訂

區域貿易協定的國家之間更可能發生金融往來聯繫。其中，至少25%的居民信奉共同宗教的國家或地區間建立金融往來關係的傾向不明顯，說明共同宗教信仰並非是國際金融網絡形成的主導因素。

從時間維度變化來看，通過比較分析2001—2010年國際金融網絡的ERGM估計結果，來探討具體網絡效應對國際金融網絡關係的影響程度及其發展變化趨勢。結果發現，政治穩定性的接收效應自2005年以來一直在統計上顯著為負，基礎設施的接收效應則一直在統計上顯著為正，相比較而言，社會經濟環境的發出效應以2006年為拐點，表現出先升後降的趨勢，而接收效應在考察年份中整體呈現小幅上升的趨勢。

上述分析進一步表明，政治穩定性高的離岸金融中心更傾向於對外進行證券組合投資，法律制度較完善的其他國家或地區以及基礎設施狀況較好的離岸金融中心更容易吸引資金的流入。社會經濟環境較好的國家或地區進行證券投資活動的時間特徵較明顯，其對外投資的傾向近年來呈下降趨勢，而吸引外資的傾向在逐漸上升。

8.2 政策建議

8.2.1 構建全面、均衡的人民幣離岸金融中心區位體系

本書第3章基於層次分析法構建了層次結構模型，分析了全球主要離岸金融中心的國際競爭力，得出以美國、英國、盧森堡為代表的歐美離岸金融中心更具有綜合競爭力，主要體現為在金融市場收益、金融市場運行成本、綜合基礎設施、制度因素等方面領先全球其他離岸市場。第5章構建引力模型測算了人民幣在全球主要離岸金融中心的交易比重分佈，得出現階段雖然中國香港人民幣離岸金融市場的人民幣交易量占比最大，但紐約和倫敦的理論模擬值卻超越中國香港，體現出其未來的發展潛力較大，具有一定的後發優勢。第6章基於複雜網絡理論對全球主要離岸金融中心網絡重要節點中心性進行排序，發現以倫敦、紐約、盧森堡為代表的國際主要離岸金融中心的市場流動性較強，在網絡中居於中心地位。由於倫敦、紐約、盧森堡地處歐美經濟腹地，具備良好的區位優勢，所在時區上能夠較好地銜接美洲市場、西歐市場和亞洲市場，有利於支撐人民幣在全球24小時不間斷地開展離岸金融業務，並且中國與歐盟、美國之間龐大的雙邊貿易額和直接投資額為離岸人民幣業務發展奠定了堅實的市場基礎，未來作為人民幣離岸金融中心將具有廣闊的發展空間與機遇。

鑒於此，本書認為人民幣要真正成為國際貨幣，提升在國際金融市場的地位與話語權，在全球範圍內發揮支付結算、投融資、價值儲藏的國際貨幣職能，必須在全球範圍的地理空間上有均衡、合理的區位分佈。

具體而言，首先要做大境外離岸金融中心人民幣資產池規模，發揮境外人民幣離岸金融中心的內生發展機制的作用。通過豐富人民幣計價的金融產品和投資工具，拓寬人民幣在境外離岸市場的投資渠道，重點發展債券市場和外匯市場，擴大人民幣計價 IPO（首次公開募股）的規模，進一步完善「滬港通」「深港通」「滬倫通」等與境內資本市場互聯互通的機制，最終形成產品豐富、功能齊全、有交易流動性支撐的離岸市場資金池，從而為境外人民幣資金提供更多的投資渠道，增強境外市場主體持有人民幣的信心。就操作層面而言，包括：減少審批環節和審批時間，鼓勵境內企業赴離岸金融中心發行人民幣計價的股票或債券，在境外人民幣離岸金融中心發行人民幣計價的大宗商品交易產品等。

此外，國家未來在發展人民幣離岸金融中心時，不宜通過行政手段將過多金融資源與優惠政策都集中於中國香港離岸市場，而應秉持均衡合理佈局的思維，發揮市場機制對金融資源配置的基礎性作用。在穩步發展中國香港人民幣離岸金融市場的同時，應積極推進倫敦、紐約、盧森堡為代表的歐美人民幣離岸金融市場的發展，並以此為核心發揮對周邊市場和次區域金融中心的輻射作用，形成境外主要人民幣離岸金融中心合作競爭的良性互動局面。這有利於發揮各離岸金融中心的比較優勢，實現優勢互補，從而推動人民幣在全球主要金融中心發揮交易結算、貨幣兌換、貿易融資、跨境投資、財富管理等貨幣功能，提升人民幣在境外離岸金融中心的市場廣度與深度，擴大人民幣計價金融產品的供給規模，優化人民幣金融產品組合，從而構建面向全球、佈局合理的人民幣離岸金融中心區位體系，為促進人民幣離岸市場的全面發展提供有效的保障。

8.2.2 堅持服務實體經濟為導向進行區位選擇

本書在第 3 章研究了國際離岸金融中心的發展現狀，對國際離岸金融中心的發展路徑、發展模式、發展策略、區位分佈、稅收環境、法律制度、監管體系以及市場培育等熱點問題進行了深入研究，得出現階段國際離岸金融中心的功能定位出現分化，體現為以倫敦為代表的內外一體型和以紐約為代表的內外分離型是國際大型金融中心的主流模式，均具有透明的監管程序和協調措施，監管質量較高；但以英屬維爾京群島、開曼群島、百慕大、巴哈馬為代表的避

稅港型離岸金融中心，憑藉寬鬆的監管環境、優惠的稅收政策、高度保密的隱私法，雖吸引了全球資金的流入，但也帶來了一定的問題，如短期資本的跨境投機性較強、跨國洗錢、稅收規避等問題，導致監管質量較差，且信息透明度較低，與國際監管的配合程度較低。

從長遠看，在促進全球金融市場人民幣使用頻率與交易規模提升方面，主要還是基於世界對「中國製造」和「中國創造」的實體經濟需求。鑒於中國人民幣國際化戰略的長遠發展，本書認為人民幣離岸金融中心的區位選擇應著眼於中國對外貿易與直接投資的現實需求以及人民幣國際化戰略的發展趨勢，應將服務中國實體經濟發展和促進貿易投資便利化作為立足點，以服務中國企業「走出去」並為其提供金融支撐為目標。因此，要基於中國的雙邊貿易量、中國境外直接投資目的地聚集區、中國國際產能合作園區等實體經濟角度，以國家實施「一帶一路」倡議為契機，以支持實體經濟「走出去」為抓手，來進行人民幣離岸金融中心的區位選擇。通過提高人民幣貿易結算份額，擴大人民幣在跨境投資、貿易融資、項目貸款的使用規模，從而促進人民幣離岸金融中心的健康發展。鑒於此，本書建議從以下四方面來予以推進。

第一，在基礎設施建設與區域內貿易合作中，發揮人民幣離岸金融中心的融資功能。基礎設施建設是「一帶一路」倡議的核心領域，而中國在基礎設施建設方面具有獨特的優勢，未來應發揮亞洲基礎設施投資銀行、金磚國家開發銀行、絲路基金等多邊政策性金融開發機構的人民幣融資功能，提升人民幣在對外援助、銀團貸款、項目貸款、產業投資基金中的使用頻率與規模。因此，在進行人民幣離岸金融中心區位選擇時，應以離岸金融市場的廣度與深度，是否可以提供多層次、全方位的人民幣金融產品，是否有足夠的市場承接度與流動性來容納人民幣債券、信貸資產證券化產品等人民幣計價金融產品的發行與交易標準作為區位選擇的優先考慮因素。此外，應積極建立並完善人民幣離岸金融中心的人民幣外匯交易市場、同業拆借市場、遠期與互換等外匯衍生品市場，以滿足區域內貿易合作以及重大基礎設施項目對人民幣貿易融資的流動性需求。

第二，在中國國際產能合作與產業園區建設中，發揮好人民幣離岸金融中心的貿易結算功能。產業園區作為中國國際產能合作的重要承接點，是實現中國過剩產能迅速、規模轉移的有效途徑，也是促進國內產業升級與經濟發展的推動力，有利於減少貿易摩擦，消除運輸、通關環節的貿易壁壘，優化雙邊的經常帳戶交易與貿易結構，並通過資源共享和聚集效應，發揮效率提升、技術創新、示範帶動的功能，形成商品、資本、金融和諧共生的貿易格局。因此，

未來人民幣離岸金融中心的區位選擇應與產業園區的建設與營運相結合，應將是否有較大經濟腹地輻射力、能否滿足產業園區建設與營運過程中對人民幣投融資需求和貿易結算需求作為人民幣離岸金融中心的區位選址的重要考慮因素。

第三，在國際大宗商品交易中，發揮人民幣離岸金融中心的貨幣計價功能與投資功能。由於中國對石油、天然氣、鐵礦石等資源能源型大宗商品的對外依存度較高，但目前國際大宗商品市場多以美元計價和結算，這對中國穩定大宗商品交易價格、穩定生產與費用支出帶來了較大的壓力與挑戰。鑒於目前倫敦和紐約作為世界最具影響力的大宗商品的交易市場，吸引了全球不同風險偏好的微觀市場主體參與大宗商品的交易，因此，有必要在倫敦、紐約等具有國際影響力的離岸金融市場發展人民幣計價的國際大宗商品期貨交易，增加大宗商品原材料和能源商品的人民幣期貨品種，發揮人民幣離岸金融中心在國際大宗商品交易的市場避險與價格發現功能作用，提供多元化的穩定價格和風險管理的人民幣金融工具，以增強中國在國際大宗商品交易中的定價權與話語權。

第四，在央行層面的雙邊本幣互換安排中，發揮人民幣離岸金融中心的價值儲藏功能。目前，中國人民銀行已與全球 33 個國家和地區的中央銀行或貨幣當局簽署了總額為 3.1 萬億元的雙邊本幣互換協議，相關國家和地區借此可以通過備用信貸渠道獲取人民幣資金來注入本區域金融體系，使得區域內金融機構和企業能方便地獲取人民幣融資，從而提高相關國家和地區使用人民幣的便利性與吸引力。因此，未來中國人民銀行要繼續與更多國家和地區簽署雙邊本幣互換協議來深化貨幣互換合作，通過再貸款或再貼現的方式引導互換人民幣進入當地金融系統的授信渠道。同時，在跨境投資與貿易結算活躍的區域建立人民幣離岸金融中心和人民幣清算機制，推動人民幣離岸金融中心在直接投資、貿易融資以及與實體經濟相關領域的貸款、債券發行中使用人民幣計價及支付，從而提高世界其他中央銀行或貨幣當局持有人民幣的積極性，發揮人民幣作為儲備貨幣的職能，為人民幣成為國際儲備貨幣奠定堅實的基礎。

綜上，人民幣離岸金融中心在進行區位選擇時，應堅持以服務實體經濟為導向，人民幣離岸金融中心應服務於中國與相關國家的基礎設施建設、區域內貿易合作、國際產能合作與產業園區建設，以獲取國際大宗商品交易定價權，從而擴大人民幣在全球市場的使用範圍與規模。從這個意義上說，本書在前面章節已經論述了倫敦、紐約等國際主要離岸金融市場無論從金融市場的廣度和深度、金融交易網絡發達程度，還是從金融市場運行的制度保障與金融輻射力方面看，在全球國際離岸金融網絡體系中均處於國際金融市場的系統重要性地

位。因此，本書建議應優先選擇與中國有密切經貿往來與投資聯繫的倫敦、紐約等成熟型離岸金融市場作為人民幣離岸金融中心，對於避稅港型離岸金融中心則可通過建立人民幣清算行機制來滿足日常的人民幣支付結算需求。

8.2.3 完善人民幣回流機制，拓寬人民幣跨境流動渠道

本書在第 4 章分析了人民幣業務在主要離岸金融中心的發展現狀，研究發現人民幣國際化戰略近年來雖取得了長足的進展，但也面臨國內金融市場的廣度與深度發展滯後、資本項目尚未完全開放等問題的制約，導致人民幣回流機制不完善，影響了人民幣在境外離岸金融市場的流動性，削弱了境外市場主體持有人民幣的意願。因此，如何在既有的宏觀監管框架下，建立適當的回流機制，增強境外市場交易主體持有人民幣資產的信心，是建設人民幣離岸金融中心所面臨的主要挑戰之一。正如第 4 章所述，境外人民幣離岸金融市場建設剛剛起步，能夠提供具有保值增值、風險對沖和較強流動性的人民幣計價金融產品的種類與數量較為有限，表現為人民幣產品投資收益率吸引力較低，離岸市場人民幣資金池規模仍然偏小。

鑒於此，現階段有必要完善 QFII、RQFII、人民幣 RFDI、人民幣合格境外有限合夥人 QFLP、人民幣貿易結算渠道、央行貨幣互換等回流機制，將人民幣跨境流動從經常項目渠道拓寬至資本項目渠道，創造條件讓境外人民幣回流至境內資本市場，從而逐步為境外人民幣回流提供可靠的制度性保障。具體而言，一是實施優惠措施鼓勵中國企業在出口時更多地使用人民幣結算，對外商使用人民幣來華投資簡化行政審批手續；二是擴大 RQFII 規模，減少投資限制，在宏觀審慎監管框架下逐步向非居民開放國內銀行間債券市場和交易所債券市場，推動境外非居民企業和金融機構在銀行間債券市場和交易所債券市場發行人民幣債券；三是提高離岸金融中心的貨幣派生能力，針對不同風險偏好的微觀市場主體開發相應的人民幣計價金融產品，諸如人民幣計價的債券和股票、指數型基金、與中國內地金融產品掛鈎的人民幣存款等。

8.2.4 構建人民幣全球交易網絡體系並發揮規模效益

本書第 6 章指出國際貨幣作為外匯金融資產，具有較強的網絡外部性，離岸金融中心寬鬆的金融監管環境以及較低的稅賦成本和交易成本對形成國際貨幣的交易網絡、擴大其在全球的分佈範圍具有重要影響。因此，人民幣國際化戰略需要人民幣離岸金融中心發揮其國際交易網絡的功能，形成人民幣作為國際貨幣的價值效應與網絡效應的正反饋機制，促進人民幣離岸金融中心縱深

發展。因此，可以通過經濟層面和金融層面兩個角度來拓展人民幣在全球金融網絡的佈局。

首先，政府應通過簡政放權，營造寬鬆的營商環境，培育一大批有國際競爭力的跨國企業參與全球產業鏈競爭，提高中國企業在全球價值鏈中的資源配置權和定價權，提升中國企業對外支付結算中貨幣選擇的話語權，從而提高人民幣在支付結算領域中的比重，進而形成人民幣國際交易網絡並發揮規模經濟效應。

其次，與資源密集型國家發展貨幣戰略夥伴關係，促進人民幣計價的國際大宗商品市場的發展，從而為離岸人民幣市場創造交易需求和投資需求。現階段，國家可以通過「一帶一路」倡議加強與資源密集型國家的貨幣合作，通過央行間貨幣互換等形式，在離岸市場開發相關人民幣金融產品，增強人民幣在境外市場的流動性，提高其交易效率，從而發揮人民幣的正網絡外部性效應。

最後，通過人民幣計價的債券、貸款、直接投資、項目融資等多種金融方式將「一帶一路」倡議沿線國家的合作項目以金融產品的形式推向人民幣離岸金融中心，豐富人民幣離岸金融中心人民幣金融產品的供給。同時，鼓勵境外國家和地區在人民幣離岸金融中心發行人民幣計價債券，促進人民幣離岸金融中心外匯市場的發展，更好地發揮人民幣網絡外部性功能，增強市場主體持有人民幣計價資產的積極性。

8.2.5 完善離岸人民幣跨境支付清算系統建設

本書第3章分析了中國香港人民幣清算行制度對保障人民幣跨境支付結算有效運轉的作用，第4章也指出全球主要離岸金融中心發展過程中，均十分重視金融基礎設施對離岸金融業務安全、高效運行的保障功能，尤其分析了美國CHIPS系統採用的淨額結算模式在提高資金使用效率方面的作用。未來，隨著人民幣離岸金融中心的交易規模穩步擴大，在全球分佈範圍越來越廣，就越需要建立高效、安全的離岸人民幣跨境支付清算系統。現階段，人民幣離岸金融業務跨境支付清算採用的是代理行模式，但代理行模式具有先天的不足，具體體現在以下幾方面：首先，代理行並不是中央銀行，在當前人民幣資本項目尚未完全開放的背景下，代理行在離岸人民幣跨境支付清算過程中會面臨人民幣流動性不足的風險，無法保障參加貿易結算的進出口企業所需人民幣流動性能得到及時清算；其次，由商業銀行分支機構充當離岸人民幣跨境支付清算的代理行，其支付信息安全完全受制於境外代理銀行機構，缺乏對人民幣貿易結算

中突發的大宗交易實施擔保的能力，一旦某代理行面臨經營風險，則其風險會立即外溢至支付清算領域，構成結算風險。

因此，為了促進人民幣離岸金融中心的合理佈局，形成覆蓋全球的人民幣清算網絡，需要建立高效、安全的離岸人民幣跨境支付清算系統。具體而言，第一，要充分利用中國人民銀行與其他國家和地區簽署的雙邊本幣互換協議，通過指定離岸人民幣清算行的制度設計，為人民幣離岸金融中心提供高效、安全、便捷的人民幣跨境支付清算服務，同時也要解決好離岸人民幣跨境支付清算系統與當地支付清算系統接口對接的問題。第二，為滿足全球金融市場對日益增長的人民幣清算的需求，要促進離岸人民幣跨境支付清算系統早日建成及上線營運，讓更多的市場參與主體熟悉、瞭解、接納人民幣跨境支付清算系統，提高市場參與方使用人民幣跨境支付清算系統的積極性，避免將來產生過高的貨幣轉換成本。第三，為了提高人民幣跨境支付清算系統的安全性與效率，應通過金融機構市場准入和盈餘帳戶法則等措施來規避信用風險，通過即時同步支付和多邊軋差淨額結算控制等措施來降低流動性風險，為此應當整合與人民幣跨境支付清算相關的政策法規以及法律，明確各方的權利與義務，為離岸人民幣跨境支付清算系統的順利運行提供法律保障。

8.2.6 強化並提升中華文化的國際認同感與影響力

本書第7章運用指數隨機圖模型（ERGM）研究了各種社會人文關係網絡以及地理網絡對全球離岸金融中心網絡結構產生的影響，定量評估了不同的網絡形成過程對網絡結構產生的影響差異，研究發現，國際金融網絡具有較高的互惠性與聚集性，國際金融往來關係的形成很大程度上會嵌入各種制度因素網絡、人文因素網絡、地理因素網絡中。

這對於本書的政策啟示主要體現在以下幾個方面：首先，應將人民幣國際化發展戰略與文化強國戰略相結合，推動中國從傳統大國向文化金融強國轉變，增強中華文化在國際社會的競爭力與輻射力，提升中國的文化影響力。其次，增強中國國際人文關係網在全球範圍的傳播力與話語權，增強中華文化的感召力與影響力，增強境外市場參與主體對中國的歷史、文化、藝術、倫理道德、政治制度等諸多因素的價值肯定，消除其在社會習俗、文化傳統、語言及宗教方面的誤解，從而提升其對人民幣的認同感與接納度，增強其持有人民幣的積極性與信心。最後，推動中華文化的「引進來」與「走出去」，在「引進來」層面，應加強民間文化交流，推動全球更多國家的青少年來華交流學習，增強其對中國歷史與文化的認知度；在「走出去」層面，應大力推動孔子學

院在全球更大範圍落地生根，培養更多的跨文化交流人才與對外漢語人才來傳播中華文化，在全球範圍內推廣漢語學習熱潮，提高中華文化在世界範圍的影響力，增強境外市場參與主體對中國及中國文化的認同感，從而推動人民幣離岸金融中心的發展。

8.3 研究不足與展望

本書遵循規範分析與實證分析、理論研究與經驗研究相結合的研究範式，基於人民幣國際化戰略的現實背景，從理論上和實證上研究了人民幣離岸金融中心區位選擇的問題。但是，仍然存在以下不足，亟待進一步完善。

首先，在全球金融複雜網絡系統中，複雜網絡並非單獨發揮作用，尤其是在互聯網信息時代，即時通信工具的出現與普及使得市場微觀主體間信息交換變得更加快捷，從而導致金融市場的信息擴散對網絡結構的衝擊變得更加複雜。可見，金融市場的信息要素與跨境資金流動是密切相關的，但由於受信息數據獲取的限制，未能深入到更具政策導向性的微觀金融機構層面，使得模型在估計結果和解釋能力上受到一定限制。

其次，本書更多是基於宏觀層面的離岸金融整體網絡視角，並沒有考慮離岸金融網絡系統的其他複雜特性，如社團結構，若在社團結構明顯的金融網絡中，本書的分析結果是否能對真實網絡結構具有解釋力有待進一步驗證。因此，沒有從中觀層面的社群結構以及微觀層面的金融機構網絡屬性進行分析，從而可能導致本書忽略國際社會人文關係網絡以及地理網絡對全球離岸金融中心網絡結構的具體影響效應，難以對某個具體的離岸金融中心給予有針對性的政策建議。

最後，本書的隨機遊走中心性算法沒有考慮離岸金融網絡的動態變化這一特點，而真實金融網絡系統大多數具有隨時間和空間持續變化的特性，因此本書靜態的金融網絡結構對於解釋動態網絡的格局演進存在一定的不足。

鑒於此，本書未來的研究主要從以下幾個方面來進行拓展。

第一，嘗試將信息要素和跨境資金流動有機聯繫，將其納入人民幣離岸金融中心區位選擇的研究框架，將網絡結構拓展為空間網絡進行分析，將空間信息要素融入金融網絡分析中，從而將金融網絡、社會網絡以及空間信息網絡有機統一起來，對全球金融網絡的結構特徵與形成機制展開研究，以夯實人民幣離岸金融中心區位選擇的分析基礎。因此，研究信息擴散與國際離岸金融市場

跨境資金流動對金融網絡結構的影響是本書未來的一個重要研究方向。

第二，在研究視角上，未來可以在算法設計階段具體考察國際金融網絡、社會人文關係網絡以及地理網絡的社群結構、個體網絡屬性的影響，更加細緻地對其網絡演變格局進行分析，並對主要離岸金融中心在全球金融網絡系統中的地位及其變化進行剖析，以便從多層次視角為人民幣離岸金融中心區位選擇提供更加精確的政策建議。

第三，在分析維度上，本書今後要充分考慮網絡動態變化的相關屬性，在中心性算法階段要加入動態的數據結構、動態標記體系，以有效應對網絡的動態變化。

參考文獻

[1] ALIBER ROBERT Z. The future of the dollar as an international currency [M]. New York: Praeger, 1966.

[2] AGNES P. The「end of geography」in financial services? Local embeddedness and territorialization in the interest rate swaps industry [J]. Economic geography, 2000, 76 (4): 347-366.

[3] ANDRIKOPOULOS A, KRIKLANI N. Environmental disclosure and financial characteristics of the firm: the case of denmark [J]. Corporate Social Responsibility & Environmental Management, 2013, 20 (1): 55-64.

[4] ANDREW A P. The end of the Mexican Dollar [J]. Quarterly Journal of Economics, 1994, 18 (3): 321-356.

[5] ARTHUR W B. Competing technologies, increasing returns, and lock-in by historical events [J]. The Economic Journal, 1989, 99 (394): 116-131.

[6] ARTHUR W B. Urban systems and historical path-dependence [J]. Stanford, California, Stanford University, Stanford Institute for Population and ResourceStudies, 1988. 85-97.

[7] BABCOCK-LUMISH T. Trust and antitrust in innovation investment communities: reconsidering moral sentiments [J]. University of Oxford School of Geography and the Environment Working Paper Series, 2003: 1-38.

[8] BABCOCK-LUMISH T. Beyond the TMT bubble: patterns of innovation investment in the US and the UK [J]. TL Babcock-Lumish, WPG, 2004: 4-14.

[9] BACKUS D K, SMITH G W. Consumption and real exchange rates in dynamic economies with non-traded goods [J]. Journal of International Economics, 1993, 35 (3): 297-316.

[10] BALDWIN R E, OKUBO T. Heterogeneous firms, agglomeration and eco-

nomic geography: spatial selection and sorting [J]. Journal of Economic Geography, 2006, 6 (3): 323-346.

[11] BARRAT A, BARTHÉLEMY M, VESPIGNANI A. The effects of spatial constraints on the evolution of weighted complex networks [J]. Journal of Statistical Mechanics: Theory And Experiment, 2005 (5): 3.

[12] BARABÁSI A L. Network theory-the emergence of the creative enterprise [J]. Science, 2005, 308 (5722): 639-641.

[13] BASKARAN T, BLÖCHL F, BRÜCK T, et al. The Heckscher-Ohlin model and the network structure of international trade [J]. International Review of Economics & Finance, 2011, 20 (2): 135-145.

[14] BECH M L, ATALAY E. The topology of the federal funds market [J]. Physica A: statistical mechanics and its applications, 2010, 389 (22): 5223-5246.

[15] BERGSTEN C. The euro versus the U.S. dollar: will there be a struggle for dominance? [J]. Journal of Shanghai Finance University, 2008, 24 (2): 347-354.

[16] BERGSTEN C F, KEOHANE R O, NYE J S. International economics and international politics: a framework for analysis [J]. International Organization, 1975, 29 (1): 3-36.

[17] BHATTACHARYA K, MUKHERJEE G, MANNA S S. The international trade network [J]. Econophysics of Markets and Business Networks. Springer Milan, 2007: 139-147.

[18] BHATTACHARYA K, MUKHERJEE G, SARAMÄKI J, et al. The international tradenetwork: weighted network analysis and modeling [J]. Journal of Statistical Mechanics: Theory and Experiment, 2008, 2008 (2): 20.

[19] BOCCALETTI S, LATORA V, MORENO Y, et al. Complex networks: Structure and dynamics [J]. Physics reports, 2006, 424 (4): 175-308.

[20] BOSS M, ELSINGER H, SUMMER M, et al. Network topology of the interbank market [J]. Quantitative Finance, 2004, 4 (6): 677-684.

[21] BUCKLEY P J, SUTHERLAND D, VOSS H, et al. The economic geography of offshore incorporation in tax havens and offshore financial centres: the case of Chinese MNEs [J]. Journal of Economic Geography, 2015, 15 (1): 103-128.

[22] BUDD L. Globalisation, territory and strategic alliances in different financial centres [J]. Urban studies, 1995, 32 (2): 345-360.

[23] BURT R S. Structural holes: the social structure of competition [M].

Cambridge: Harvard university press, 2009.

[24] CAIRNCROSS F. The death of distance: how the communications revolution is changing our lives [M]. Cambridge: Harvard Business Press, 2001.

[25] CARMICHAEL J, POMERLEANO M. The development and regulation of non-bank financial institutions [M]. Washington D. C.: World Bank Publications, 2002.

[26] CARRINGTON, PETER J, JOHN SCOTT, et al. Models and methods in social network analysis [M]. Cambridge: Cambridge University Press, 2005.

[27] CASTELLS M. The informational city: information technology, economic restructuring, and the urban-regional process [M]. Oxford: Blackwell, 1989.

[28] CASSARD, MARCEL. The role of offshore centers in international financial intermediation [J]. IMF Working Papers, 1994.

[29] CERNY P G. The dynamics of financial globalization: technology, market structure, and policy response [J]. Policy Sciences, 1994, 27 (4): 319-342.

[30] CHEN Z, KHAN M S. Patterns of capital flows to emerging markets: a theoretical perspective [J]. International Monetary Fund, 1997.

[31] CHINN M, FRANKEL J. Why the euro will rival the dollar? [J]. International Finance, 2008, 11 (1): 49-73.

[32] CHINN M, FRANKEL J A. Will the euro eventually surpass the dollar as leading international reserve currency? [M]. Washington D. C.: National Bureau of Economic Research, 2007: 283-338.

[33] CHOI S R, PARK D, TSCHOEGL A E. Banks and the world's major banking centers, 1990 [J]. Review of World Economics, 1996, 132 (4): 774-793.

[34] CHOI S R, PARK D, TSCHOEGL A E. Banks and the world's major banking centers, 2000 [J]. Review of World Economics, 2003, 139 (3): 550-568.

[35] CLARK G L, WÓJCIK D. An economic geography of global finance: ownership concentration and stock-price volatility in German firms and regions [J]. Annals of the Association of American Geographers, 2003, 93 (4): 909-924.

[36] CLARK G L. Money flows like mercury: the geography of global finance [J]. Geografiska Annaler: Series B, Human Geography, 2005, 87 (2): 99-112.

[37] CLARK R, BECKFIELD J. A new trichotomous measure of world-system

position using the international trade network [J]. International Journal of Comparative Sociology, 2009, 50 (1): 5-38.

[38] CLARK G L, GERTLER M S, FELDMAN M P. The Oxford handbook of economic geography [M]. Oxford: Oxford University Press, 2003.

[39] COBB S C. Global finance and the growth of offshore financial centers: the manx experience [J]. Geoforum, 1998, 29 (1): 7-21.

[40] COEURDACIER N, GOURINCHAS P O. When bonds matter: home bias in goods and assets [J]. National Bureau of Economic Research, 2011.

[41] COLAVECCHIO R, FUNKE M. Volatility transmissions between Renminbi and Asia-Pacific on-shore and off-shore US dollar futures [J]. China Economic Review, 2008, 19 (4): 635-648.

[42] COLEMAN J S, COLEMAN J S. Foundations of social theory [M]. Cambridge: Harvard university press, 1994.

[43] COMBES P P, MAYER T, THISSE J F. Economic geography: the integrationof regions and nations [M]. Princeton: Princeton University Press, 2008.

[44] CONT R, MOUSSA A, SANTOS E B. Network structure and systemic risk in banking systems [J]. Ssrn Electronic Journal, 2010.

[45] COHEN B J. Toward a leaderless currency system [J]. The Future of the Dollar, 2009: 142-63.

[46] COHEN B J. Optimum currency area theory: bringing the market back in [J]. International Trade and Finance: New Frontiers for Research, 1997: 216.

[47] COVAL J D, MOSKOWITZ T J. Home bias at home: Local equity preference in domestic portfolios [J]. The Journal of Finance, 1999, 54 (6): 2045-2073.

[48] CRAIG B, VON PETER G. Interbank tiering and money center banks [J]. Journal of Financial Intermediation, 2014, 23 (3): 322-347.

[49] DE SOTO H. The mystery of capital: why capitalism triumphs in the West and fails everywhere else [M]. New York: Basic books, 2000.

[50] DELIOS A, HENISZ W J. Political hazards, experience, and sequential entry strategies: the international expansion of Japanese firms, 1980-1998 [J]. Strategic Management Journal, 2003, 24 (11): 1153-1164.

[51] DESAI M A, FOLEY C F, HINES J R. Do tax havens divert economic activity? [J]. Economics Letters, 2006, 90 (2): 219-224.

[52] DODD N. The sociology of money: economics, reason & contemporary society [M]. Cambridge: Polity Press, 1994.

[53] DODD N. Money and the nation-state: contested boundaries of monetary sovereignty in geopolitics [J]. International Sociology, 1995, 10 (2): 139-154.

[54] DODD N. Whither mammon? Postmodern economics and passive enrichment [J]. Theory, Culture & Society, 1995, 12 (2): 1-24.

[55] DONG H. One currency two markets: causality and dynamic between the CNY and CNH markets [J]. HKMA working paper, 2011.

[56] DOWD K, GREENAWAY D. Currency competition, network externalities andswitching costs: towards an alternative view of optimum currency areas [J]. The Economic Journal, 1993, 103 (420): 1180-1189.

[57] EASLEY D, KLEINBERG J. Networks, crowds, and markets: reasoning abouta highly connected world [M]. Cambridge: Cambridge University Press, 2010.

[58] EBEL H, MIELSCH L I, BORNHOLDT S. Scale-free topology of e-mail networks [J]. Physical Review E, 2002, 66 (3): 35-103.

[59] EICHENGREEN B, LOMBARDI D. RMBI or RMBR: is the renminbi destined to become a global or regional currency? [J]. National Bureau of Economic Research, 2015.

[60] ERDOS P, RÉNYI A. On random graphs [J]. Publicationes Mathematicae Debrecen, 1959, 6: 290-297.

[61] ESHEL I, SAMUELSON L, SHAKED A. Altruists, egoists, and hooligans in a local interaction model [J]. American Economic Review, 1998: 157-179.

[62] FAGIOLO G, REYES J, SCHIAVO S. The evolution of the world trade web: aweighted-network analysis [J]. Journal of Evolutionary Economics, 2010, 20 (4): 479-514.

[63] FAGIOLO G. The international-trade network: gravity equations and topological properties [J]. Journal of Economic Interaction and Coordination, 2010, 5 (1): 1-25.

[64] FAGIOLO G, REYES J, SCHIAVO S. World-trade web: topological properties, dynamics, and evolution [J]. Physical Review E, 2009, 79 (3): 36-115.

[65] FAGIOLO G, REYES J, SCHIAVO S. On the topological properties of the world trade web: a weighted network analysis [J]. Physica A: Statistical Mechanics

and its Applications, 2008, 387 (15): 3868-3873.

[66] FLANDREAU M, JOBST C. The empirics of international currencies: network externalities, history and persistence [J]. The economic journal, 2009, 119 (537): 643-664.

[67] FUJITA M, KRUGMAN P. The new economic geography: past, present and the future [J]. Papers in Regional Science, 2004, 83 (1): 139-164.

[68] FOLKINSHTEYN D, UYGUR O, MERIC G. A comparison of the financial characteristics of U. S. and German manufacturing firms [J]. International Journalof Business & Finance Research, 2014, 8 (2): 9-22.

[69] FORBES K J. Why do foreigners invest in the United States? [J]. Journal of International Economics, 2010, 80 (1): 3-21.

[70] FORBES K J, WARNOCK F E. Capital flow waves: surges, stops, flight, and retrenchment [J]. Journal of International Economics, 2012, 88 (2): 235-251.

[71] FRENCH K R, POTERBA J M. Investor diversification and international equity markets [J]. National Bureau of Economic Research, 1991.

[72] GALATI G, WOOLDRIDGE P. The euro as a reserve currency: a challenge to the pre-eminence of the US dollar? [J]. International Journal of Finance & Economics, 2009, 14 (1): 1-23.

[73] GARAS A, ARGYRAKIS P, ROZENBLAT C, et al. Worldwide spreading of economic crisis [J]. New Journal of Physics, 2010, 12 (11): 113.

[74] GARCIA CANAL E, GUILLEN M F. Risk and the strategy of foreign locationchoice in regulated industries [J]. Strategic Management Journal, 2008, 29 (10): 1097-1115.

[75] GARLASCHELLI D, LOFFREDO M I. Fitness-dependent topological properties ofthe world trade web [J]. Physical review letters, 2004, 93 (18): 188.

[76] GARLASCHELLI D, LOFFREDO M I. Structure and evolution of the world tradenetwork [J]. Physica A: Statistical Mechanics and its Applications, 2005, 355 (1): 138-144.

[77] GASTNER M T, NEWMAN M E J. The spatial structure of networks [J]. The European Physical Journal B-Condensed Matter and Complex Systems, 2006, 49 (2): 247-252.

[78] GEOFFERY JONES. International financial centers in Asia, the Middle

East and Australia: a historical perspective [M]. Cambridge: Cambridge University Press. 1992: 405-428.

[79] GEHRIG T. An information based explanation of the domestic bias in international equity investment [J]. The Scandinavian Journal of Economics, 1993: 97-109.

[80] GLOBERMAN S, SHAPIRO D. Governance infrastructure and US foreign direct investment [J]. Journal of International Business Studies, 2003, 34 (1): 19-39.

[81] GOOPTU S. Portfolio investment flows to emerging markets [M]. New York: World Bank Publications, 1993.

[82] GOYAL S. Connections: an introduction to the economics of networks [M]. Princeton: Princeton University Press, 2012.

[83] GRANOVETTER M S. The strength of weak ties [J]. American Journal of Sociology, 1973: 1360-1380.

[84] GRANOVETTER M. Economic action and social structure: the problem of embeddedness [J]. American journal of sociology, 1985: 481-510.

[85] HANSEN P. Mutiplant location for profit maximum [J]. Environment and Planning A, 1977 (7): 63-73.

[86] HARTMANN P. The international role of euro [J]. Journal of Policy Modeling, 2002 (24): 315-345.

[87] HATTARI R, RAJAN R S. How different are FDI and FPI flows? does distance alter the composition of capital flows? [J]. HKIMR Working Papers, 2011 (9).

[88] HAY R J. Information exchange and the offshore financial centers [J]. Journal of Financial Regulation&Compliance, 2002, 10 (2): 141-161.

[89] HEBOUS S. Money at the docks of tax havens: a guide [J]. Finanz Archiv: Public Finance Analysis, 2014, 70 (3): 458-485.

[90] HUR J, PARINDURI R A, RIYANTO Y E. Cross - Border M&A inflows and quality of country governance: developing versus developed countries [J]. Pacific Economic Review, 2011, 16 (5): 638-655.

[91] ISARD W. A general location principle of an optimum space-economy [J]. Econometrica: Journal of the Econometric Society, 1952: 406-430.

[92] JACKSON M O, WOLINSKY A. A strategic model of social and economic

networks [J]. Journal of economic theory, 1996, 71 (1): 44-74.

[93] KALI R, REYES J. The architecture of globalization: a network approach to international economic integration [J]. Journal of International Business Studies, 2007: 595-620.

[94] KANDORI M, MAILATH G J, ROB R. Learning, mutation, and long run equilibria in games [J]. Econometrica: Journal of the Econometric Society, 1993: 29-56.

[95] KANG J K, STULZ R M. Is bank-centered corporate governance worth it? A cross-sectional analysis of the performance of Japanese firms during the asset price deflation [R]. National Bureau of Economic Research, 1997.

[96] KENEN P B. Currency internationalization: an overview [J]. BIS Papers, 2011 (61): 9-18.

[97] KILKENNY M, THISSE J F. Economics of location: a selective survey [J]. Computers & Operations Research, 1999, 26 (14): 1369-1394.

[98] KIM J B, LI T M. Multinationals' offshore operations, tax avoidance, and firm-specific information flows: international evidence [J]. Journal of International Financial Management & Accounting, 2014, 25 (1): 38-89.

[99] KIM W, WEI S J. Offshore investment funds: monsters in emerging markets? [J]. Journal of Development Economics, 2002, 68 (1): 205-224.

[100] KOBRIN S J. The architecture of globalization: state sovereignty in a networked global economy [J]. Governments, Globalization, and International Business, 1997: 146-71.

[101] KRUGMAN P. The narrow moving band, the Dutch disease, and the competitive consequences of Mrs. Thatcher: notes on trade in the presence of dynamic scale economies [J]. Journal of development Economics, 1987, 27 (1-2): 41-55.

[102] KRUGMAN P. Increasing returns and economic geography [J]. The Journal of Political Economy, 1991, 99 (3): 483-499.

[103] KRUGMAN P. Geography and Trade. Leuven [M]. Leuven: Leuven University Press, 1991.

[104] KRUGMAN P. Complex landscapes in economic geography [J]. The American Economic Review, 1994, 84 (2): 412-416.

[105] FUJITA M, KRUGMAN P R, VENABLES A. The spatial economy: cities, regions, and international trade [M]. Massachusetts: MIT press, 2001.

[106] HARVEY D. Social justice and the city [J]. American Political Science Association, 1973, 69 (2): 180-192.

[107] HARTMAN D G. The international financial market and US interest rates [J]. Journal of International Money and Finance, 1984, 3 (1): 91-103.

[108] HARTMANN P. Currency competition and foreign exchange markets: the dollar, the yen and the euro [M]. Cambridge: Cambridge University Press, 1998.

[109] HARTMANN P. The International role of euro [J]. Journal of Policy Modeling, 2002 (24): 315-345.

[110] JACKSON M O, ROGERS B W. Meeting strangers and friends of friends: How random are social networks? [J]. The American economic review, 2007: 890-915.

[111] JACKSON M O. Social and economic networks [M]. Princeton: Princeton University Press, 2008.

[112] LABBÉ M, PEETERS D, THISSE J F. Location on networks [J]. Handbooks in Operations Research and Management Science, 1995 (8): 551-624.

[113] LANE P R, MILESI-FERRETTI G M. International investment patterns [J]. The Review of Economics and Statistics, 2008, 90 (3): 538-549.

[114] LAULAJAINEN R. Financial geography: a banker's view [J]. Routledge, 2005.

[115] LEYSHON A. The limits to capital and geographies of money [J]. Antipode, 2004, 36 (3): 461-469.

[116] LEYSHON A. Geographies of money and finance I [J]. Progress in Human Geography, 1995, 19 (4): 531-543.

[117] LEYSHON A. Geographies of money and finance II [J]. Progress in Human Geography, 1997, 21 (3): 381-392.

[118] LEYSHON A. Geographies of money and finance III [J]. Progress in Human Geography, 1998, 22 (3): 433-446.

[119] LEYSHON A, BURTON D, KNIGHTS D, et al. Towards an ecology of retail financial services: understanding the persistence of door-to-door credit and insurance providers [J]. Environment and Planning A, 2004, 36 (4): 625-645.

[120] LIM M E G. The euro's challenge to the dollar: different views from economists and evidence from cofer and other data [M]. International Monetary Fund, 2006.

[121] LIN N. Social capital: a theory of social structure and action [M]. Cambridge: Cambridge University Press, 2002.

[122] LOSCH A. The economics of location. Translated by WH Woglom and WF Stolper [M]. New Haven: Yale University Press, 1954.

[123] LOTHIAN J R. The internationalization of money and finance and the globalization of financial markets [J]. Journal of International Money and Finance, 2002, 21 (6): 699-724.

[124] MARTIN R. The new「geographical turn」in economics: some critical reflections [J]. Cambridge Journal of Economics, 1999, 23 (1): 65-91.

[125] MARTIN R. The new economic geography of money [J]. Money and the space economy, 1999: 3-27.

[126] MARTIN R, SUNLEY P. Deconstructing clusters: chaotic concept or policy panacea? [J]. Journal of economic geography, 2003, 3 (1): 5-35.

[127] MASCIANDARO D. Offshore financial centers: explaining the regulation [J]. Paolo Baffi Centre Bocconi University Working Paper, 2006 (170).

[128] MATSUYAMA K, KIYOTAKI N, MATSUI A. Toward a theory of international currency [J]. Review of Economic Studies, 1993, 60 (2): 283-307.

[129] MCKINNON R I. Money in international exchange: the convertible currency system: the convertible currency system [M]. Oxford: Oxford University Press, 1979.

[130] McKee D L, Garner D E, McKee Y A A. Offshore Financial Centers, Accounting Services, and the Global Economy [M]. Santa Barbara: Greenwood Publishing Group, 2000.

[131] MILESI-FERRETTI G M, LANE P R. Cross-border investment in small international financial centers [J]. IMF Working Papers, 2010: 1-32.

[132] MINOIU C, REYES J A. A network analysis of global banking: 1978—2010 [J]. Journal of Financial Stability, 2013, 9 (2): 168-184.

[133] MIZEN P, PENTECOST E J. Evaluating the empirical evidence for currencysubstitution: a case study of the demand for sterling in Europe [J]. The Economic Journal, 1994: 1057-1069.

[134] MORRIS S. Contagion [J]. The Review of Economic Studies, 2000, 67 (1): 57-78.

[135] MUNDELL R A. What the euro means for the dollar and the internation-

almonetary system [J]. Atlantic Economic Journal, 1998, 26 (3): 227-237.

[136] MUNDELL R. Prospects for an Asian currency area [J]. Journal of Asian economics, 2003, 14 (1): 1-10.

[137] MYERSON R B. Graphs and cooperation in games [J]. Mathematics of Operations Research, 1977, 2 (3): 225-229.

[138] NAGURNEY A, DONG J, HUGHES M. Formulation and computation of general financial equilibrium [J]. Optimization, 1992, 26 (3-4): 339-354.

[139] NAGURNEY A, DONG J. General financial equilibrium modeling with policy interventions and transaction costs [J]. Computational Economics, 1996, 9 (1): 3-17.

[140] NAGURNEY A, DONG J. Financial networks and optimally-sized portfolios [J]. Computational Economics, 2001, 17 (1): 5-27.

[141] NEWMAN M. Small worlds: the structure of social networks [J]. Journal of Statistical Physics. 2000, 101 (3/4): 819-841.

[142] NEWMAN M E J. The structure and function of complex networks [J]. SIAM review, 2003, 45 (2): 167-256.

[143] NEWMAN M E J. Models of the small world [J]. Journal of Statistical Physics, 2000, 101 (3-4): 819-841.

[144] NEARY J P. Of hype and hyperbolas: introducing the new economic geography [J]. Journal of economic Literature, 2001, 39 (2): 536-561.

[145] OKAWA Y, VAN WINCOOP E. Gravity in international finance [J]. Journal ofInternational Economics, 2012, 87 (2): 205-215.

[146] OHMAE K. The end of the nation state [M]. New York: Free Press, 1995.

[147] OOMES N A. Essays on network externalities and aggregate persistence [M]. Wisconisin: University of Wisconsin-Madison, 2001.

[148] PANDIT N R, COOK G A S, SWANN P G M. The dynamics of industrial clustering in British financial services [J]. Service Industries Journal, 2001, 21 (4): 33-61.

[149] PANITCH L, GINDIN S. Political economy and political power: the american state and finance in the Neoliberal Era [J]. Government & Opposition, 2014, 49 (3): 369-399.

[150] PARK J. Information flows between non-deliverable forward (NDF) and

spot markets: Evidence from Korean currency [J]. Pacific-Basin Finance Journal, 2001, 9 (4): 363-377.

[151] PEAKE D J, JOHNSTON R B. The economics of the euro-market: history, theory and policy [J]. Economic Journal, 1983: 93.

[152] PELLENBARG P H, VAN WISSEN L J G, VAN DIJK J. Firm relocation: state of the art and research prospects [M]. Groningen: University of Groningen, 2002.

[153] PELTONEN T A, SCHEICHER M, VUILLEMEY G. The network structure of theCDS market and its determinants [J]. Journal of Financial Stability, 2014, 13: 118-133.

[154] POON J P H, ELDREDGE B, YEUNG D. Rank size distribution of international financial centers [J]. International Regional Science Review, 2004, 27 (4): 411-430.

[155] PORTEOUS D. The development of financial centres: Location, information externalities and path dependence [J]. Money and the Space Economy, 1999: 95-114.

[156] PORTEOUS D. The geography of finance: spatial dimensions of intermediary behavior [J]. Tijdschrift Voor Economische En Sociale Geografie, 1997, 88 (5): 501-502.

[157] PORTES R, REY H, OH Y. Information and capital flows: the determinants of transactions in financial assets [J]. European Economic Review, 2001, 45 (4): 783-796.

[158] PORTES R, REY H. The determinants of cross-border equity flows [J]. Journal of international Economics, 2005, 65 (2): 269-296.

[159] POSEN A S. Why the euro will not rival the dollar? [J]. International Finance, 2008, 11 (1): 75 - 100.

[160] PRELL C. Social network analysis: History, theory and methodology [M]. London: Sage, 2012.

[161] RAUCH J E. Business and social networks in international trade [J]. Journal of economic literature, 2001: 1177-1203.

[162] RAUCH J E, TRINDADE V. Ethnic Chinese networks in international trade [J]. Review of Economics and Statistics, 2002, 84 (1): 116-130.

[163] REED H C. The ascent of Tokyo as an international financial center [J].

Journal of International Business Studies, 1980: 19-35.

[164] REICHARDT J, WHITE D R. Role models for complex networks [J]. The European Physical Journal B, 2007, 60 (2): 217-224.

[165] REINERT K A. An introduction to international economics: new perspectives on the world economy [M]. Cambridge: Cambridge University Press, 2011.

[166] REY H. International trade and currency exchange [J]. The Review of Economic Studies, 2001, 68 (2): 443-464.

[167] ROHLFS J. A theory of interdependent demand for a communications service [J]. The Bell Journal of Economics and Management Science, 1974: 16-37.

[168] ROSE A K, SPIEGEL M M. Offshore financial centres: parasites or symbionts? [J]. Economic Journal, 2007, 117 (523): 1310-1335.

[169] SALGANIK M J, DODDS P S, WATTS D J. Experimental study of inequalityand unpredictability in an artificial cultural market [J]. Science, 2006, 311 (5762): 854-856.

[170] SCHWEITZER F, FAGIOLO G, SORNETTE D, et al. Economic networks: the new challenges [J]. Science, 2009, 325 (5939): 422.

[171] SCOTT A J. A perspective on economic geography [J]. Journal of Economic Geography, 2004, 4 (5): 479-499.

[172] SEN P, DASGUPTA S, CHATTERJEE A, et al. Small-world properties of the Indian railway network [J]. Physical Review E, 2003, 67 (3): 36.

[173] SERRANO M Á, BOGUÑÁ M. Topology of the world trade web [J]. Physical Review E, 2003, 68 (1): 15.

[174] SHARMAN J C. Chinese capital flows and offshore financial centers [J]. The Pacific Review, 2012, 25 (3): 317-337.

[175] SIKKA P. The role of offshore financial centres in globalization [J]. Journal of Clinical Investigation, 2003, 27 (4): 365-399.

[176] SMITH D A, WHITE D R. Structure and dynamics of the global economy: network analysis of international trade 1965—1980 [J]. Social Forces, 1992, 70 (4): 857-893.

[177] SNYDER D, KICK E L. Structural position in the world system and economic growth, 1955-1970: a multiple-network analysis of transnational interactions [J]. American journal of Sociology, 1979, 7 (2): 1096-1126.

[178] STIGLITZ J, GREENWALD B. Towards a new paradigm in monetary e-

conomics [M]. Cambridge: Cambridge University Press, 2003.

[179] STOROY S, THORE S, BOYER M. Equilibrium in linear capital market networks [J]. The Journal of Finance, 1975, 30 (5): 1197-1211.

[180] TAVALS G S. International of currencies: the case of the US dollar and its challenger euro [J]. The Internal Executive, 1998 (8): 581-602.

[181] TESAR L L, WERNER I M. Home bias and high turnover [J]. Journal of International Money and Finance, 1995, 14 (4): 467-492.

[182] THISSE J, PERREUR J. Relation between the point of maximum profit andthe point of minimum total transportation cost: a restatement [J]. Journal of Regional Science, 1977, 17 (2): 227 - 234.

[183] THORE S. Credit networks [J]. Economica, 1969, 36 (141): 42-57.

[184] THRIFT N. On the social and cultural determinants of international financial centers: the case of the City of London [M]. London: Power and Space Blackwell, 1994.

[185] THRIFT N, LEYSHON A. A phantom state? The de-traditionalization of money, the international financial system and international financial centers [J]. Political Geography, 1994, 13 (4): 299-327.

[186] TOWNROE P M. Some behavioural considerations in the industrial location decision [J]. Regional Studies, 1972, 6 (3): 261-272.

[187] TRUMAN E M. The international monetary system and global imbalances [J]. Economics Management & Financial Markets, 2010, 2 (1): 13.

[188] UZZI B. The sources and consequences of embeddedness for the economic performance of organizations: The network effect [J]. American Sociological Review, 1996: 674-698.

[189] WATTS D J, STROGATZ S H. Collective dynamics of 『small-world』 networks [J]. Nature, 1998, 393 (6684): 440-442.

[190] WATTS D J. Networks, dynamics, and the small-world phenomenon l [J]. American Journal of Sociology, 1999, 105 (2): 493-527.

[191] WHITE H C. Where do markets come from [J]. Advances in Strategic Management, 1981, 17 (2): 323-350.

[192] 巴曙松. 香港銀行業開辦人民幣業務的風險評估 [J]. 管理世界, 2004 (5): 33-38.

[193] 巴曙松. 香港能成為人民幣離岸金融中心嗎? [J]. 經濟月刊,

2002（11）：50-52.

[194] 巴曙松，郭雲釗. 離岸金融中心發展研究 [M]. 北京：北京大學出版社，2008.

[195] 巴曙松. 香港人民幣離岸金融中心發展的現狀與挑戰 [J]. 發展研究，2012（7）：4-6.

[196] 巴曙松，左偉，朱元倩. 國際金融網絡及其結構特徵 [J]. 海南金融，2015（9）：4-10.

[197] 保建雲. 企業區位理論古典分析框架的改進與擴展——艾薩爾德的理論研究述評 [J]. 經濟評論，2003（1）：75-79.

[198] 白欽先，張志文. 外匯儲備規模與本幣國際化：日元的經驗研究 [J]. 經濟研究 2011（10）：137-149.

[199] 崔凡，寧丹虹. 國際貿易中的網絡和仲介——國際貿易研究的最新發展 [J]. 經濟學動態，2010（8）：113-118.

[200] 陳彪如，連平. 關於國際金融中心形成條件的探索——兼析上海建設國際金融中心的條件 [J]. 世界經濟研究，1994（4）：18-22.

[201] 陳雨露. 人民幣國際化報告 [M]. 北京：中國人民大學出版社，2014.

[202] 陳衛東，李建軍. 日元國際化過程中值得關注的若干問題——兼論一國貨幣國際化的基本條件與模式 [J]. 國際金融研究，2010（6）：4-14.

[203] 陳衛東，鐘紅，邊衛紅，等. 美國在岸離岸金融市場制度創新與借鑑 [J]. 國際金融研究，2015（6）：33-41.

[204] 陳銀飛. 2000—2009 年世界貿易格局的社會網絡分析 [J]. 國際貿易問題，2011（11）：31-42.

[205] 陳訊華. 金融中心形成的區位、集聚與制度探析 [J]. 學術交流，2010（5）：76-79.

[206] 陳關榮. 複雜網絡及其新近研究進展簡介 [J]. 力學進展，2008（6）：653-662.

[207] 成思危. 人民幣國際化之路 [M]. 北京：中信出版社，2014.

[208] 丁一兵，鐘陽. 貨幣國際化中國際貿易與債券市場發展的作用——基於非平衡面板數據的實證研究 [J]. 經濟問題，2013（5）：85-89.

[209] 段志生. 圖論與複雜網絡 [J]. 力學進展，2008（6）：702-712.

[210] 段文奇，劉寶全，季建華. 國際貿易網絡拓撲結構的演化 [J]. 系統工程理論與實踐，2008（10）：71-75.

[211] 姜晶晶, 孫科. 基於動態面板數據的國際儲備幣種結構影響因素分析——兼論人民幣成為國際儲備貨幣的前景 [J]. 金融研究, 2015 (2): 57-75.

[212] 馮邦彥, 覃劍. 國際金融中心圈層發展模式研究 [J]. 南方金融, 2011 (4): 36-41.

[213] 馮德連, 葛文靜. 國際金融中心成長機制新說: 輪式模型 [J]. 財貿研究, 2004 (1): 80-85.

[214] 方愛麗, 趙繼軍. 複雜網絡: 結構和動力學 [J]. 複雜系統與複雜性科學, 2006 (3): 56-94.

[215] 方錦清, 汪小帆, 鄭志剛, 等. 一門嶄新的交叉科學: 網絡科學 (上) [J]. 物理學進展, 2007 (3): 239-343.

[216] 方錦清, 汪小帆, 鄭志剛, 等. 一門嶄新的交叉科學: 網絡科學 (下) [J]. 物理學進展, 2007 (4): 361-448.

[217] 高菠陽, 劉衛東, 李銘. 工業地理學研究進展 [J]. 經濟地理, 2010 (3): 362-370.

[218] 郭金玉, 張忠彬, 孫慶雲. 層次分析法的研究與應用 [J]. 中國安全科學學報, 2008 (5): 148-153.

[219] 郭世澤, 路哲明. 複雜網絡基礎理論 [M]. 北京: 科學出版社, 2012: 1-38.

[220] 範如國. 複雜網絡結構範型下的社會治理協同創新 [J]. 中國社會科學, 2014 (4): 98-120.

[221] 範小雲, 王偉, 肖立晟. 權益類國際資產組合投資的引力模型分析 [J]. 世界經濟, 2012 (7): 42-65.

[222] 範小雲, 陳雷, 王道平. 人民幣國際化與國際貨幣體系的穩定 [J]. 世界經濟, 2014 (9): 3-24.

[223] 何東, 馬駿. 人民幣跨境使用與香港離岸人民幣中心發展 [J]. 中國金融, 2011 (16): 76-77.

[224] 胡堅, 楊素蘭. 國際金融中心評估指標體系的構建——兼及上海成為國際金融中心的可能性分析 [J]. 北京大學學報 (哲學社會科學版), 2003 (5): 40-47.

[225] 康崇祿. 蒙特卡羅方法理論和應用 [M]. 北京: 科學出版社, 2015.

[226] 李波. 跨境交易人民幣計價的前景 [J]. 中國金融, 2013 (23): 49-50.

[227] 李波, 伍戈, 裴誠. 升值預期與跨境貿易人民幣結算: 結算貨幣選擇視角的經驗研究 [J]. 世界經濟, 2013 (1): 103-115.

[228] 李豫. 借鑑新加坡經驗, 盡快將上海建成國際金融中心 [J]. 金融研究, 2001 (8): 73-79.

[229] 劉慶林, 蕢建紅. 國際貿易社會網絡理論研究綜述 [J]. 經濟學動態, 2004 (7): 96-99.

[230] 劉建香. 複雜網絡及其在國內研究進展的綜述 [J]. 系統科學學報, 2009 (4): 31-37.

[231] 劉建國, 任卓明, 郭強, 等. 複雜網絡中節點重要性排序的研究進展 [J]. 物理學報, 2013 (17): 9-18.

[232] 劉寶全, 段文奇, 季建華. 權重國際貿易網絡的結構分析 [J]. 上海交通大學學報, 2007 (12): 1959-1963.

[233] 劉江會, 吳仲. 上海在全球金融網絡體系中的地位分析——基於複雜網絡中心度測算模型 [J]. 當代財經, 2015 (10): 49-60.

[234] 劉江會, 賈高清. 上海離全球城市有多遠?——基於城市網絡聯繫能級的比較分析 [J]. 城市發展研究, 2014 (11): 30-38.

[235] 劉晨陽, 田華. 避稅港型離岸金融中心對中國跨境資本流動的影響及監管建議 [J]. 財政研究, 2011 (9): 38-41.

[236] 黎勇, 胡延慶, 張晶, 等. 空間網絡綜述 [J]. 複雜系統與複雜性科學, 2010 (Z1): 145-164.

[237] 呂金虎. 複雜網絡的同步: 理論、方法、應用與展望 [J]. 力學進展, 2008 (6): 713-722.

[238] 林樂芬, 王少楠. 「一帶一路」建設與人民幣國際化 [J]. 世界經濟與政治, 2015 (11): 72-90.

[239] 陸紅軍. 國際金融中心競爭力評估研究 [J]. 財經研究, 2007 (3): 47-56.

[240] 陸蘭. 網絡經濟視角下的人民幣國際化 [J]. 上海金融, 2015 (5): 30-35.

[241] 連平. 世界離岸金融中心模式的四種類型 [J]. 經濟研究參考, 1997 (A5): 26-27.

[242] 羅國強. 論離岸金融中心准入監管法制 [J]. 上海金融, 2010 (6): 51-55.

[243] 羅國強. 離岸金融法研究 [M]. 北京: 法律出版社, 2008.

[244] 麥卡恩. 離岸金融 [M]. 北京：中國金融出版社，2013.

[245] 倪鵬飛，劉凱，彼得·泰勒. 中國城市聯繫度：基於聯鎖網絡模型的測度 [J]. 經濟社會體制比較，2011（6）：96-103.

[246] 馬駿，徐劍剛. 離岸市場發展與資本項目開放 [M]. 北京：中國經濟出版社，2012.

[247] 馬駿. 人民幣離岸市場與資本項目開放 [J]. 金融發展評論，2012（4）：1-41.

[248] 馬學廣，李貴才. 全球流動空間中的當代世界城市網絡理論研究 [J]. 經濟地理，2011（10）：1630-1637.

[249] 任杰，丁波，張錚. 離岸金融中心發展過程中稅收因素研究 [J]. 經濟縱橫，2007（24）：30-32.

[250] 裴長洪，餘穎豐. 人民幣離岸債券市場現狀與前景分析 [J]. 金融評論，2011（2）：40-53.

[251] 潘峰華，賀燦飛. 新經濟地理學和經濟地理學的對話——回顧和展望 [J]. 地理科學進展，2010（12）：1518-1524.

[252] 彭紅英，範祚軍. 中國離岸金融中心選址問題的模型分析 [J]. 改革與戰略，2004（10）：86-89.

[253] 潘英麗. 國際金融中心歷史經驗與未來中國 [M]. 上海：上海人民版社，2010.

[254] 潘英麗. 論金融中心形成的微觀基礎——金融機構的空間聚集 [J]. 上海財經大學學報，2003（1）：50-57.

[255] 錢學鋒，熊平. 中國出口增長的二元邊際及其因素決定 [J]. 經濟研究，2010（1）：65-79.

[256] 饒餘慶. 走向未來的香港金融 [M]. 香港：三聯出版社，1993.

[257] 沈國兵. 國際金融 [M]. 北京：北京大學出版社，2013：145.

[258] 沈光朗，宋亮華. 中國離岸金融發展和監管問題研究 [J]. 國際金融研究，2005（12）：68-72.

[259] 舒杏，霍偉東，王佳. 中國對新興經濟體國家出口持續時間及影響因素研究 [J]. 經濟學家，2015（2）：16-26.

[260] 舒杏，王佳，胡錫琴. 中國企業對「一帶一路」國家出口頻率研究——基於Nbreg計數模型 [J]. 國際貿易問題，2016（5）：82-93.

[261] 孫國茂，範躍進. 金融中心的本質、功能與路徑選擇 [J]. 管理世界，2013（11）：1-13.

[262] 單豪傑, 馬龍官. 國際金融中心的形成機制——理論解釋及一個新的分析框架 [J]. 世界經濟研究, 2010 (10): 28-34, 87-88.

[263] 覃劍, 馮邦彥. 國際金融中心演變：理論探討與實踐證據——基於制度經濟學的分析框架 [J]. 金融理論與實踐, 2011 (9): 19-22.

[264] 王芳, 何青, 郭俊杰, 等. 國際貨幣的全球分佈與人民幣國際化研究 [J]. 上海金融, 2015 (5): 13-20.

[265] 王道平, 範小雲. 現行的國際貨幣體系是否是全球經濟失衡和金融危機的原因 [J]. 世界經濟, 2011 (1): 52-72.

[266] 王宇, 郭新強, 干春暉. 關於金融集聚與國際金融中心建設的理論研究——基於動態隨機一般均衡系統和消息衝擊的視角 [J]. 經濟學（季刊）, 2015 (1): 331-350.

[267] 汪小帆, 李翔, 陳關榮. 網絡科學導論 [M]. 北京：高等教育出版社, 2012.

[268] 吳鋼, 許和連. 國際貿易區位選擇偏好網絡、等級劃分及其結構特徵分析 [J]. 現代財經（天津財經大學學報）, 2013 (11): 19-32.

[269] 吳鋼. 人文關係網絡對國際貿易網絡的影響機制及效應研究 [D]. 長沙：湖南大學, 2014.

[270] 伍戈, 裴誠. 境內外人民幣匯率價格關係的定量研究 [J]. 金融研究, 2012 (9): 62-73.

[271] 徐緒松, 侯成琪. 非正態穩定分佈條件下的投資組合模型：均值-尺度參數模型 [J]. 系統工程理論與實踐, 2006 (9): 1-9.

[272] 徐振宇. 社會網絡分析在經濟學領域的應用進展 [J]. 經濟學動態, 2013 (10): 61-72.

[273] 許明朝, 高中良. 論中國離岸金融模式的選擇 [J]. 國際金融研究, 2007 (12): 70-76.

[274] 許和連, 孫天陽, 成麗紅. 「一帶一路」高端製造業貿易格局及影響因素研究——基於複雜網絡的指數隨機圖分析 [J]. 財貿經濟, 2015 (12): 74-88.

[275] 楊雪峰. 日元作為國際儲備貨幣的實證研究 [J]. 世界經濟研究, 2010 (11): 26-30.

[276] 楊雪峰. 國際貨幣的決定因素及人民幣國際化研究 [J]. 求是學刊, 2009 (4): 59-63.

[277] 楊勤宇. 香港離岸人民幣債券市場的評級現狀 [J]. 中國金融,

2011（20）：51-52.

[278] 楊永春，冷炳榮，譚一洺，等. 世界城市網絡研究理論與方法及其對城市體系研究的啟示［J］. 地理研究，2011（6）：1009-1020.

[279] 楊承亮. 日本離岸金融市場發展對上海自貿區的啟示［J］. 中國外匯，2013（19）：62-63.

[280] 楊維新. 上海自由貿易區離岸金融發展：國際比較與路徑設計［J］. 亞太經濟，2014（4）：129-134.

[281] 楊志民，化祥雨，葉婭芬，等. 金融空間聯繫及K-means聚類中心等級識別研究——以長三角為例［J］. 地理科學，2015（2）：144-150.

[282] 殷劍峰. 人民幣國際化：「貿易結算+離岸市場」，還是「資本輸出+跨國企業」？——以日元國際化的教訓為例［J］. 國際經濟評論，2011（4）：53-68.

[283] 原毅軍，盧林. 離岸金融中心的建設與發展［M］. 大連：大連理工大學出版社，2010：39-40.

[284] 姚永玲，董月，王韞涵. 北京和首爾全球城市網絡聯繫能級及其動力因素比較［J］. 經濟地理，2012（8）：36-42.

[285] 閆彥明，何麗，田田. 國際金融中心形成與演化的動力模式研究［J］. 經濟學家，2013（2）：58-65.

[286] 鐘陽. 貨幣國際化影響因素的實證研究［D］. 長春：吉林大學，2013.

[287] 曾之明. 人民幣離岸金融中心發展研究［D］. 長沙：中南大學，2011.

[288] 左連村，王洪良. 國際離岸金融中心理論與實踐［M］. 廣州：中山大學出版社，2002：168-187.

[289] 張懿. 倫敦國際金融中心的創新［J］. 中國金融，2015（18）：24-25.

[290] 張光平. 人民幣國際化與產品創新［M］. 北京：中國金融出版社，2013.

[291] 張斌，徐奇淵. 匯率與資本項目管制下的人民幣國際化［J］. 國際經濟評論，2012（4）：63-73.

[292] 張誼浩，裴平，沈曉華. 香港離岸金融發展對大陸金融深化的效應——基於離岸金融中心的實證研究［J］. 國際金融研究，2009（6）：31-39.

[293] 張銘洪，杜雲. 網絡經濟學教程［M］. 北京：科學出版社，2010.

[294] 張鳳超. 金融地域運動：研究視角的創新 [J]. 經濟地理，2003 (5)：587-592.

[295] 張劍宇. 私人銀行離岸金融服務國際發展趨勢及對國內的借鑑分析 [J]. 中央財經大學學報，2012（10）：31-36.

[296] 張杰. 制度金融理論的新發展：文獻述評 [J]. 經濟研究，2011 (3)：145-159.

人民幣離岸金融中心區位選擇研究

作　　者：王佳 著	國家圖書館出版品預行編目資料
發 行 人：黃振庭	人民幣離岸金融中心區位選擇研究 / 王佳著 . -- 第一版 . -- 臺北市：財經錢線文化，2020.09 　面；　公分 POD 版 ISBN 978-957-680-461-8(平裝) 1. 金融市場 2. 人民幣 561.7　　109011869
出 版 者：財經錢線文化事業有限公司	
發 行 者：財經錢線文化事業有限公司	
E-mail：sonbookservice@gmail.com	
粉 絲 頁：https://www.facebook.com/sonbookss/	
網　　址：https://sonbook.net/	

地　　址：台北市中正區重慶南路一段六十一號八樓 815 室
Rm. 815, 8F., No.61, Sec. 1, Chongqing S. Rd., Zhongzheng Dist., Taipei City 100, Taiwan (R.O.C)

電　　話：(02)2370-3310
傳　　真：(02) 2388-1990

總 經 銷：紅螞蟻圖書有限公司
地　　址：台北市內湖區舊宗路二段 121 巷 19 號
電　　話：02-2795-3656
傳　　真：02-2795-4100
印　　刷：京峯彩色印刷有限公司（京峰數位）

- 版權聲明 -
本書版權為西南財經大學出版社所有授權崧博出版事業有限公司獨家發行電子書及繁體書繁體字版。若有其他相關權利及授權需求請與本公司聯繫。

定　　價：460 元
發行日期：2020 年 9 月第一版
◎本書以 POD 印製

官網

臉書